【제2판】

인간행동과 사회환경

이영미 · 이원주

KNOWLEDGE COMMUNITY 공동체

머리말

인간은 왜 행동을 하는가? 인간은 무엇 때문에 행동하는가? 무엇이 이러한 행동을 이끌었을까? 문제 행동이나 부적응적인 행동은 바뀔 수 있는 것일까? 어떻게 해야 이러한 문제행동이나 부적응적인 행동들이 변할 수 있을까? 인간은 어떠한 지지체계로부터 영향을 받는가? 이처럼 우리는 인간에 대해 다양한 질문을 던진다. 이는 인간 행동에 대한 정확한 이해를 갖추어야 한다는 의미로, 즉 인간은 환경과 불가분의 관계를 가지는 환경 속에 있는 존재로서 환경과 끊임없는 상호작용을 하고 있다는 것이다. 이것은 인간을 이해하기 위해서 인간을 둘러싸고 있는 환경과의 상호작용을 이해하여야 한다는 것이다. 따라서 사회복지의 전문지식과 목적 달성 및 사회복지실천을 위해 인간 행동과 사회환경의 이해는 사회복지전문가가 갖추어야 할 가장 중요한 기초 지식이라고 할 수 있겠다.

인간은 혼자서 존재할 수 없다. 인간은 두 발을 가지고 태어나(**발달단계**) 두발자전거로 인생을 살아가고 있어 언젠가는 자전거가 넘어질 수 있기에(**부적응**) 세 번째 바퀴를 만들어 지지체계(**실천**)를 형성하여야 한다. 두발자전거는 늘 중심을 잡아야 하기 때문에 쓰러질 가능성이 높다. 그러나 세발자전거는 느리지만 세 개의 바퀴가 상호작용할 때 쓰러지지 않고 안전하게 굴러간다. 따라서 이 책을 세 개의 큰 바퀴 틀로서 구성하였다. **첫 번째 바퀴**(Part 1, Part 3)는 인간과 인간행동과 성장 단계별 특성을 이해하는 바퀴가 될 것이며, 인간의 문제 행동이나 태도에 대한 깊은 이해와 필요성을 학습하는 내용이다. **두 번째 바퀴**는 인간에 대한 다양한 견해(Part 2)들이 될 것이며, 먼저 경험했던 학자들의 경험이나 그들이 깨달았던 지식을 통해 이러한 질문에 해답을 찾을 수 있을 것이다. **세 번째 바퀴**는 인간과 그들이 살아가고 있는 사회환경에 대해 그들의 문제를 변화시킬 수 있는 전문실천지식 그리고 기술(Part 4)이다. 전체적으로 환경 속의 인간이라는 주제어를 모토로 하여 세 개의 바퀴를 만들어 상호지지할 수 있도록 구성하려고 노력하였다.

Preface

이 책은 인간행동과 사회환경의 기본 이론을 체계적으로 정리한 이론서이면서 대학교재로 활용성이 있을 것이다. 더불어 인간행동과 발달에 대한 이론적인 기반을 형성하고 인간성장과 발달단계에 대한 폭넓은 이해와 사회복지실천 개입의 근거를 제공하고 있다. 인간행동과 사회환경을 이해하는 사회복지의 기초과목으로서 효과적인 사회복지 개입과 실천을 위한 기반을 마련하게 해주고 사회복지학의 기본 내용으로서 인간과 관련된 모든 학문의 발판이 되며 지식을 습득할 수 있을 것이다.

2022년 2월

차 례

차 례

[표 목차]

[그림 목차]

PART 01

인간행동과 사회환경의 이해

CHAPTER

01 인간의 행동 이해

1. 인간행동 이해의 필요성

사회복지전문가들은 왜 인간의 행동에 대해 이해를 하여야 하는가?

인간행동의 이해는 인간관계를 편안하고 자연스럽게 유지시키는 자원이 될 수 있다. 또한 인간행동과 그 기능 수행을 효율적이며 질적으로 발전시키는 정보로서 기능할 수 있도록 하며 인간과 인간의 행동에 대한 정확한 지식과 정보를 통해 효율적이고 질적으로 검토할 수 있다. 그리고 인간행동의 이해는 집단 성원의 만족과 자발적인 참여를 증대시키고 집단의 목표달성과 집단의 총 효율성을 극대화시킬 수 있도록 한다.

인간과 인간행동의 이해는 사회복지 제도 및 정책이나 사회복지서비스 개혁의 효율성을 증대시키고 사회정의와 공동체의 복지증진에 기여할 수 있도록 한다. 또한 인간의 문제를 미리 파악하여 사회문제나 개인문제에 의한 사회병리 현상을 사전에 예방할 수 있는 계기를 마련해 준다. 따라서 인간의 행동을 이해한다는 것은 인간이란 무엇인지 이해를 하고 사회복지 전문가로서의 올바른 가치를 함양하는 것이다. 이는 클라이언트라는 한 개인에 머무는 치료적이고 사후적인 접근을 벗어나 인간에 대한 본질적 관점과 사회에 대한 보편적 접근을 추구할 수 있는 출발점인 것이다.

인간행동과 사회환경에 내포된 사회복지는 (　　)[1]의 하나로서 인간행동의 (　　)[2]에 반응하여 이를 충족시켜 주는 활동으로 볼 수 있으며, 사회환경인

1) 사회제도

기술적 변화와 인구의 이동 그리고 가족구조와 기능의 변화 등 ( )[3]로 인하여 발생하는 여러 가지 사회문제를 예방하고 해결하려는 집단적 노력이다(박경일 외, 2010 재구성).

2. 인간이 행동하는 의미

사전적인 의미로 행동은 '유기체의 내적인 혹은 외적인 자극에 대하여 보이는 반응 또는 다른 유기체의 반응을 촉발하기 위한 자극'으로 이해된다. 이때 행위 주체가 동물인 경우는 동물의 행동이 되고 인간인 경우에는 인간의 행동이 된다.

인간의 행동은 단순한 자극과 반응 형식으로만 볼 수 없다. 따라서 인간과 인간의 행동은 간단하게 어떠하다고 답하기는 어렵다. 왜냐하면 인간은 같은 일과 사물을 보고도 다른 생각과 판단을 하기도 하고 같은 상황에서도 전혀 다른 반응을 보이기 때문이다. 또한 인간은 특정한 상황에 처하면 전혀 다른 모습으로 변할 수도 있기 때문이다.

인간은 동물과 달리 잘못을 지적하는 방식이나 그 지적에 대하여 반응하는 방식이 지역과 시대에 따라 큰 차이를 보인다. 예컨대 한국 사람은 미국 사람과 달리 어린이가 공공장소에서 떠드는 행위에 대하여 관대한 편이고 윗사람의 무원칙한 행동은 아랫사람의 그것보다 더 용인하려는 성향을 보인다.

인간의 행동과 동물의 행동의 또 다른 차이는 개체 간에도 상당한 차이를 보인다는 점이다. 즉, 같은 한국 사람이라도 똑같은 잘못에 대하여 혼내는 방식이나 그 혼냄에 대하여 마음의 상처를 받는 정도에서 상당한 차이를 보인다. 또한 인간의 행동은 인간에 의하여 창조되고 학습을 통하여 전승되며 같은 자극에 대한 반응 방식도 개인에 의하여 선택되고 조절된다.

인간이 행동하는 의미는 사회적으로 창조하고 학습한 반응자극과 피자극반

2) 욕구
3) 산업화

응 양식을 주어진 상황과 조건 속에서 의미 있다고 판단한 바에 따라서, 또는 새로운 의미를 부여하면서 선택한 행동을 총칭하는 것이라고 할 수 있다. 이러한 인간행동에는 사고력이나 역량 등과 같은 일반적인 성향을 나타내는 행동도 포함되며 마음, 동기, 학습, 성격, 이상행동 등과 같은 심리학적인 성향의 행동도 포함된다. 그리고 규범, 도덕성, 역할, 집합행동 등의 사회적인 행동과 시민성, 사회참여 등과 같은 사회교육학에서의 시민적 행동도 모두 포괄한다.

인간의 행동은 단순히 인간의 신체적 움직임을 넘어서 사고나 인지과정 등 정신적 행동까지 포함하는 개념이다. 인간행동은 의식적·무의식적으로 일어나는 것으로서, 특히 자극은 행동을 일으키는 동기이며 개인의 **욕구**[4)]라 할 수 있다.

인간행동의 의미들은 시각과 방법에 따라 다양하게 개념화된다. 따라서 그 의미는 어떠한 학문 영역에 의거하느냐에 따라 다르다. 인간행동은 여러 학문의 개념과 이론을 비교하여 이해할 때에만 분명하게 이해할 수 있다. 정치학적인 의미의 권력과 사회학적인 의미의 권력은 각각 어떻게 개념화되고 있으며 사회학에서의 이해관계와 경제학에서의 이해관계 간에는 어떠한 차이가 있는지를 비교하고 이해하여야 인간행동을 제대로 이해할 수 있다.

3. 인간행동 이해의 접근법

1) 인간의 성격에 대한 접근법

(1) 성격의 의미

성격이라는 말은 그리스어의 '**마음속에 새겨진 것**'이라는 뜻에서 비롯되었다. 본래의 뜻은 '**선천적인 것이어서 바꾸기가 곤란한 것**'이라는 의미를 담고

4) 인간이 생존을 위해 필수불가결하게 충족되어야 하는 것으로 욕구는 대부분 인간의 생존과 성장발전을 위해 필수적인 것이 미충족되었거나 결핍된 상태(비타민 부족-영양실조, 사랑의 결핍-우울증)를 말한다(박경일 외, 2012).

있다. 한 개인이 세상, 특히 다른 사람들과 상호작용하는 일반적인 양상, 즉 어떤 개인이 내향적인지 외향적인지, 흥분을 잘하는지 차분한지, 말끔한지 지저분한지, 관대한지 엄격한지 등을 말하는 것이다.

성격의 의미는 심리학적으로 보면 시간과 상황에 걸쳐 지속적이며 한 개인을 다른 사람과 구별해 주는 특징적인 사고와 감정 및 행동양식이다. 성격의 의미를 좀 더 세부적으로 구분하여 살펴보도록 한다.

첫째, 성격은 한 사람이 세상에 대하여 반응하는 행동들, 태도들, 동기들, 경향들, 사고방식들 및 감정들로서 개인의 심리적인 특징과 독특성이다.

둘째, 성격은 시간과 상황에 걸친 지속성을 가지는 것으로서 한 개인의 생활 속에서 일관성을 보이는 것이다. 즉, 성격은 관찰되는 것이 아니라 관찰된 행동이나 사고들을 기초로 추리된 경향성을 말하여 한 개인에 대하여 예언성과 안정성의 강도를 부여하고 있다.

성격은 인격이라는 용어로 대치되기도 하는데 인격이라는 용어는 정신의학 영역에서 주로 사용하고 있다. 심리학에서 인격이나 인성 혹은 인품 등의 용어는 도덕이나 사회적 가치의 면에서 좋은 평가를 받은 부분만을 지칭하는 데 사용하는 반면, 성격은 가치 평가를 개입시키지 않고 모든 개인차를 취급하는 용어로 사용되는 경향이 있으며 성실하다거나 책임감이 있다거나 성숙하다 혹은 원만하다는 등의 성격 측면들은 사회적으로 바람직하다는 평가를 받은 인격이나 인성 혹은 인품으로 지칭할 수 있을 것이다. 한편 기질(temperament)은 생래적으로 타고난 성격의 원재료라는 측면에서 성격과 구분할 수 있다. 지능이나 체격뿐만 아니라 정서적 안정성, 활동 수준, 사회성 및 충동성 등에서 출생 후부터 상당히 안정적으로 지속되는 개인차가 발견되고 있다.

인간이 타고나는 생물학적 경향성들은 성장과정에서 당면하는 경험들에 의해서 모양을 갖추게 된다. 이들 경험들 중에서 어떤 것들은 공통적이어서 특정 문화나 문화적 하위집단에서 성장하는 대부분의 사람들이 공통으로 갖게 되고 어떤 것은 각 개인에게 독특하다. 그 이유로는 사람에 대한 문화적 영향이 균

일하지 않으며 각 개인은 독특한 경험들을 갖기 때문이다.

심리학자들이 생각하는 성격에 대한 의미를 살펴보면, 성격의 의미는 드러난 행동과 감춰진 행동을 결정하며 한 개인을 다른 사람과 구별하게 해주는 독특한 심리적 특성(Allport, 1937)이라고 하였다. 또는 시간의 흐름과는 상관없이 일관성 있는 행동패턴(Zuckerman, 1991)으로 보았다. 그리고 성격은 개인의 규칙적인 감정이나 사고 및 행동을 설명해 주는 특성들(Pervin & Oliver, 1997)이라 하였다. 성격은 그 사람의 행동과 사고 및 감정들의 비교적 일관되거나 안정된 특징적 양상을 만들어 내는 그 사람의 내부에 있는 심리적이고 생리적 체계들의 역동적 조직(Carver & Scheier, 2000)이라고 보고 있다.

결과적으로 성격은 개별적인 특징들을 단순히 모아놓은 것이 아니라 적극적이고 능동적인 과정이며 심리적이고 생리적 측면과도 긴밀히 연결되어 있다. 또한 성격은 그 사람이 세계와 어떻게 관계를 맺는가를 결정하는 내부의 원인적 힘으로 행동과 사고 그리고 감정 등 여러 가지 방식으로 드러날 수 있는데, 반복과 일관성으로 표현되는 양상으로 볼 수 있다.

(2) 성격형성의 영향 요인

인간은 제각각 다른 성격을 가지고 있고 이 성격에 미치는 요인 또한 다양하다. 다양한 요인들 중 큰 틀에서 개인적 요인인 유전적 요인과 환경적인 면의 환경적 요인의 두 가지 측면이 있다. 두 측면의 상호작용은 개인과 개인 간의 차이를 나타내는 특정적이고도 지속적인 특성을 지니고 있다. 따라서 성격을 이해하려면 유전적 요인과 환경적 요인 양자 간의 상호작용을 이해하여야 한다.

심리학계에서는 성격의 형성 요인을 두고 논쟁을 벌였다. 그 논쟁의 요지는 다음과 같다.

첫째, 선천적 요인이 성격을 형성한다(선천적 요인 성격형성).

☞ 성격은 개인이 태어날 때부터 유전적인 요인에 의해 형성

둘째, 후천적 요인에 의해 성격이 형성된다(후천적 요인 성격형성).

☞ 성격은 유아기 보육 환경 및 사회 문화적 요인에 의해 발전

현재 심리학계의 결론은 선천적인 성격형성 요인이 성격형성 요인의 50% 정도를 차지한다고 보고 있다. 즉, 선천적 요인(50%)과 후천적 요인(50%)이 동등한 비율이라고 보고 있다는 것이다.

> 성격 = f(H, E)
> H(Heredity), E(Environment)
>
> 유전과 환경, 그 끊임없는 상호작용
> 성격은 유전과 환경의 함수관계의 결과이다.

유전적 요인은 지능과 달리 성격형성에 어떠한 영향을 미치는가를 알기는 어려우며 여러 연구결과도 명확하지는 않지만 유전이 성격발달에 중요한 역할을 하고 있다는 것이다. 유전적 요인에 따르면, 성격은 유전자를 통해 유전되며 이 유전자는 인간의 생물적 성장과 성숙을 결정한다. 따라서 유전적 요인은 성격과 본능, 감각기능 등의 심리적 기능에 영향을 미친다고 볼 수 있다.

환경적 요인은 사람이 살아가는 물리적 환경과 사회적 환경 그리고 문화적 환경으로 구분할 수 있다. 이러한 환경들이 인간의 성격형성에 어느 정도로 영향을 미치는가에 대해서는 오래전부터 유전과 환경의 논쟁이라고도 하여 여러 갈래로 논의되어 온 문제이다. 성격은 환경적 조건에 적응해 가는 동안에 독자적인 행동양식을 습득하여 형성된다. 특히 가족의 구성, 가족관계, 부모의 양육태도, 형제간의 서열, 가족의 사회문화적 상태, 또래집단의 상호작용, 지역사회의 환경, 성인기의 직장환경도 영향을 미친다.

인간의 성격이 유전적 요인에 의해 기초가 형성되지만 그러한 유전적 소인(素因)이 환경적 경험이나 자극의 양에 의해 수정될 가능성도 많다. 유아는 유전적 소인이 완전히 나타나거나 성숙되기 이전의 상태에 있으면서 그때부터

부모나 가족 등 타인과의 상호작용을 시작하기 때문에 환경의 영향을 받지 않을 수 없다. 따라서 동일한 유전적 소인을 가지고 있더라도 주어지는 환경조건이나 심리적 자극에 따라 소인의 표현양상이 달라질 수 있다. 아이들은 태어나면서 어느 정도의 독특한 성향을 가지고 태어난다. 어떤 아이는 다른 아이에 비해 더 건강하고 어떤 아이는 다른 아이에 비해 더 신경질적이다. 아이의 특정한 성향은 특정한 경험을 만들어 내는 중요한 원천이 된다.

환경과 유전적 소인이 상호작용하면서 특정한 개인은 독특한 경험을 한다. 아이는 독특한 경험뿐만 아니라 어떤 시대에 그 사회가 제공하는 공통의 경험을 겪는다. 사회는 아이에게 사회의 가치나 규범을 가르치고 그것을 공유한다. 이런 문화와 사회적 맥락은 아이의 성장에 중요한 기초가 된다. 문화와 사회적 맥락에서 독특한 주위 환경에 노출된 개인은 자신의 유전적 소인뿐만 아니라 자신의 경험에 입각하여 매 순간 반응하며 성장한다. 이러한 환경과 유전의 복잡하고 미묘한 상호작용의 결과로 한 개인의 독특한 성격이 형성된다.

2) 인간발달의 본질에 대한 접근법[5)]

인간발달은 수정된 순간에서부터 사망에 이르기까지 전 생애에 걸쳐서 연속적으로 일어나는 모든 변화의 과정인 발달과 성장, 성숙, 학습에 의해 이루어지는 변화과정이라고 말하고 있다(정옥분, 2019). 즉, 인간의 발달은 〈표 1-1〉, ❙그림 1-1❙과 같이 성장과 성숙 그리고 학습의 세 과정이 공존할 때 비로소 이루어진다고 정의하고 있다. 발달(development)은 일정한 순서와 방향

5) 정옥분(2019). 발달심리학 재구성.

성을 가지는 분화와 통합의 과정이다. 성장(growth)은 신체의 크기나 능력이 증가하는 것으로 연속적 과정이며 점성원리를 말하며, 성숙(maturation)은 발달적 변화들이 통제되는 생물학적 과정으로 속도의 불규칙성과 결정적 시기가 있음을 말하고, 학습(learning)은 환경과의 상호작용으로 개인차가 있는 직접 또는 간접 경험의 산물로서 훈련이나 연습의 기초성에 기인하는 발달적 변화를 의미한다.

〈표 1-1〉 인간발달의 본질

구 분	인간발달의 원리	
성장(Growth)	연속적 과정	점성원리
성숙(Maturation)	속도의 불규칙성	결정적 시기
학습(Learning)	환경과의 상호작용, 개인차	기초성

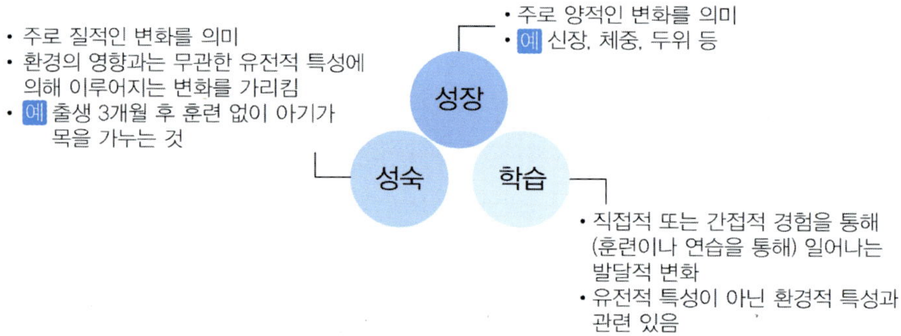

❙그림 1-1❙ 발달의 원리

참고 성숙한 사람들의 특징

① 현실에 대한 객관적인 지각능력과 판단능력을 가지고 있다.
② 인간의 본성에 대해서, 그리고 자기 자신과 타인의 속성에 대해서 수용적인 태도를 갖고 있다.
③ 자신을 가식 없이 솔직하게 자발적이고 자연스럽게 나타낸다.
④ 타인과 확고한 인간적 유대를 가질 수 있는 능력을 갖고 있다.
⑤ 모든 인간이 처한 상황에 대해서 공감과 애정을 느끼며 모든 인간에 대한 인류애와 형제애를 느낀다.
⑥ 인간관계뿐만 아니라 자기가 하는 일에 대해서 애정을 갖고 몰두하며 동시에 책임감을 갖는다.
⑦ 자아실현을 한 사람은 독립성과 자율성에 대한 강한 욕구를 지닌다.
⑧ 매우 창의적이다.

(1) 전 생애적 인간발달

인간발달의 전통적 접근법에 의하면 출생 후 청년기까지는 변화가 극심하나 성인기에는 안정되고 노년기에는 감소한다고 보고 있다. 즉, 전통적 접근법에서는 유아기와 아동기를 강조하고 성년기와 중년기에는 변화가 거의 없는 것으로 간주한다. 이와는 달리 전 생애 접근법에서는 유아기의 중요성을 역시 인식하지만 그에 못지않게 성인기 전반의 변화도 중요하다고 본다.

전통적 접근법에서는 발달적 변화를 구조의 성장과 기능의 향상 그리고 환경에 대한 적응력의 증가 등으로 특징지어 왔다. 이는 성인이 되면 더 이상 발달하는 것이 아니고 노화하는 것으로 여겨졌다. 노화는 상실과 기능의 쇠퇴를 의미하는 것이다. 전통적인 관점에서 발달의 지향점은 성숙이며 노화의 지향점은 죽음이라고 가정하여 온 것이다. 그러나 전 생애 접근법에 따르면 모든 연령에서 발달은 성장과 감소를 동시에 포함하는 개념이다.

발달의 특성은 다중방향성이 있으며 이러한 다중방향성을 고려하지 않고 성인기의 발달을 일률적으로 성장 또는 쇠퇴의 도식으로만 생각하는 것은 성인기 발달의 특징을 제대로 이해하지 못한 것이다. 또 다른 전 생애 접근법에서 강조하고 있는 발달의 특성은 유연성이다. 노년기에도 여러 가지 기술들이 훈련과 연습을 통해 크게 향상될 수 있는데 이것이 바로 유연성이다. 예를 들면, 지적 능력을 상실한 노인들도 특별한 훈련과 연습을 통해 어느 정도 능력을 회복할 수 있다. 적응발달이라고 하는 것은 콘크리트 구조물처럼 굳어져 버린 것이 아니며 그렇다고 해서 변화를 위한 잠재력이 무한한 것도 아닌 것이다.

인간발달과정에서 인간은 역사적·사회적 환경에 영향을 주고받는다. 즉, 인간은 환경에 반응할 뿐만 아니라 상호작용하고 변화시키기도 한다는 것이다. 따라서 역사적·사회적 맥락에서 고려해야 한다. 인간발달을 제대로 이해하기 위해서는 각기 시각이 다른 다양한 분야의 학자들 간의 다학문적 접근이 필요하다. 다학문적 접근은 인류학, 생물학, 역사학, 가정학, 심리학, 사회학 등 인간발달연구의 주요 관심사가 서로 조금씩 다른데 이러한 다름과 다양성에 대한 고려와 존중이 인간발달연구에 긍정적으로 기여하는 부분이 많다.

(2) 인간발달의 단계

인간발달을 쉽게 이해하기 위해 우리는 단계별로 접근할 수 있다. 인간발달의 단계는 대체로 시기별로 태아기, 영아·유아기, 아동기, 청년기, 중년기, 노년기로 나눈다. 그 구체적인 내용은 Part 3 인간성장과 발달에서 살펴보기로 한다.

(3) 인간발달의 쟁점

① 유전과 환경

인간의 발달이 유전이냐 환경이냐를 둘러싼 격렬한 논쟁은 결국 심리학자들에게 환경적 요인과 유전적 요인 중 어느 것이 더 중요한가라는 문제보다 양자가 어떻게 상호작용하는가 하는 문제가 더 중요하다는 것을 깨닫게 하였다. 일반적으로 인간발달은 유전과 환경의 상호작용의 결과라고 본다. 따라서 사회는 개인의 유전적 잠재력이 최대한 발휘될 수 있는 최적의 환경적 조건과 상황을 조성하도록 노력해야 한다.

② 성숙과 학습

성숙론자들은 환경이 좋지 않으면 인간발달을 저해하는 요인이 될 수 있다고 본다. 그러나 기본적으로 성장은 성숙에 의존한다고 믿는다. 반면, 학습론자들은 발달에서 경험의 중요성을 강조한다. 성숙과 학습을 결합시킨 연구로는 아동과 양육자 간의 애착행동 연구(Ainsworth, 1979; Bowlby, 1969)를 들 수 있다. 즉, 생의 초기에는 특정한 사람과 애착을 형성하는 발달적 경향이 있다고 보았다. 이러한 경향은 유전적 계획표에 기인한 것으로 생각되며 성숙과정의 일부분으로 간주된다. 그러나 애착대상을 선택하는 것은 매우 특별하며 많은 경우에 상황적으로 결정된다.

③ 연속성과 불연속성

행동주의적 접근과 같이 학습과 경험을 강조하는 발달론자들은 대부분 발달을 점진적이고 연속적인 과정으로 보며 성숙을 강조한다. 반면에, 발달이 일련의 독립적이며 질적으로 다른 단계들로 구성된다고 믿는 단계이론가들은 발달을 불연속적인 과정으로 본다.

④ 결정적 시기

인간발달이론들의 공통적 견해는 인간발달은 연속적인 변화라는 것이다. 이러한 변화들 중 어떤 것은 특정 시기에 매우 빠르게 일어나고 다른 시기에는 느리게 일어난다. 발달심리학자들은 중요한 변수로서 변화속도의 차이에 관심을 갖는다. 유아기와 청년기의 신체변화는 다른 어느 시기보다 빠른 속도로 진행되며 보다 미묘한 심리적 변화를 수반한다. 발달의 속도와 밀접하게 관련되는 쟁점은 발달의 결정적 시기가 정말로 존재하는가 하는 점이다. 결정적 시기는 유기체를 둘러싼 내적·외적 사건들이 발달에 최대의 영향을 미치는 짧은 기간을 말한다. 특정의 발달

영역에는 결정적 시기라는 것이 확실히 존재한다. 그러나 이처럼 민감한 기간 동안에 일어나는 일들이 앞으로의 결과를 어느 정도까지 변화시킬 수 있는가 하는 문제는 여전히 존재한다.

⑤ 초기경험과 후기경험의 중요성

유아와 어린 아동이 생애 초기에 매우 불우한 환경을 경험했음에도 불구하고 청년기 이후에 환경이 개선된다면 정상적인 발달을 할 수 있을까? 아니면 인생의 초기경험이 너무도 중요하고 결정적이어서 이후에 개선된 환경으로도 극복이 되지 않을 것인가? 이처럼 초기경험의 중요성을 강조하는 입장에서 인생은 계속되는 여정이기 때문에 한 개인의 심리적 특성은 그 근원을 더듬어 올라가 조사해 봄으로써 알 수 있다는 신념에 기인한다. 그러나 후기경험 주창자들은 인간의 발달은 조각상과 같이 불변하는 것이 아니라 조수의 간만처럼 끊임없이 변한다고 주장한다. 그들은 아동이나 청년은 발달이 이루어지는 동안 내내 매우 순응적이며 나중의 경험도 초기의 경험만큼 중요하다고 믿는다.

이상의 모든 논쟁에서 어느 한편만을 지지할 수는 없다. 인간의 전 생애는 유전-환경, 성숙-학습, 연속성-불연속성, 초기경험-후기경험, 결정적 시기의 유무 중 어느 한쪽만이 발달에 영향을 미치는 것이 아니라 양자가 모두 상호작용하여 발달에 영향을 미친다고 보아야 하기 때문이다.

3) 인간의 이상행동과 부적응 행동에 대한 접근법

정상과 이상은 칼로 무 자르듯 구분할 수는 없다. 정상행동과 이상행동 사이에는 연속성이 있기 때문에 여러 가지 상황을 고려하여 진단해야 한다. 다음은 이상심리학에서 분류하는 부적응 행동에 대한 일반적인 기준이다.

(1) 이상행동 또는 부적응 행동의 의미

① 통계적 규준으로부터의 이탈

이상(abnormal)은 '**규준으로부터의 이탈**'을 의미한다. 일반적인 사람들의 평균적인 행동으로부터 많이 이탈된 행동을 '**이상행동**', 또는 '**부적응 행동**'으로 분류한다. 이는 사람들이 취하지 않는 지나치게 극단적인 행동이나 예외적인 반응 같은 것이다. 특히, 이러한 행동이 통계적으로 평균에서 많이 멀수록 '**이상**'의 정도가 심하다고 본다.

② 사회적 기준으로부터의 이탈

우리 사회에는 용인되는 보편적인 행동기준이 있다. '이상'은 이러한 기준에서 크게 이탈된 행동을 보이는 것이다. 물론 이상심리에서는 여기서 말하는 사회적 기준이 옳은지 그른지를 판가름하는 가치에 의미를 부여하지는 않는다. 하지만 그 사회의 평균적인 행동양상과 얼마나 동떨어져 있는가를 보는 것이다. 이 기준은 시대와 지역에 따라 다르게 적용된다. 미국에서는 마리화나(마약)를 피우는 것은 50년대에는 이상행동으로 보았지만 80년대 이후에는 생활양식의 차이로 본다. 그러나 우리나라에서는 지금도 이상행동으로 분류한다.

③ 행동의 부적응성

행동의 부적응성은 개인의 행동이 개인과 사회의 안녕 및 복지에 영향을 주는지 판별하는 것이다. 이 기준에 따르면 대중교통을 이용할 수 없을 정도로 사람이 많은 곳을 두려워하거나 직장에서 해고당할 정도로 술을 좋아하는 사람들은 '이상'으로 간주된다.

④ 개인의 주관적 고통

개인의 주관적 고통은 타인이 인식하지 못하더라도 스스로가 고통스러워하는 것이다. 다른 사람이 보기에는 정상적인 행동인데 스스로 그 행동 때문에 극심한 고통을 호소한다면 '이상'으로 분류한다. 이들은 불안과 우울, 불면증, 식욕상실 등의 고통을 느끼는 사람들이며 남들에게 피해를 주는 유형은 아니다.

위에 언급한 네 가지 기준이 절대적 기준은 아니다. 즉, 사람들이 호소하는 문제나 그 행동 양식들을 해석하고 이해하는 것은 난해하다. 그러나 위의 네 가지 기준 모두를 적절히 고려하면 이상의 수준을 가늠해 볼 수 있을 것이다.

CHAPTER

02 인간과 사회환경의 이해

1. 사회환경 이해의 필요성

인간행동을 이해할 때 필수적으로 고려해야 할 요소는 사회환경에 대해 이해하는 것이다. 인간의 생존과 번영은 환경과의 상호작용, 즉 환경의 요구에 얼마나 효과적으로 순응하며 개인의 욕구에 맞게 환경을 얼마나 적절하게 잘 변화시킬 수 있는가에 의해 결정되기 때문이다. 사회환경을 이해한다는 것은 역동적으로 변화하는 존재인 인간을 이해한다는 것이다.

이는 인간이 물리적 환경뿐만 아니라 사회환경의 조건에서 자신을 맞추어 갈 뿐만 아니라 환경을 자신에게 맞게 수정하거나 변화시키기도 하는 능동적 주체이기 때문이다. 사회환경은 인간 개인은 물론 그를 둘러싼 가족과 동료 집단, 조직, 지역사회, 문화를 함께 이해하는 수단이 될 수 있기 때문에 이해되어야 한다. 사회환경은 인간행동에 영향을 미친다는 점뿐만 아니라 사회복지사의 자원 동원과도 밀접한 관계를 맺고 있다는 측면에서 중요한 개념이다. 사회환경은 인간 개개인의 행동에 지대한 영향을 끼치며, 특히 인간의 행동을 분석하고 이해하는 데 매우 중요한 도구가 된다.

2. 사회환경의 의미

사회환경은 인간을 둘러싼 조건과 상황 그리고 대인적 상호작용 등을 포함하는 개념이다. 사회환경의 의미는 그 당시 사회가 추구하는 사회 성격과 문화구조 그리고 사회제도와 전통에 의해 이루어지기 때문에 국가와 지역마다 독특한 면을 가지게 된다.

사회환경은 일반적으로 자연환경과 가정환경, 학교환경, 제도와 조직, 계급, 풍습, 규범 등의 문화적 환경을 말한다. 이러한 환경은 한 개인이 사회적 인간으로 역할을 하는 데 중요한 요인이 되고 있다. 예를 들면, 가정환경은 가정의 경제적 상태, 부모와의 관계, 교육 및 양육태도, 가정의 분위기, 위계, 질서, 규칙 등에 따라 개인의 성격이나 행동에 지대한 영향을 미친다고 할 수 있다. 또한 학교환경은 또래 친구나 선생님 그리고 학교와 부모와의 관계가 아이의 성장에 영향을 미친다. 인간은 환경의 요구에 효과적으로 순응하고 개인의 요구에 맞게 환경을 적절하게 변화시킬 수 있는가에 의해 인간의 생존과 번영이 결정되기 때문에 인간과 환경을 분리하여 이해할 수 없으므로 사회환경은 인간행동을 이해함에 있어 필수적이다.

1) 상호작용

인간은 사회환경 속의 다른 사람들과 의사소통하고 관계를 맺는다. 상호작용은 무엇인가를 전달하고 교환하는 것이기 때문에 활동적이며 역동적이다. 또한 상호작용은 긍정적이거나 부정적일 수 있다.

2) 에너지

에너지는 인간과 사회환경 사이에 적극적으로 개입하는 자연발생적 힘으로 투입이나 산출의 형태를 가진다. 투입은 인간의 삶 속으로 받아들이는 에너지다. 반대로 산출은 에너지가 인간의 삶에서 빠져나가는 것이다.

3) 공유영역

공유영역은 체계이론에서 나온 공유영역 개념과 유사한 것으로 개인과 사회환경이 상호작용하는 지점을 말한다. 적절한 상호작용으로 변하기 위해서는 사정단계에서부터 이 공유영역의 개념을 명확히 다루어야 한다. 개인과 가족 그리고 소집단, 지역사회나 조직과 같은 대규모 체계 간에도 공유영역을 적용한다.

4) 적 응

적응은 주변 환경조건에 맞추어 조절하는 능력으로서 변화를 의미한다. 즉, 효과적으로 기능하기 위해서는 새로운 조건과 환경에 따라 변하고 조절해야 한다. 적응과정에서 인간은 환경에 영향을 받을 뿐만 아니라 환경도 인간의 영향을 받는다. 또한 인간은 성공적으로 적응하기 위해 자신의 환경을 바꾼다.

5) 대 처

대처는 적응의 한 형태로서 문제를 극복하기 위해 노력하는 것을 의미한다. 적응이 긍정적 또는 부정적인 새로운 조건에 모두 반응하는 것이라면 대처는 부정적인 경험을 다루는 방법이다.

6) 상호의존

상호의존은 개인이 다른 사람이나 집단에 서로 의존하고 의지하는 것을 말한다. 개인은 다른 사람이 없다면 존재할 수 없기 때문에 의존하게 된다.

3. 사회환경 이해의 관점

인간은 사회와 분리되어서는 정상적인 인간발달이 불가능하며 인간행동은 복잡한 사회적 관계망 속에서 상호작용하는 많은 요소들의 산물로 보아야 한다. 인간과 사회환경의 관계를 조명하는 이론으로는 사회체계적 관점과 생태학적 관점이 있다. 두 관점은 개인 행동을 이루는 개인들이 서로 상호작용하는 부분들인 사회환경의 다양한 요소들에 관심을 가지고 개인만을 변화시키는 것이 아니라 때로는 환경의 변화도 중요시하고 있다는 공통점이 있다. 두 관점의 차이점에서 생태학적 관점은 환경과 협상하는 개인의 능력에 초점을 두고 있으며 사회체계이론은 변화하는 체계의 능력을 강조하고 있다.

1) 사회체계적 관점

(1) 체계의 정의

체계는 일정 기간 동안 어느 정도의 안정성을 가지고 인과적인 관계 속에 직접 혹은 간접적으로 관련되어 있는 구성요소들의 복합체(Buckley, 1967)로 정의되고 있다. 또한 체계는 다섯 가지 속성이 있다(O'Connor, 1989).

첫째, 서로 관계를 맺고 있는 **조직화**이다.
둘째, 관련된 모든 구성원이 서로 영향을 미치고 있는 **상호인과성**이다.
셋째, 일정 기간에 걸쳐있는 **항구성**이다.
넷째, 적어도 두 사람을 포함하는 **공간성**이다.
다섯째, 어떤 식으로든 구성원이 아닌 사람을 분리하는 **경계성**이다.

(2) 체계에 대한 기본 가정

체계의 구성요소들은 상호의존적이고 지속적으로 상호작용하는 속성을 가지고 있고 체계의 한 부분의 변화는 전체 체계의 속성을 변화시킨다. 사회체계는 한 단위 혹은 전체를 이루는 상호 관련된 성원들로 이루어진다. 사회체계의 조직상 범위는 확립되었거나 혹은 임의로 규정된 경계로 정해지고 사회체계에서의 삶은 그 참여자들의 활동의 합 이상이다. 그리고 사회체계와 외부환경 간의 상호작용이 그 사회체계들에 유용한 능력과 내적 구성에 영향을 미치며 구조의 불균형이 일어나면 체계를 움직이는 사회체계 내의 변화 혹은 사회체계를 넘어서는 범위로부터의 변화가 균형을 재수립하려는 시도를 야기한다.

(3) 사회체계의 주요 개념

① 사회경계

사회경계는 체계를 외부환경으로부터 구분하는 일종의 테두리를 의미한다. 사회경계는 행정구역과 정치적 성향, 범죄 정의, 인종처럼 객관적인 기준에 근거할 수도 있으나 어떤 사람이나 집단을 열등하다고 낙인찍는 것처럼 인위적으로 정해질 수도 있다. 사회체계에서 경계는 두 가지 주요 기능을 담당한다.

첫째, 체계의 정체성을 규정해 준다.
둘째, 주위 환경과의 내적, 외적 교환을 통제한다.

그러나 경계는 적어도 부분적으로는 침투할 수 있으며 사회체계는 경계를 통해 에너지와 정보의 전달이 가능하다.

② 개방체계와 폐쇄체계

개방체계는 반투과성 경계를 가지므로 체계 내에서 정보와 자원을 자유롭게 교환하며 체계 안으로뿐만 아니라 체계 밖으로도 자유롭게 에너지가 통과하는 것을 허용한다. 반면 폐쇄체계는 다른 체계들과 상호작용을 하지 않으므로 다른 체계로부터 투입도 없고 다른 체계에 산출을 전하지도 않는다. 체계가 폐쇄적이면 시간이 지나면서 모든 요소들이 비슷해지기 시작하여 결과적으로 조직과 효과적인 기능의 상실이 초래되는 엔트로피 속성이 나타나게 된다.

③ 대상체계 그리고 상위체계와 하위체계

사회체계는 부분성과 전체성을 동시에 가지고 있다. 대상체계는 분석의 대상이 되는 특정한 사회체계를 말한다(예 김 씨네 가족의 갈등이 관심사인 경우 이 가족이 대상체계가 된다). 상위체계는 대상체계의 외부에 있으면서 그 체계에 기능적으로 연결되어 영향을 미치는 사회단위들이다(예 김 씨 가족의 종교기관). 하위체계는 내부에 있으면서 내부의 다른 하위단계의 단위들과 상호작용하는 체계를 이루는 체계이다(예 김 씨 가족의 부부체계, 부모자녀체계, 형제체계 등).

④ 의사소통과 피드백

사회체계는 에너지와 정보의 이전이 필수적이다. 사회체계의 조직은 의사소통의 효과에 좌우된다. 의사소통은 체계 목표의 달성을 위한 에너지의 이전이고 언어적 혹은 비언어적 의사소통으로 나누어진다. 피드백은 정보의 투입에 대한 반응으로 작용하며 연속적인 행동을 수정하도록 그 행동의 결과를 새로운 정보로 포함시키는 것을 말한다. 이는 부정적인 피드백과 긍정적인 피드백으로 구분된다.

⑤ 투입과 전환 그리고 산출

투입은 과업 관련 투입과 유지 관련 투입이 있다. 과업 관련 투입은 그 사회체계가 관심을 갖는 지각된 욕구와 문제 혹은 기회이다(예 클라이언트의 문제). 유지 관련 투입은 지각된 욕구를 충족시키거나 문제를 다루거나 기회를 모색하거나 이용하는 데 필요한 자원들이다(예 사회복지사 또는 돕는 데 필요한 기타 자원들). 전환은 구조와 상호작용으로 구성된다. 구조는 역할과 공식적인 행정적 준비, 가치, 시간, 예산, 계획안, 공간, 다른 체계들과의 유대를 말한다. 상호작용은 실제행동 그 자체이다. 체계 내에서 일어나는 상호작용은 수평적으로 간주되며 경계를 넘어 두 체계 간에 발생하는 상호작용은 수직적으로 간주된다. 그리고 산출은 문제가 종결된 결과인 과업산출과 대인관계의 지식과 기술 문제의 해

결과정에서 얻게 되는 유지산출(클라이언트가 사회복지기관과 접촉함으로써 습득한)이 있다.

⑥ 균형과 항상성 그리고 안정 상태

경계의 개방성에서 상이한 정도를 반영하는 개념으로 균형은 외부로부터의 새로운 에너지 투입이 없는 폐쇄적 속성으로 체계 내부 균형만을 이룬다. 항상성은 역동적인 균형을 추구하지만 위협을 받았을 때는 구조를 변화시키기보다는 균형을 회복하려는 경향을 가진다. 그리고 안정 상태는 구조를 변경시킬 수 있는 개방체계에 존재한다.

⑦ 긴장

긴장은 복잡한 적응체계의 불가피한 속성으로 간주되고 체계가 환경과 상호작용할 때 그 체계가 진화하는 데 있어 긴장은 자연스러운 속성이다. 사회 체계적 관점에서는 긴장 그 자체에 대해 긍정적이거나 부정적 가치를 부여하지 않는다.

(4) 사회체계의 역동성에 있어서의 기본적 속성

사회체계는 상위체계의 기대를 충족시키려 하며 구성원들의 기대를 충족시키려 한다. 따라서 과업산출을 달성하기 위한 수단으로서 상위체계를 목적달성에 용이하게 변화시켜야 한다. 그리고 내・외부 변화하에서 체계 자체의 기본적인 틀을 유지해야 한다.

2) 생태학적 관점

(1) 생태학적 관점의 기본 특성

생태학적 관점은 인간과 환경이 특정 문화와 역사적 맥락 속에서 서로 끊임없이 영향을 미치는 점을 감안하는 것이다. 단순한 인과관계의 규명이 아닌 복잡한 인간과 환경 간의 불확정된 상호교류에 관심을 가진다. 생태학적 관점을 연구하는 학자들은 인간이 생활하고 성장해 가며 환경에 적응하고 참아내며 무엇보다도 환경을 창조해 나가는 능력을 가졌다고 강조하며 인간의 적응성과 유능성 등을 부각시킨다.

(2) 생태학적 관점의 기본 가정

생태학적 관점에서 인간은 환경과 상호작용하고 다른 사람들과 관계를 맺는 능력은 타고난다. 유전적 및 생물학적 요소들은 환경과의 관계의 결과로서 다양한 방식으로 표출된다. 따라서 사람은 목적 지향적이고 유능하려고 노력한다. 즉, 개인이 환경에 대해 갖는 주관적 의미가 발달의 열쇠이다. 사람은 자연스러운 환경과 상황 속에서 이해되어야 하며 성격은 개인과 환경 간의 오랜 관계의 산물이다.

(3) 주요 개념

① 적합성과 적응성 그리고 유능성

적합성은 개인의 적응적 욕구와 환경의 속성 간의 조화를 이루는 정도를 의미한다. 그리고 개인의 욕구와 집단의 욕구, 권리, 목표, 능력과 특정한 문화적, 역사적 맥락 속의 환경 간에 작용하는 실제적인 것이다. 적응성은 환경의 변화를 위한 행동이나 인간이 자기 스스로 환경변화에 적응하는 것을 포함한다. 결과적으로 적응상의 문제를 병리적으로 보지 않고 개인의 욕구와 대처가 환경적 자원이나 혹은 지지와 일치되지 못한 것으로 간주한다. 유능성은 개인이 환경과 효과적으로 상호작용할 수 있는 능력과 일생에 걸쳐 확대될 수 있는 능력이다.

② 상호교류

상호교류와 상호작용은 구별된다. 상호작용은 개인과 환경이라는 두 요소가 서로 영향은 미치나 분리된 정체성을 보유하는 반면 상호교류는 개인과 환경이 한 단위 또는 관련 체계로 합쳐지는 것도 포함한다.

③ 스트레스와 생활 스트레스 요인 그리고 대처

스트레스는 사회적 혹은 발달적 변화와 충격적 사건과 다양한 생활문제 등의 요구가 자신이 활용할 수 있는 인적자원 혹은 환경자원을 초과하는 상황에서 야기된다. 스트레스는 생활스트레스 요인에 대한 내적인 반응으로 불안한 감정인 불안, 분노, 두려움 등이나 생리적 상태로 표출된다. 생활스트레스에 의해 발생되는 욕구를 해결해 나가기 위해 고안된 새롭고 특별한 행동들과 성공적 대처는 내・외적 자원에 달려있다. 내적 자원은 자부심과 문제해결 기술 등을 일컬으며 외적 자원은 가족, 사회적 관계망, 조직차원의 지원 등을 포함한다. 성공적 대처는 인간과 환경의 질을 향상시키고 보다 높은 수준의 사회적 관계, 능력, 자긍심, 자율성의 획득으로 적응수준을 향상시킨다.

④ 거주환경과 적소

물리적・사회적 환경이 거주환경을 구성한다. 물리적 환경은 인간에게 큰 좌절을 주거나 인간 존엄성에 영향을 미칠 수 있고 각각의 물리적 환경에 맞게 가정생활, 대인관계, 직장생활, 종교생활과 같은 사회적 환경도 지원해야 한다. 적소는 특정의 집단이 지역공동체의 사회적 구조에서 차지하는 사회적 지위 혹은 직접적 환경을 말한다. 지역공동체는 적소들의 조직체로 표현될 수 있다.

⑤ 생태학적 환경의 상호교류

개인의 생태학적 환경은 소속체계, 중간체계, 외부체계, 거대체계로 구성되고, 이들 체계들이 상호작용을 한다(Bronfenbrenner, 1992). 소속체계는 가족이나 학급, 친구들과 같이 개인에게 직접적인 영향을 미치는 환경으로 대면적 상호작용에 참여하는 장이다. 소속체계들로 구성된 중간체계는 개인이 적극적으로 참여하는 둘 이상의 소속체계 간의 상호작용으로 이루어진다. 예를 들면, 아동의 경우는 가족, 학급, 또래집단 간 관계를 말하며 어른의 경우는 가족, 직장, 종교단체 간의 관계를 말한다. 이는 개인이 새로운 환경으로 이동할 때마다 형성되거나 확대되기도 하나 각 소속체계 간의 역할기대가 다른데 개인은 부적응 문제를 가질 수 있다. 외부체계는 개인이 직접 참여하지는 않으나 그 개인에게 영향을 미치는 환경요소를 말한다. 예를 들면, 어린 아동의 경우 부모의 직장, 교육청 등이 될 수 있다. 거대체계는 개인이 소속한 문화나 하위문화로 개인에게 간접적 영향을 미치는 교육적, 사회적, 경제적, 법적, 종교적 체계이다.

CHAPTER

03 인간과 환경과의 관계

1. 인간과 환경 그리고 사회복지전문직

사회복지전문직의 기본적인 대상은 인간이다. 인간이 행복한 삶의 과정을 영위해 나갈 수 있도록 원조하기 위해서는 인간 본성에 대한 이해가 필수적이다. 사회복지전문직에서는 인간에 대한 이해를 바탕으로 개인, 가족과 집단, 지역사회, 더 나아가 전체 사회의 사회적 기능 향상과 삶의 질 개선을 도모할 수 있도록 인간적이면서 효과적인 사회적 서비스를 제공해야 한다는 사회적 책임성과 사명을 충실히 이행하여야 한다. 사회복지전문직에서 이러한 사명을 이행하기 위하여 초점을 두고 있는 영역이 바로 인간과 환경이다. 역동적으로 변화하는 총체인 인간은 환경적 조건에 자신을 맞추어 가기도 하지만 환경을 자신에게 맞게 수정하거나 변화시키기도 하는 삶의 능동적 주체이기도 하다.

사회복지전문직의 가장 기본적인 학문 토대는 인간에 대한 이해에서 출발하고 인간에 대한 이해는 환경과 분리된 실체로서가 아니라 환경과 통합된 총체로서 이해되어야 한다. 즉, 사회복지에서 환경 속의 인간(PIE : Person In Environment)이라는 관점이 유지되어야 한다. 사회복지전문직에서는 인간과 환경 사이에 일어나는 상호작용 영역에 초점을 두고 있다. 그리고 인간과 환경 양자 간의 상호교환을 통하여 어떤 일이 진행되고 있는지, 상호교환을 통하여 어떤 일이 진행되고 있는가에 관심의 초점을 둔다.

2. 인간과 환경 간의 관계에 대한 견해

사회복지전문직의 1차적 사명은 인간과 환경 사이의 상호작용을 증진시키는 것(Ewalt, 1980)이라고 지적하였듯이 환경 속의 인간이라는 인간 이해의 도식은 사회복지전문직에서는 없어서는 안 될 필수 요소라고 할 수 있다. 환경 속의 인간이라는 관점은 사회복지전문직의 이론 기반 구축과 실천기술의 발전뿐 아니라 전문직 자체의 정체성 확립에도 많은 기여를 하였다. 따라서 환경 속의 인간이라는 관점이 사회복지전문직을 조직화하고 고유의 특성을 규정할 수 있게 해주며 전문직의 가치, 원조과정, 실천기술의 발전 그리고 전문직의 목적을 성취하는 데 적합한 방법을 구체화할 수 있는 길을 열어준다고 하였다(Jainchill, 2013). 많은 학자들이 인간과 환경에 대한 이중적 관심을 가질 것과 이를 효과적으로 개입할 필요가 있다는 점을 역설한다. 예를 들면, 인간과 환경 간의 관계가 개인의 대처능력과 환경의 요구 사이의 관계를 강조(Bartlett, 1972)하였고 인간의 적응능력과 환경의 양육적 특성의 이중성과 인간의 능력 및 능력의 표현을 지지 또는 방해하는 환경적 속성 사이의 상호관련성을 강조하고 있다(Gitterman & Germain, 2008). 또한 개인은 환경과 지속적으로 상호작용하는 생리적이고 심리학적 단위라는 점을 강조한다(Strean, 1971).

3. 환경 속의 인간(PIE)

1) 환경 속의 인간 개념

인간 자체에 대한 이해 못지않게 인간을 둘러싼 환경을 이해하는 것도 사회복지전문직의 기본 과제이다. 환경 속의 인간(PIE : Person In Environment)은 개인과 환경 간 상호작용 증진의 책임을 개인과 환경 모두에게 두는 것을 의미한다. 즉, 인간이 경험하는 각종 사회복지적 문제의 원인을 개인 또는 환경 중 어느 한쪽의 결함으로 보기보다는 개인적 요소와 환경적 요소가 서로 어우러져서 나타난 결과로 본다는 것이다.

인간은 출생 직후부터 가족을 비롯한 다양한 환경과 상호작용하며 삶을 영위해 간다. 사회복지학에서는 환경의 영향을 강조하여 인간을 보는 기본 관점으로 【그림 3-1】과 같이 가족과 집단, 조직 그리고 지역사회에 영향을 받는 '환경 속의 인간'이라는 개념을 중요시하고 있다. 이는 사회복지실천에서 클라이언트와의 개입과정에서 인간 그 자체의 내면세계와 능력, 외모, 기질 등에만 초점을 두는 것이 아니라 그 개인을 둘러싸고 있는 사회적, 문화적 환경을 동시에 고려해야 한다는 의미이다. 환경이 인간의 삶에 직·간접적으로 영향을 미친다는 사실은 일정 연령 이상의 성인들의 경험을 통하여 알 수 있다.

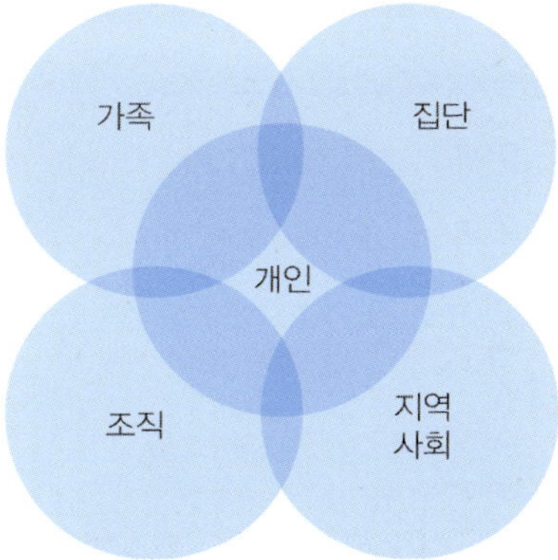

【그림 3-1】 환경 속의 인간

인간의 성장 발달은 환경과 밀접한 관련을 가지고 있으며 인간은 발달함에 따라 환경체험 영역이 증대해 간다. 환경과 인간이 관계되는 방식에는 환경영향과 환경체험이라는 두 가지 양식이 있다. 환경영향은 환경이 인간에게 어떠한 영향을 미치는 양식이고 환경체험은 인간이 환경에 대하여 반응하고 작용하는 양식이다.

2) 환경 속의 인간(PIE)의 기본 구조

환경 속의 인간(PIE)의 기본 구조에서 사회복지사는 다음의 활동을 한다.

첫째, 개인과 개인 주변 환경의 타인 사이의 상호작용을 촉진시킨다.

둘째, 개인이 자신의 능력을 확대시키고 자신의 문제 해결 및 대처능력들을 향상시킬 수 있도록 도움을 제공한다.

셋째, 사회 및 환경과 관련된 정책에 영향을 준다.

환경 속의 인간은 개인의 역할 기능수행과 아울러 개인 주변으로부터의 지지 상황 모두를 고려하여 문제를 분류하는 체계이다. 환경 속의 인간은 여러 가지 축에 바탕을 두고 문제를 사정한다. **환경 속의 인간의 기본 구조는** ┃그림 3-2┃와 같이 기본적으로 네 가지 축으로 구성할 수 있다.

- **제1축 : 사회기능상 문제**(Social Functioning Problems)
- **제2축 : 환경상 문제**(Environmental Problems)
- **제3축 : 정신건강상 문제**(Mental Health Problems)
- **제4축 : 신체건강상 문제**(Physical Health Problems)

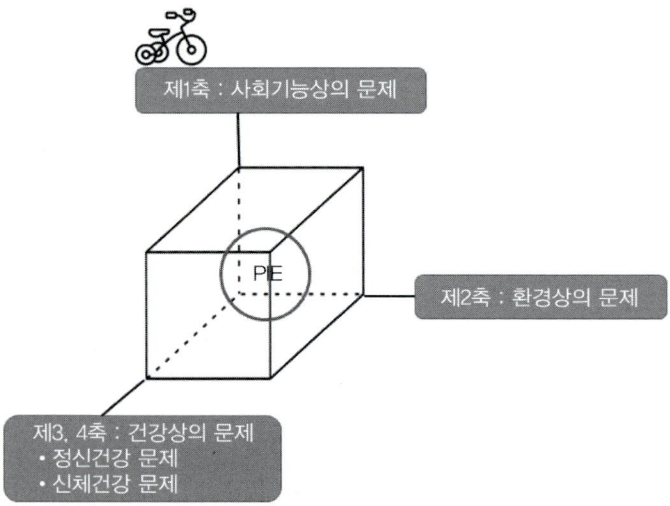

┃그림 3-2┃ PIE 체계의 차원

(1) 제1축 : 사회기능상 문제

제1축은 사회기능상의 문제로 가장 큰 축이라 볼 수 있다. 이에 대한 사정은 다음 순서로 파악할 수 있다.

첫째, 인간이 호소하는 문제가 네 종류의 사회역할군들(제1~4축) 중에서 어떤 역할상의 어려움에 해당되는지를 가려내는 일이다.

둘째, 네 가지 축에서 역할 속성의 유형을 판단한다.

셋째, 역할수행상 문제의 심각성 정도를 판단한다.

넷째, 문제의 지속기간을 알아낸다.

다섯째, 개인의 대처 능력을 판별하여 기록한다.

(2) 제2축 : 환경상 문제

첫째, 여섯 가지의 사회체계의 종류들 중 클라이언트가 경험하고 있는 문제 속에서 확인되는 환경 문제를 가려낸다. 여섯 가지 사회체계 속의 환경문제는 ① 경제/ 기초욕구체계(영양, 주거, 일자리, 경제자원, 교통수단 등의 제공 면에서 지역사회가 갖고 있는 문제), ② 교육/ 훈련체계(교육의 장애물, 교육에 있어 차별, 종교적 또는 세속적, 공・사교육 등 포함), ③ 사법/ 법률체계(부적절한 범죄예방, 부족한 경찰서비스 등), ④ 건강, 안전, 사회서비스 체계(건강, 안전, 사회서비스 체계의 부족), ⑤ 자발적 참여 조직체계(종교단체 부족 및 지역사회 단체 부족), ⑥ 정서지원체계(원가족 부재, 확대가족 부재, 친지, 직장동료의 부재)이다.

둘째, 해당 사회체계가 갖고 있는 구체적 문제 유형들을 상황에 따라 자유롭게 기술한다.

셋째, 문제의 심각성과 문제의 지속기간을 제1축에서 제시된 기준에 따라 판단하여 기술한다.

(3) 제3축 : 정신건강상 문제

임상적 증상들은 정신장애, 물질 관련 장애, 정신분열 및 신경증, 기분장애, 불안장애, 섭식장애, 수면장애 외 여러 가지 정신・신경・정서장애들이다. 그리고 성격 및 발달상 장애로 편집증 성격장애, 반사회적 성격장애, 경계선 성격장애, 회피성 성격장애, 의존성 성격장애 등이다.

(4) 제4축 : 신체건강상 문제

첫째, 국제질병분류체계를 기준으로 의사에 의해 진단된 질병명이나 상태 또는 환자나 타인이 보고하는 기타 신체건강상 문제를 기록하면 된다.

둘째, 제3축의 일반 의학적 상태를 사용해도 되는데 여기에는 순환기 장애, 호흡기 장애, 소화기 장애, 혈관 및 조혈 기관 장애, 신경계 및 감각기관 장애 등이 포함되어 있다.

3) 개인과 환경에 대한 관점

개인과 환경에 대한 관점은 정서와 신체, 영적상태, 사회성, 지능 등에 따라 ❙그림 3-3❙과 같이 전체로서의 인간 관점에서 바라보아야 한다.

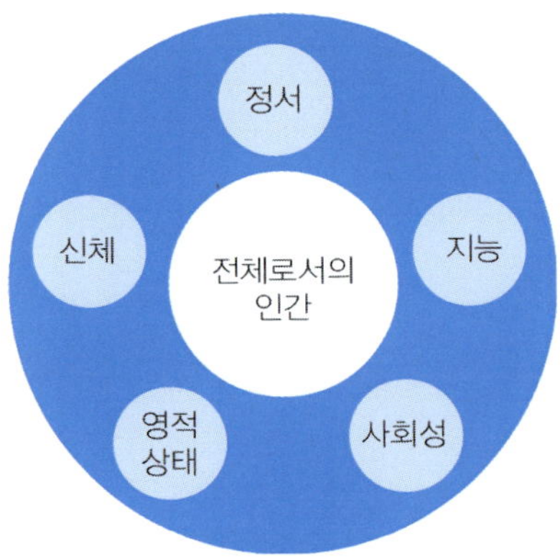

❙그림 3-3❙ 전체로서의 인간

(1) 개인에 대한 관점

사회복지사가 개인적 특성에 관여할 경우 개인의 한 부분만을 볼 것이 아니라 다차원적인 시각에서 상호 연관된 다양한 측면들을 보아야 한다. 개인은 생물학적 또는 신체적 특성, 지적인 특성, 정서적 특성, 사회적 특성, 영적 특성, 경제 상황, 가족 상황, 문화 배경 등의 특성이 혼합되어 하나의 전체적인 인간으로 표출된다(Brill, 1985). 환경 속의 인간 중에서 인간(개인)의 의미를 개인의 성격으로 국한하려 할 경우 활동은 사회복지 영역보다는 오히려 심리학의 영역으로 치우칠 수 있다. 이러한 전체의 인간에 대한 관심은 사회복지 전문직이 관여해야 할 업무의 폭을 결정하게 된다.

예 음식, 주거, 위생 및 건강유지 등 기초 욕구가 불충족된 클라이언트

☞ 신체 기능 상태, 지식 및 기술 수준, 정서적 안정 상태, 생에 대한 동기 수준 등을 판단한 후 그 결과에 따라 다양한 활동을 여러 차원에서 전개

(2) 환경에 대한 관점

환경은 개인의 주위를 둘러싸고 있는 여건들을 의미한다. 인간과 모든 살아 있는 생명체에 영향을 미치는 주변의 물리·사회적 구조, 물리·사회적 세력, 이들의 운동과정 등이 환경에 포함된다. 앞서 제시한 PIE의 제2축(환경상의 문제)에서는 여섯 가지의 사회환경체계가 제시되어 있다. 직접 실천에 종사하는 사회복지사에게 특히 관심의 대상이 되는 환경은 인간의 일상적 생활에 직접적인 영향을 가장 많이 주는 개인의 근접환경이다. 광범위한 환경인 간접환경의 변화를 위해 개입하는 경우는 상대적으로 적은데 그 이유는 간접환경을 변화시키기가 어렵고 간접환경의 영향은 비교적 덜 분명하게 나타나기 때문인 것으로 보았다. 인간의 주변 환경은 흔히 미시환경, 중시환경, 거시환경 등으로 나누어진다.

예 개인의 근접환경

☞ 가족, 친구, 이웃, 동료 등

4. 인간과 환경 간 수준의 초점과 방향

인간은 환경과 상호작용하는 존재다. 환경이 개인에게 영향을 주기도 하고 개인이 환경에 영향을 주기도 한다. 예컨대 부모의 양육방식이 아이의 발달에 영향을 주기도 하지만 아이의 발달양상이나 반응양상이 부모의 양육방식에 영향을 주기도 한다. 따라서 사회복지실천에서는 환경에만 초점을 맞추지도 않고 개인에만 초점을 맞추지도 않는다. 개입은 큰 틀에서 미시적, 중시적, 거시적 개입의 세 가지 영역에 기초한다.

첫째, 개인이 문제해결 및 대처능력을 키우는 일에 개입한다(**미시적 개입**).
둘째, 사람과 자원을 연계해 주는 등의 개인과 환경의 상호작용을 촉진하는 일에 개입한다(**중시적 개입**).
셋째, 개인들의 요구에 부응하는 사회환경, 즉 사회조건을 만드는 일에 개입한다(**거시적 개입**).

사회복지실천현장에서는 '**환경 속의 인간**' 개념이 잘 지켜지는 것은 아니다. 대체로는 미시, 중시, 거시 중에서 어느 하나에 더 초점을 맞추어 개입하는 것이 보통이다.

1) 미시적 환경수준

환경에 대한 관점 개념은 상이한 수준의 환경을 세 개의 환경, 즉 미시수준 환경, 중시수준 환경, 거시수준 환경 등으로 나누었다. 각 수준에 속한 체계는 그 수준보다 큰 수준체계 내에 놓여있어 각 수준체계가 어떻게 기능하느냐는 대개 높은 수준체계와의 상호작용 양상에 좌우된다. 개인이 처한 개별상황이라고 하는 것은 개인이 어느 특정한 순간에 경험하고 인지하는 부분적 환경이다. 이것은 우리가 직접 마주치는 환경이며 최근접 환경과의 경험을 통해 우리는 외부세계에 의미를 부여하고 그 외부체계를 적절히 다루기 위한 특정 행동을 발달시키게 된다(Galaway, 1999).

미시적 환경수준은 개인과 가족 그리고 집단 등을 중심으로 개입하며 대상 규모가 적고 클라이언트와의 대면 접촉을 통해 서비스가 제공되기 때문에 직접적 실천 또는 임상적 실천이라고도 한다. 미시적 개입은 큰 틀에서 생태체계적 환경수준과 통합적 환경수준으로 나누어 생각해 볼 수 있다. 생태체계적 환경수준은 일반체계이론이 간과했던 체계 간의 공유영역과 적응 및 상호교류라는 개념을 도입하고 체계의 변화속성 기능과 유지 기능도 중요하다는 점을 강조한다. 즉, 어떠한 문제현상에 대한 전체적 성격과 다양한 변수들을 객관적으로 사정하고 평가하기에 유용한 개입으로 클라이언트와 관련된 정보와 자료 및 상황변수를 고려할 수 있는 틀을 제시한다. 인간은 환경 속에서 존재하기 때문에 그 관계 속에서 문제가 통합되어 있을 수 있다고 보는 것이다. 통합적 환경수준은 인간의 욕구에 기초하여 환경 상황 속에서 인간을 이해해야 함을 강조하여 인간과 환경과의 균형을 강조한다. 특징으로는 개인과 환경과의 상호작용에 초점을 두고 있으며 다양한 체계에 접근을 할 수 있다. 통합적 접근 모델로는 클라이언트 체계, 표적체계, 행동체계, 변화매개체계, 전문체계, 의뢰-응답체계로 구분된다.

(1) 클라이언트체계

클라이언트체계는 서비스나 도움이 필요한 사람들을 말하며 사회복지사와 계약이 이루어졌을 때 비로소 클라이언트가 된다.

(2) 표적체계

표적체계는 목표달성을 위해 직접 또는 간접적으로 영향을 줄 수 있는 사람들로 클라이언트 체계와 동일할 수도 있고 상이할 수도 있다.

(3) 행동체계

행동체계는 표적체계의 변화를 얻기 위해 문제를 발견하고 연구하기 위하여 그리고 변호의 목표를 설정하거나 주요 표적에 영향을 미치기 위하여 이용한다.

(4) 변화매개체계

변화매개체계는 사회복지사와 사회복지사를 고용하고 있는 기관 및 조직을 의미한다. 변화매개체 내의 변화매개인은 계획적 변화를 목적으로 특수하게 고용된 돕는 사람 즉, 사회복지사를 의미한다.

(5) 전문체계

전문체계는 전문가 단체와 전문가를 육성하는 교육매체 그리고 전문적 실천의 가치와 허가 등을 의미한다.

(6) 의뢰-응답체계

의뢰-응답체계는 클라이언트가 다른 사람의 요청이나 법원, 경찰 등에 의해 강제로 오게 되는 경우로 일반 클라이언트체계와 구별하기 위해 사용한다.

2) 중시적 환경수준

중시적 환경수준은 미시와 거시적 환경수준의 중간수준에서의 활동을 의미한다. 친밀한 인간 상호관계에서 발생하는 일보다는 약간 거리가 있으면서 국가정책 문제나 조직 또는 기관의 문제, 이들 행정체계 및 기관들과의 상호작용에 관한 문제보다는 개인적으로 의미 있는 상호관계 양상에 관여한다. 또한 지역사회 자원의 발굴 및 연계활동과 자조집단 및 치료집단의 조직 및 운영 등의 활동을 통한 사회복지실천이 여기에 해당된다. 사회복지실천은 미시적 수준과 중간적 수준에서 이루어지는 사회복지 활동을 의미한다. 즉, 사회복지서비스의 실천을 위해 사회복지사가 클라이언트와 직접 얼굴을 맞대고 클라이언트의 복지 향상을 위해 클라이언트와 함께 하는 활동과 서비스 연계활동 그리고 그와 관련된 준비 및 사후 활동들이 여기에 해당한다.

3) 거시적 환경수준

거시적 환경수준은 사회구성원 모두에게 공통적으로 해당되는 환경을 의미하며 넓은 의미에서 사회의 물리적, 사회적, 문화적, 경제적, 정치적 구조 등이 여기에 해당된다. 그뿐만 아니라 사회 전반의 기술수준과 사회구성원이 사용하는 언어, 주택 수준, 법률의 성격, 관습의 내용, 사회의 내면에 흐르는 규칙 등도 여기에 포함된다.

각 환경은 보다 작은 환경에 대해서는 상위체계가 되고 보다 큰 환경에 대해서는 부분, 즉 하위체계가 된다. 각 부분 속에서 전체의 속성은 발견되고 전체는 각 부분들의 합과 각 부분들이 상호작용의 양태를 합한 것이 된다. 따라서 모든 수준의 체계들은 상호작용하는 하나의 전체인 것이다.

참고 **'환경 속의 인간'의 실제 삶의 현상 사례**

인간은 환경의 지배를 받지만 반대로 환경에 영향을 줄 수 있다.

※ 인간-환경 간 관계의 사례

☞ 쌍둥이 자매가 태어나자마자 각각 다른 곳으로 입양되어서 살다가 중년의 나이가 넘어서 다시 재회를 하였다. 유복한 가정에서 자란 동생과 폭력적이면서 가난한 유년시절을 보낸 언니는 비록 외모는 비슷할지 몰라도 학습과 자란 환경에 의하여 전혀 다른 모습을 갖게 되었다. 같은 유전자를 가지고 있으면서 다른 모습을 보인 이유는 인간은 자신이 처한 환경과 지속적으로 관계를 갖는 환경 속의 인간이기 때문이다.

☞ 어렸을 때 동물이 있는 환경에서 자란 아이가 동물의 습성을 가질 수 있으며, 아버지의 폭력적인 술버릇이 아이의 환경에 영향을 미쳐서 자존감이 낮은 아이로 자랄 수 있으며 또한 성장하여 아버지에게 학습된 관계로 주폭자가 될 확률이 높다.

☞ 반대로 인간이 환경을 바꿀 수 있는 영향력을 가진 경우를 예로 들면, 지구상 최대 빈민국인 남수단에 한국인 신부인 ○○○ 신부가 수년 동안 인간다운 정신을 이루어 놓은 일이다. 이로 인해 그들이 속한 환경도 바뀌어 갔다. 가난으로부터 벗어날 수 있는 계몽운동과 질병으로부터 자유로울 수 있는 환경 개선 운동의 결과이다.

PART 02

인간행동과 사회환경의 기초이론

CHAPTER

04 정신역동이론

1. 프로이트 : 정신분석이론

1) 프로이트의 생애

오스트리아 빈 출신의 프로이트(Sigmund Freud, 1856~1939)는 정신과 의사, 의학자, 생리학자, 심리학자, 철학자이며 정신분석학의 창시자이다. 프로이트는 1856년 오스트리아 모라비아 지방의 프라이 베르크에서 상업을 하는 유대인인 아버지 야곱 프로이트와 재혼한 어머니 아말리에 나타우젠 사이에서 장남으로 태어났다. 아버지에게는 세 번째 결혼이었고 이미 장성한 아들이 두 명이나 있었다. 1859년 프로이트가 네 살 때 경제적인 이유와 반유대주의 이유 때문에 빈으로 이주하였으며, 대부분의 삶을 빈에서 보냈다. 프로이트는 어려서부터 뛰어난 재능을 보였다. 그는 1873년 빈 대학교의 의학부에 입학하였으며, 1881년 의학박사학위를 받았고 1881년 임상신경학자로서 개업을 하였다. 신경과 의사로 자리를 잡게 되면서 점차 전문가로서의 입지를 구축하였다.

프로이트는 파리로 건너가 당시 히스테리 최면술 연구로 명성을 얻고 있던 샤르코(Jean Martin Charcot)를 만나 함께 최면을 연구하며 최면술로 히스테리를 치료하는 것을 배웠다. 신경질환 전문의였던 요제프 브로이어(Josef Breuer,

1842~1925)와 함께 최면법과 정화법을 통해 환자의 신경증 증상을 완화시키는 것을 연구하였다. 요제프 브로이어의 만남은 프로이트의 연구에 새로운 돌파구를 마련해 주었다. 브로이어는 훗날 임상보고서의 주인공으로 유명해진 안나를 비롯한 여러 히스테리 환자를 치료한 경험을 바탕으로 그 문제에 중요한 힌트를 제공했다. 1895년 「히스테리 연구」라는 공저를 내놓았지만 성(性)을 히스테리의 중요한 원인으로 지목한 프로이트와 그렇지 않다고 본 브로이어 간에는 불화가 빚어지고 결국 브로이어와 결별한 프로이트는 이비인후과 의사인 빌헬름 플리스(Wilhelm Fliess, 1858~1928)의 도움으로 과학적 심리학의 이론을 구상한다. 프로이트는 1896년 공식적으로 최면법의 사용을 포기하였으며, 자유연상법을 사용하여 정신분석의 선구자가 되었고 자신의 방법을 '**정신분석**'으로 명명한다.

프로이트의 명성이 높아져 많은 지지자들이 모였으며 아들러(Alfred Adler), 융(Carl Jung) 등이 제자가 되었다. 그들은 몇 년 후 독창적인 정신역동이론을 발달시켜 프로이트로부터 분리되었다. 프로이트는 삶이 다할 때까지 정신분석이론을 발전시키고 수정하였다. 그는 나치의 협박을 피해 1938년 런던으로 망명하였으며 1939년 83세의 나이로 사망하였다. 프로이트는 심리학뿐만 아니라 문학 등 여러 다양한 분야에도 영향력을 미쳤으며 20세기의 지적 발달에 큰 공헌을 하였다. 그의 대표적인 저서로는 『꿈의 해석』, 『일상생활에서의 병리학』, 『토템과 터부』, 『자아와 원초아』, 『환상의 미래』, 『신정신분석학 입문』 등이 있다.

정신분석이론은 프로이트에 의해 시작된 심리학의 한 갈래로 인간의 행동양식을 심리 내적인 욕구의 충돌 및 조화의 요구를 위한 표출로 판단한 것이다. 이러한 심리 내적 욕구와 외부의 사회적 요구가 조화될 때에는 문제가 없지만 조화되지 않을 때에는 정신적 질환으로 나타난다고 간주한다. 이러한 욕구는 프로이트가 성적인 것으로 주로 이해하였다(https://ko.wikipedia.org/wiki).

2) 프로이트의 인간관

프로이트의 인간 본성에 대한 기본 가정은 인간을 의식의 영역 밖에 존재하며 비합리적이고 통제할 수 없는 무의식적 본능의 지배를 받는 수동적 존재로 보았다. 인간의 모든 행동과 사고 그리고 감정은 신체적 긴장상태에 의해 유발되는 무의식적인 성적 본능과 공격적 본능에 의하여 결정된다는 것이다. 즉, 인간은 성장이나 자아실현을 추구하기보다는 무의식적 본능에 의해 야기된 긴장 상태를 해소하기 위하여 행동하게 된다고 보고 인간의 자유의지, 책임감, 자발성, 자기결정과 선택능력 등을 인정하지 않았다. 그는 인간의 정신세계를 설명하기 위하여 정신(psyche)을 의식, 전의식, 무의식으로 나누어 설명하고, 특히 무의식을 모든 에너지의 원천으로 보았다. 프로이트는 인간의 기본적 성격구조가 출생에서 만 5세까지의 경험에 의해 결정된다고 보았다. 즉, 인간이 주체적으로 현재의 행동을 결정하기보다는 영아기 및 영·유아기의 경험이 무의식 속에 잠재되어 그 이후의 성격발달과 행동을 결정한다는 것이다. 영·유아기 때 에너지가 특정 대상에 지나치게 몰리거나 결핍되어 성장 이후에도 그 대상애가 계속 나타나는 것을 고착이라고 하고 이것이 신경증의 원인이 된다고 보았다.

3) 인간의 의식구조

프로이트는 인간의 성격을 이해하는 틀로 ❙그림 4-1❙과 같이 지형학적인 모형을 가지고 설명하려고 하였다. 이러한 모형에서 인간의 자각 수준을 의식(consciousness), 전의식(preconsciousness), 무의식(unconsciousness)의 세 영역으로 제시하였다.

(1) 의식

의식(conscious)은 인간의 현재 지각과 사고와 정서경험 등을 말한다. 빙산으로 비유하면 수면 위에 드러난 부분이라 할 수 있으며 '**빙산의 일각**'이라는 말처럼 인간의 전체 정신세계 중 극히 일부분에 해당한다.

(2) 전의식

전의식(preconsciousness)은 의식 수준에 속하지 않았지만 조금의 노력으로도 자각할 수 있는 기억과 경험 등을 말한다. 전의식은 수면 바로 아래에 있는 빙산의 부분이라 할 수 있으며 파도가 출렁이면 수면 위 빙산의 부분이 수면 아래로 가라앉거나 수면 아래 빙산의 부분이 수면 위로 드러나는 것과 같이 현재 순간의 의식은 다음 순간에 전의식에 속하게 되고 또 이전의 전의식은 순간 의식에 속하게 되는 서로 밀접한 관련성을 가지고 있다.

(3) 무의식

무의식(unconsciousness)은 의식하려고 노력하더라도 쉽게 자각하기 어려운 욕구와 충동, 소망, 동기 등을 말한다. 무의식은 수면 아래에 자리하여 빙산의 대부분을 차지하는 것이라 할 수 있는데, 의식이라는 수면 위에 잘 떠오르지는 않지만 인간의 생각과 감정, 행동에 거대한 영향을 미친다는 점에서 중요한 의미를 지닌다.

4) 성격의 구조

프로이트는 마음이 ❙그림 4-1❙과 같이 세 개의 구조로 되어있다고 가정하면서 태어날 때부터 타고나는 욕구를 대표하는 원초아(id)와 출생 후에 미성숙해서 부모의 보호를 받으며 현실을 고려하고 받아들이는 1세부터 3세 사이의 자아(ego), 그리고 부모의 처벌, 금기, 도덕 등과 자아의 이상이 통합되어 양심의 목소리가 되는 초자아(superego)로 보았다.

(1) 원초아(id)

원초아는 출생 시부터 존재하는 원시적인 성격으로 전 생애 동안 성격의 기초가 되고 생물학적 욕구(본능)들로 이루어져 있다. 원초아를 구성하는 욕구들인 섭취, 갈증, 수면, 배설 그리고 성적 및 공격적 충동은 모두 무의식에 존재한다. 원초아는 '**쾌락의 원리**'에 의해 지배되기 때문에 '**쾌**'를 추구하고 고통을 피하려는 방향으로 작용하게 되고, 원초아는 즉각적인 욕구 만족을 통해 '**쾌**'를 얻으려고 하며 욕구지연은 '**고통**'을 일으키기 때문에 회피한다.

원초아는 어떤 제약도 받지 않고 현실상황과 무관하게 즉각적으로 욕구를 충족시키려고 한다. 원초아의 이러한 과정을 일차적 사고과정이라고 한다. 아기들이 졸리면 자고, 짜증나면 짜증내고, 화장실 가고 싶으면 바로 기저귀에 실례하는 것들이 모두 원초아적 욕구를 반영한다고 볼 수 있다. 원초아는 배가 고프면 지불할 돈이 있든 없든 상관없이 제과점에 진열된 빵을 일단 먹는다. 원초아는 지불할 돈을 준비할 때까지 먹고 싶은 욕구 충족을 지연하거나 물로 배를 채우는 등의 다른 방법을 선택하지 않는다. 장난감을 주지 않으려는 동생을 때리고 빼앗는 형의 행동은 원초아의 모습이다. 성인이 되어서도 원초아가 강한 사람은 자고 싶으면 자고 먹고 싶으면 먹고 화내고 싶으면 화를 낸다. 쉽게 말해 본능이 성격을 지배하고 있다고 보면 된다. 그러나 현실에서 본능적 욕구를 즉각적으로 충족시키는 것은 어려운 일이다. 원초아가 자유롭게 작용하면서 즉시 충족될 수 없는 현실적 상황에 적응하기 위해 자아가 발달한다.

(2) 자아(ego)

자아는 원초아로부터 발달한 것으로 원초아의 쾌락추구 초자아의 완벽 추구와는 달리 현실을 추구하게 된다. 만약 원초아가 원하는 대로 끌려간다면 많은 어려운 상황에 직면하게 된다. 장소 불문하고 배뇨를 하거나 지불할 돈이 없는데도 식당에서 음식을 먹는 행동을 반복하면 심각한 문제가 발생할 것이다. 자아는 현실을 파악하고 검증하면서 즉각적으로 욕구를 충족하려는 원초아를 통제하게 된다. 원초아는 쾌락원리를 따르지만 자아는 현실원리를 따른다. 현실적 상황을 판단하고 원초아의 욕구충족이 가능할 때까지 지연시킨다. 용이한 장소에 도착할 때까지 배설을 참거나 지불할 돈을 모을 때까지 물건을 소유하려는 욕구충족을 지연시키는 것은 자아의 역할이다. 이렇게 상황을 이해하고 현실적으로 판단하는 자아의 사고과정을 이차적 사고과정이라고 한다. 현실원리에 따르는 자아는 원초아의 본능적 욕구를 억압시키고 일시적으로 지연시키거나 또는 현실적으로 가능한 간접적인 방법들을 선택한다. 현실적인 자아와 쾌락을 지향하는 원초아 간에 갈등이 발생하면 심리적으로 긴장상태가 된다. 긴장상황을 해결하기 위해 자아는 일시적이지만 심리적으로 보호하는 방어기제들을 무의식적으로 사용한다.

(3) 초자아(superego)

초자아는 자아로부터 발달하는데 부모를 동일시하는 과정에서 부모의 가치관과 도덕적 기준을 모방함으로써 형성된다. 부모의 선악 기준은 곧 아동의 초자아가 된다. 초자아에는 추구해야 할 도덕적 선과 하지 말아야 할 도덕적 악의 기준이 형성되고 이것은 곧 초자아의 하위 체계인 이상적 자아와 양심으로 발달한다. 이상적 자아는 도덕적 선을 추구하며 자부심과 자존감을 느끼게 하고 양심은 금지된 악의 기준에 따랐을 때 죄책감을 느끼게 한다. 이상적 자아는 도덕적 선을 따른 아동의 행동에 대해 부모가 칭찬하고 인정하는 보상과정을 통해 형성된다. 양심은 아동의 잘못된 행동에 대해 부모가 처벌하고 비난하는 과정에서 형성된다. 초자아의 이상적 자아와 양심은 부모의 도덕적 기준뿐만 아니라 사회·문화적 규범과 규제들을 내면화하면서 발달한다. 초자아는 현실적인 조건들과 효율적으로 타협하고 조절하는 것보다는 절대기준을 가진 도덕성에 더 비중을 두기 때문에 초자아가 강한 사람은 흑백 논리식 판단이나 완벽함을 추구한다고 보았다.

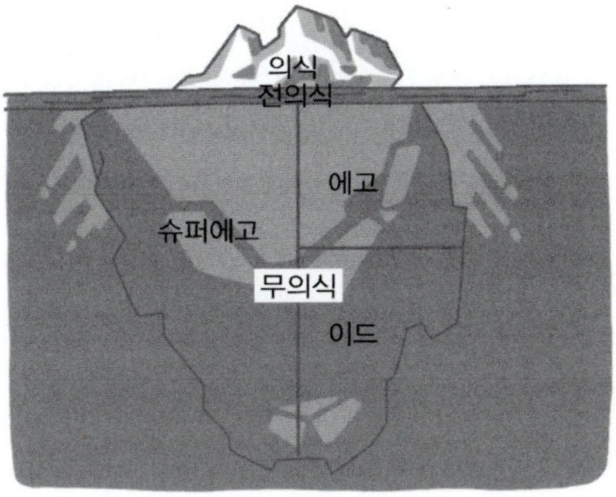

┃그림 4-1┃ 인간의 의식수준과 성격구조

5) 심리성적 발달단계

프로이트가 제안한 발달의 단계는 인간의 성격 발달이 성 에너지인 리비도가 집중된 성감대를 중심으로 이뤄진다고 보는 이론이다. 아동기에서 가장 중요한 성감대 부위는 구강, 항문, 남근으로, 특정 단계 순서에서 아동들의 성적 관심의 초점이 된다. 프로이트는 각 단계마다 갈등이 존재하며 이 갈등이 잘 해결되지 않는 경우 과도한 에너지가 그 단계에 영구적으로 투자되는 고착이 나타난다고 보았다. 프로이트의 심리적 발달단계는 구강기, 항문기, 남근기, 잠복기, 생식기의 순차적 단계로 다음과 같이 구분하여 살펴보기로 한다.

(1) 구강기(0~만 1세)

구강기는 출생 후부터 생후 18개월 사이의 연령에 해당된다. 이 시기에는 쾌락의 주요한 원천이며 생후 1년 동안 성 본능이 입(구강) 주위에 집중되는 시기이다. 영아들은 흡입하기, 씹기, 깨물기 등의 구강활동을 통해 쾌감을 얻는데, 특히 수유 활동은 이 욕구를 충족시키는 가장 중요한 방법이다. 가령, 갑작스럽게 또는 너무 일찍 젖을 떼거나 이와 반대로 너무 늦게까지 수유를 함으로써 욕구가 심하게 좌절되거나 지나치게 충족되면 구강기적 성

본능에 고착한 성격적 특성이 형성될 수 있다. 구강기에 너무 과다하거나 불충분한 양의 자극이 제공되면 영아가 구강의 만족과 쾌감에 너무 집착하게 되어 다음 발달단계로 이행하지 못하고 이 시기에 고착되어 어른이 되어도 구강 고착적 성격을 갖게 된다. 이러한 구강기적 성격은 타인이나 배우자에 대한 지나친 의존성으로 나타나기도 하며 탐욕적이고 지나치게 낙관적이거나 비관적인 특성을 보인다. 이러한 특성은 과식, 과음, 지나친 흡연, 사람과의 접촉에 대한 지나친 요구, 수다, 험담과 비난, 그리고 논쟁을 즐기는 것, 독설을 퍼붓거나, 신랄하게 비꼬는 것도 구강기적 특성이라고 볼 수 있다(이옥형, 2002). 구강기에 적당한 자극을 통하여 적절히 욕구를 충족하게 되면 개별화, 분리, 대상관계의 형성 등과 같은 발달과업을 성취할 수 있게 된다. 또한 이러한 경우에 다른 사람과 쉽게 친밀한 관계를 형성할 수 있으며 공개적으로 다른 사람에게 공격성을 보이거나 탐욕적인 행동을 하지 않는다(권중돈・김동배, 2006).

(2) 항문기(만 1~3세)

항문기는 생후 18개월에서 3세에 해당하는 시기이다. 항문기에는 성 본능이 구강(입)에서 항문 주위로 옮겨지게 된다. 아동들은 배설물을 보유하며 긴장을 경험하면서 동시에 적합한 장소에서 배설함으로써 안도와 쾌감을 경험한다. 아동이 배설물을 보유하고 배출하는 것은 항문의 수축과 이완을 자유롭게 할 수 있는 괄약근이 성숙해야만 가능하다. 아동은 배설하기 적당한 때와 장소에 이르기까지 배설물을 보유하기 위해 괄약근을 수축(긴장)한 후 이완(배설)함으로써 쾌감과 만족을 얻는다. 자발적인 배변과 배뇨를 위한 배변 훈련은 괄약근의 성숙과 함께 적절한 시기에 이루어져야 한다. 이와 같은 긴장과 이완을 통해 아동은 항문기적 쾌감(성적 욕구충족)을 얻을 뿐 아니라 사회적 요구에 따름으로써 사회적 인정도 함께 얻게 된다. 그런데 지나치게 엄격한 배변 훈련을 받은 아동들은 괄약근의 수축에 고착함으로써 강박적인 항문기적 성격을 형성할 수도 있다. 배설물의 보유에 고착하는 특성이 반영된 강박적인 항문기적 성격은 청결이나 질서에 대한 지나친 욕구, 인색함, 고집으로 나타나게 된다. 이와 반대로 배변훈련이 적절한 시기에 이루어지지 않아 이완(배설) 쾌감에 고착하게 되면 자제력이 없고 분노가 많은 항문기적 성격이 형성될 수 있다. 배변훈련을 통해 아동들은 사회적 요구와 규범, 그리고 타인의 기대와 요구를 고려하게 되어 즉각적인 욕구만족을 지연하는 등의 자기 통제능력을 학습한다. 아동들은 적절한 배변훈련을 통해 스스로 배변과 배뇨를 통제함으로써 자율성과 자존감을 갖게 된다(Schultz & Schultz, 1994).

(3) 남근기(만 3~5세)

남근기는 만 3세에서 5세 사이에 나타나는 시기로 리비도가 생식기로 옮겨가면서 아이들이 자신의 성기에 대한 관심이 증가하고 성에 대한 질문을 하기도 한다. 아동들의 성적 본능이 성기 부위로 집중되는 시기이다(Freud, 1953). 이 시기에 아동들은 남녀의 신체 구조적 차이를 발견하고 남자와 여자의 성을 인식하면서 이성 부모에게 연정을 느끼고 동성 부모에게는 적대적 감정을 갖게 된다. 이것을 남아의 경우는 오이디푸스 콤플렉스(Oedipus complex)라고 하고 여아의 경우는 엘렉트라 콤플렉스(Electra complex)이다. 오이디푸스 콤플렉스는 그리스 신화 오이디푸스 왕에서 유래되었다. 오이디푸스의 아버지 라이우스는 아들이 자신을 죽일 것이라는 불길한 예언 때문에 갓 태어난 오이디푸스를 죽도록 내버려 뒀다. 그런데 우연히 구조되어 다른 도시에서 양부모에 의해 성장한 오이디푸스는 아버지를 죽이고 엄마와 결혼할 운명이라는 예언을 듣고 집을 떠나게 된다. 양부모를 친부모로 알고 집을 떠난 오이디푸스는 도중에 라이우스(친아버지)를 만나 싸우다 그를 죽이게 되고 스핑크스의 수수께끼를 풀어 저주받은 그의 고향인 테베를 해방시킨다. 이에 대한 보상으로 라이우스의 아내이며 오이디푸스의 친어머니인 조카스타와 결혼한다.

남아는 엄마를 애정의 대상으로 여기고 반대로 경쟁자인 아버지에 대해 적대감을 갖게 되지만 거세불안에 직면한 남아는 엄마에 대한 욕망을 포기하고 아버지에 대한 적대감을 숨기는 대신에 아버지를 동일시함으로써 오이디푸스 콤플렉스를 해결한다. 모든 면에서 자신보다 월등한 아버지와 경쟁하기보다 동일한 사람이 됨(동일시)으로써 열등한 자신을 보상하고 동시에 욕구를 충족시키는 것이다.

반면에 여아의 엘렉트라 콤플렉스는 오이디푸스 콤플렉스만큼 상세하게 기술하고 있지 않지만, 엘렉트라가 남동생을 통해 어머니와 어머니의 정부를 죽이고 아버지의 원수를 갚는다는 그리스 신화의 이야기에서 유래한다. 여아는 자신에게 남근이 없음을 발견하고 남근에 대해 부러워하는 남근 선망을 갖는다. 여아는 남근이 없는 것에 대한 원망을 동성인 엄마에게 돌리고 엄마에 대해 거부감을 가지며 아버지에 대해서는 애착과 사랑을 키워간다. 그러나 여아는 남근이 회복될 수 없으며 아버지에 대한 애정욕구도 충족시킬 수 없음을 알게 되고 결국 엄마에 대한 동일시를 통해 이 갈등을 해결한다. 이렇게 갈등을 극복하고 욕구충족을 하려는 동일시 과정을 통해 아동들은 부모의 가치 규범과 도덕을 내면화하고 초자아를 발달시키게 된다. 이것은 자녀가 부모를 닮을 수밖에 없는 중요한 이유가 된다.

남근기의 남아와 여아 모두 이러한 갈등을 성공적으로 해결할 경우에 성역할의 동일시를 통하여 성정체감을 가질 수 있게 된다. 이 단계의 발달과업을 적절하게 이행하면 성인이 되어 정상적인 성행위를 통하여 성적 욕망을 해결할 수 있으며, 충성심, 효도, 헌신, 낭만적 사랑 등의 감정을 표현할 수 있게 된다(권중돈 · 김동배, 2006).

(4) 잠복기(만 6~11세)

잠복기는 만 6세에서 11세로 사춘기가 시작되기 전의 초등학교 시기이다. 이 시기는 성적 충동과 공격적 행동 등이 드러나지 않고 잠복되어 있는 상태이지만 성기기에 이어서 부모에 대한 동일시는 더욱 커지고 초자아가 발달하는 단계이다. 성적 충동이 집중되는 특정한 신체부위가 존재하지 않아서 특정한 성적 활동이 없는 비교적 평온한 시기이다. 잠복기인 초등학교 시기는 사회적 지식, 가치, 기술을 습득해야 하는 과제들이 부과되는 교육활동이 시작되는 시점이다. 또한 본능적 욕구충족과 만족보다는 사회적 요구와 기대에 순응하는 방법을 배우며 현실에 적응하는 기술을 습득해야 하는 시기이다. 이전의 부모에 대한 관심과 애정에 대한 욕구는 동료나 또래 집단으로 옮겨지고 사회적 유대감과 결속을 유지하는 데 집중한다. 이전 시기와 달리 성적 에너지는 새로운 지적 과제를 학습하고 사회적 가치와 기술을 습득하는 등의 외적 활동을 통해 방출된다고 볼 수 있다.

(5) 생식기(청소년기~성인)

생식기는 생리적 변화와 함께 성적 관심이 생기지만 이전과는 전혀 다른 성적 만족을 추구하는 단계이다. 사춘기의 청소년들은 제2차 성징의 변화를 경험하면서 성적 만족을 느낄 수 있을 만큼 성적으로 성숙하고 그 대상은 이성에게로 향한다. 이 시기의 성적 욕구는 남근기와 다르게 부모 이외의 다른 이성에게 매력을 느끼며 입맞춤이나 포옹 등의 성적 행동으로 나타난다. 또한 청소년들의 성 행동과 충동은 사회화된 형태로 나타나서 이성과의 애정관계로 발전한다. 그런데 청소년 초기에는 동년배의 이성보다 선생님이나 영화배우, 가수 등에게 사랑과 열정을 보이는데, 이러한 현상에 대해 프로이트는 남근기의 이성 부모에 대한 성적 본능이 재현되는 것이라고 설명한다. 이 시기에는 보다 긍정적인 성격 발달을 위해서 감정적으로 고통스럽지만 부모를 떠나 독립적인 자신의 삶을 찾아야 하며 근면과 책임감을 길러야 한다.

6) 인간의 방어기제

방어기제는 프로이트에 의해 정의된 것으로 불안을 조절하기 위해 스스로를 방어하는 전략이다. 자신을 위협으로부터 방어하기 위해 의식적 또는 무의식적으로 스스로를 속이며 정신적인 상처를 회피하려는 심리에서 발생된다. 프로이트에 따르면 성격의 구조는 원초아, 자아, 초자아로 구성되는데 이때 자아는 원초아와 초자아의 갈등 사이에서 방어기제를 통해 자신의 불안을 방어한다. 프로이트는 방어기제의 작용을 발견하고 주목했지만 실제로 그 연구를 수행하고 체계화시킨 사람은 그의 막내딸인 안나 프로이트(Anna Freud)이다. 오스트리아의 아동정신분석학자 안나 프로이트가 아버지인 지그문트 프로이트의 업적을 정리하고 구체화하여 제시한 자아적응이론과 그것의 발전형이다. 마음의 평정을 깨트리는 사건들이 내적 혹은 외적으로 발생할 때 발생한 불안감은 초자아를 위협하게 되며, 이때 자아가 불안을 처리하고 마음의 평정을 다시 회복하기 위해 사용하는 것이 바로 방어기제이다. 하지만 방어기제가 초자아의 이상만을 충족시키기 위해 존재한다는 것이 아니라 자아가 초자아와 원초아의 요구를 타협시키는 것이 방어기제이다.

방어기제에 대한 가장 흔한 오해 중 하나는 방어기제가 의지가 부족한 나약한 사람들이 자기합리화를 하기 위해 사용하는 비겁한 것으로 인간의 내적 성숙에 방해되는 것이라는 해석이다. 그러나 인간의 정신력에는 한계가 있으며 막대한 스트레스 상황에서 방어기제를 사용하여 천천히 상처에서 회복하는 것이야말로 건강한 방식이다. 만일 스트레스 상황을 방어기제라는 완충제 없이 정면으로 직면한다면 그 피해는 막대할 것이다. 관건은 사회적으로 용납 가능한 방어기제를 선택하는 것이다.

안나 프로이트는 아버지인 프로이트의 이론에서 대략 열 가지 방어기제들을 발견하여 정리했고 21세기에 통용되는 방어기제의 종류는 비단 열 가지 이상으로 늘어난다. 방어기제 이론은 정신분석학이 심리학에서 받아들여진 몇 안 되는 예이다.

(1) 투사

투사(projection)는 자신이 수용할 수 없는 감정이나 생각과 느낌 등을 외부 세계나 타인의 탓으로 돌리는 것이다. 강력한 성적·파괴적 충동 때문에 위협을 받을 때 사람들은 파생되는 불안을 수용하는 대신 감정을 타인에게로 돌릴 수 있다. 예를 들면, 불행한 결혼생활을 하는 남자는 자신의 친구들이 모두 불행한 결혼생활을 하고 있어서 자신의 생활과 공통점이 많다고 생각할 수 있다. 또는 자신의 부주의로 칼에 손을 베인 사람이 칼을 잘못 만들어서 그렇다고 칼을 만든 사람에게 잘못을 돌리는 것이다. 자신이 이렇게 된 것은 다 타인의 탓이고, 자신이 누구를 미워할 때 그가 자기를 몹시 미워하기 때문에 자신도 그를 미워한다고 생각하는 경우가 있다.

(2) 부정

부정(denial)은 견디기 힘든 상황에서 현실을 왜곡하는 것으로서, 억압이 무의식의 영역이라면 부정은 전의식이나 의식에서 일어난다. 예를 들면, 자신이 사랑하는 사람이 자동차 사고로 사망했다는 이야기를 들었을 때, 그 사건이 발생한 것 자체를 부정하거나 사랑하는 사람이 사망했다는 사실을 부정할 수 있다. 또한 말기 암을 선고받고도 이를 인정하지 않으려는 환자나 누구나 알고 있는 알코올의 심각성을 인정하지 않고 지속적으로 음주를 하는 사람의 경우가 있다.

(3) 억압

억압(repression)은 중요한 방어기제 중 하나로, 의식하기에는 너무나 고통스럽고 충격적이어서 기억을 무의식 속으로 밀어 넣어 버리는 것을 말한다. 억압은 다른 방어기제나 신경증적 장애의 기초가 되며 모든 억압은 불안을 없애는 것에 목적이 있다. 예를 들면, 너무나 고통스럽고 견디기 힘든 과거의 기억을 전혀 기억하지 못하는 경우다. 억압과 혼동되기 쉬운 방어기제로 억제가 있다. 억압은 본인이 기억하지 못하는 무의식 수준에서 일어나는 데 반해, 억제는 기억을 하고 있으면서 의식적으로 기억하지 않으려고 노력하는 것이다. 예를 들면, 어릴 때 부모로부터 받은 학대를 기억하고는 있지만 그에 대한 분노감을 숨긴 채 부모와 관련된 이야기를 의식적으로 회피하는 것이다.

(4) 합리화

합리화(rationalization)는 성과가 좋지 않거나 실패 또는 상실을 설명하기 위해 핑계를 만들고 그렇게 함으로써 자신의 불안을 줄이거나 실망감을 경감시키는 것이다. 예를 들면, 먹고 싶으나 먹을 수 없는 포도를 보면서 '**신 포도이기 때문에 안 먹겠다**'고 말하는 경우, 시험에 떨어진 경우 '**나는 최선을 다하지 못 했어**'라고 변명함으로써 자신의 실패로 인한 자존심이 상하는 불안으로부터 자신을 보호하는 것이나, 지원한 대학에 떨어진 경우 '**나는 원래 그 대학에 가고 싶지 않았어**' 또는 '**내 적성에 맞지 않았어**'라고 자신을 확신시키는 경우, 내가 약속을 못 지킨 것은 '**그럴 만한 이유가 충분해**'라고 자신을 확신시키는 경우가 있다.

(5) 전이

전이(transference)는 과거에 알았던 사람과 현재의 사람을 동일시하여 과거에 알았던 사람에게 가졌던 사랑이나 미움의 감정을 현재의 사람에게 옮겨와 반복시키고 있는 특수 착각(specific illusion) 현상으로서, 대부분 무의식적 현상이므로 본인이 모르는 경우가 많다. 예를 들면, 내담자가 느끼기에 상담자가 예전에 좋아했던 선생님과 비슷하다고 생각한다면 긍정적인 전이이고, 반대로 내담자가 느끼기에 상담자가 예전에 싫어했던 선생님과 비슷하다고 생각한다면 부정적인 전이가 발생한 것이다.

(6) 역전이

역전이(counter-transference)는 치료자가 과거의 타인에게 가졌던 동일한 감정을 환자에게 갖게 되는 현상을 말한다. 예를 들면, 할머니 환자만 보면 이상하게도 혐오감이 생기고 불안해지는 여의사가 있었다. 두 번의 오진이 있었는데 모두 다 할머니 환자였다. 알고 보니 어릴 때 그녀를 키워준 분이 외할머니였는데 갑자기 돌아가신 일이 있었다. 이 여의사는 의사가 된 뒤에도 할머니에 대한 갈등을 해결하지 못하고 있었다. 돌아가신 외할머니 나이 또래의 환자를 대하면 외할머니로 착각하고 마는 것이다. 어릴 때 자신을 버리고 숨진 할머니에 대한 미움이 그 할머니 환자도 갑자기 돌아가신 할머니처럼 그렇게 돌아가실지도 모른다는 불안을 느끼게 하는 것이다.

(7) 주지화

주지화(intellectualizastion)는 정서적인 주제를 직접 다루기보다 추상적인 사고 과정을 통해 간접적으로 처리하는 것을 말한다. 예를 들면, 어린 시절에 부모로부터 심각한 폭력에 시달린 경험에 대해 이야기하면서 남의 일인 것처럼 무덤덤하게 그때의 상황을 자세히 묘사하는 사람의 경우나 배우자가 헤어지자고 하는 심각한 상황에서 자신의 힘든 감정을 다루기보다는 오히려 미래에 대한 계획을 세우는 데 몰두하는 경우를 들 수 있다.

(8) 승화

승화(sublimation)는 사회적으로 받아들이는 형태로 충동을 변화시키는 것이다. 원초적이고 용납될 수 없는 충동을 억제하는 데 사용되던 에너지가 사회적으로 용납될 수 있는 방향으로 방출되는 것이다. 예를 들면, 공격적인 남성이 외과의사가 되는 경우, 예술가가 자신의 성적 욕망을 예술로 승화하는 경우, 살인 욕구가 있는 남자가 군인이 되어 전쟁 영웅이 되는 경우이다.

(9) 반동형성

반동형성(reaction formation)은 실제로 느끼는 충동과는 극단적으로 반대되는 행동을 하는 것이다. 자신을 불편하게 만드는 욕구와 반대되는 행동을 함으로써 욕구 때문에 초래되는 불안을 직면하지 않아도 된다. 즉, '**미운 놈에게 떡 하나 더 준다**'는 속담처럼 어떤 본능이 정반대의 본능에 의해 의식세계로 떠오르지 못하게 되는 현상을 말한다. 예를 들면, 싫어하는 사람에게 오히려 웃으며 잘해준다거나 선물을 준다거나, 남편을 미워하는 아내가 남편에게 과도한 사랑이나 헌신적인 행동을 보임으로써 결혼생활의 파경이라는 위협적인 상황을 피하려는 것이다. 또한 좋아하는 사람에게 오히려 더 차갑게 굴거나 짓궂게 구는 경우가 있다.

(10) 전치

전치(displacement)는 원래의 대상에게 감정을 해소하지 못하고 상대적으로 위험이 덜한 상대에게 감정을 푸는 것이다. 즉, 불안한 감정을 위험이 될 수 있는 사람이나 대상이 아닌 상대적으로 안전한 사람과 대상에게 쏟아내는 것을 의미한다. 예를 들면, 직장상사에게 받은 스트레스를 집에 돌아와 아이들에게 푸는 경우나 남편에게 화난 부인이 아이들에게 소리 지르는 것, 자식을 못 가진 사람이 애완동물에 집착하는 경우, 아이가 부모에게 혼나고 지나가는 강아지를 발로 차는 경우가 있다.

(11) 퇴행

퇴행(regression)은 심각한 스트레스 상황이나 위험에 처했을 때 이전의 발달단계로 되돌아가는 것이다. 예를 들면, 동생이 생긴 아동이 동생처럼 젖병에 우유를 넣어 먹으려고 하거나 새로 태어난 동생에 쏟아지는 관심을 자신에게로 돌리기 위해 갑자기 바지에 오줌을 싸는 행동을 하는 경우다. 또한 학교에 첫 등교하는 날 아동이 울어버리거나 부모 뒤에 숨거나 혹은 손가락 빨기 등과 같이 유아기 행동을 하는 경우가 있다.

(12) 동일시

동일시(identification)는 자신에게 중요한 인물의 태도나 행동을 똑같이 따라하면서 닮으려는 것이다. 동일시는 다른 사람의 특성과 닮음으로써 자신의 불안이나 다른 부정적 감정을 줄일 수 있다. 특히, 자신보다 더 강한 사람에게서 받은 공포를 제거하는 데 이용된다. 예를 들면, 남자아이는 오이디푸스 콤플렉스 시기 동안 거세 공포에서 벗어나기 위해 아버지와 자신을 동일시하고 여자아이의 경우에는 엘렉트라 콤플렉스에 의해 어머니와 자신을 동일시한다. 또한 유명 연예인과 자신을 동일시함으로써 자신이 그 연예인처럼 인기가 많다고 믿어버리는 경우가 있는데 이런 경우에는 동일시가 자신의 열등감에 대한 방어적 반응으로 사용되기도 한다.

(13) 보상

보상(compensation)은 실제적인 것이든 상상의 것이든 간에 자신의 성격, 외모, 지능 등의 결함을 보완하기 위해서 취하게 되는 무의식적인 노력을 말한다. 즉, 심리적으로 어떤 약점이 있는 사람이 그 약점을 보완시키기 위해서 다른 어떤 것을 과도하게 발전시키는 정신현상을 말한다. 예를 들면, '작은 고추가 맵다'거나 '운동은 못하지만 공부는 잘해'라는 경우이다.

(14) 회피

회피(evasion)는 억제와 유사하나 억제처럼 인내심 있는 합리적인 판단에 따라서가 아니라 도피하고자 하는 소극적인 동기에 따른다는 점이 특징이다. 회피 방어기제를 많이 사용하는 경우 갈등적 직면과 문제해결에 대한 불안은 줄어들 수 있으나 자신감 상실의 악순환이 일어나게 된다. 높을 경우 회피성 인격장애와 분열성 장애를 검토해 봐야 한다.

(15) 이타주의

이타주의(altruism)는 자신의 욕망과 욕구를 충족시키면서 동시에 회피하기 위해 시간이든 돈이든 에너지든 자신의 것을 남에게 헌신적으로 바치는 것이다. 남을 돕기 위해 익명으로 돈을 기부하는 경우, 어려움을 겪고 있는 사람들을 돕는 경우, 아픈 사람들이나 노인들에게 식사를 배달해 주거나 무료 급식소에서 자원봉사를 하는 경우이다.

(16) 행동화

행동화(acting out)는 자신의 무의식적인 충동이나 소망을 말로 표현하지 않고 바로 행동으로 표현하는 것을 말한다. 이때의 행동은 개인의 통제를 벗어난 충동적인 수준에서 일어난다. 예를 들면, 남편의 구타를 예상한 아내가 먼저 남편을 자극하여 매를 맞는 경우이다.

(17) 왜곡

왜곡(distortion)은 종교적인 신념과 매우 유관성이 있으며 높은 경우 자아이미지를 과장되게 긍정적으로 지각하는 경향이 있다. 자아도취적이고 현실왜곡을 초래하는 것으로 인식되지만 긍정적으로 작용할 가능성도 검토되어야 한다. 예를 들면, '지금 내가 하는 일은 역사적으로 대단한 일이고 나는 이 사회에서 없어서는 안 될 중요한 인물이다. 나는 가끔 신비한 능력을 발휘할 수 있을 것 같은 느낌이 든다. 내게 정치를 맡기기만 한다면 사회문제를 자신 있게 바꿀 수 있다' 등의 경우이다.

(18) 신체화

신체화(somatization)는 심리적 갈등이 신체적 증상으로 전환되어 신체반응을 보이는 경우이다. 갈등장면은 회피하면서 극적인 방법으로 자신을 과시하는 행동을 취하는 것이다. 심하면 신체화장애, 전환성장애, 히스테리성 인격을 검토해 봐야 한다. 예를 들면, 아이들이 학교에 가기 싫을 때 배가 아프다고 하는 것과 기분이 안 좋을 때 잘 체하거나 괴로운 일이 생기면 몸부터 아프다거나 사촌이 땅을 사면 배가 아픈 경우이다(양명숙 외, 2019).

7) 프로이트의 정신분석이론을 사회복지실천에 적용

프로이트의 정신분석이론은 인간행동에 대한 이해와 정신치료의 새 지평을 열었을 뿐만 아니라 20세기의 정치, 사회, 경제, 문학, 예술 등 거의 대부분의 현대 생활에 지대한 영향을 미쳤다. 프로이트의 이론에 대해 살펴보지 않고 현대의 성격이론을 적절히 이해하기란 거의 불가능하며 그의 이론의 일부 또는 전부를 인정하든 안 하든 프로이트가 20세기의 서구 문명에 막대한 지적 충격을 주었다는 사실은 아무도 부정할 수 없을 것이다. 사실상 전 인류 문명에 있어서 이 이론만큼 광범위하고 깊게 영향을 미친 이론은 거의 없었다고 해도 과언이 아닐 것이다. 이 이론은 광범위한 학설이었으며 이에 필적할 만한 이론도 많지 않았다.

인간 조건에 대한 프로이트의 관점은 당시의 지배적이던 견해와는 크게 대립되는 것이면서 불명확하고도 강력한 방법을 제시하였다. 또한 그의 제자인 아들러(Adler)와 융(Jung), 그리고 에릭슨(Erikson)으로 연결되는 자아심리학과 설리반(Sullivan)의 대인관계 이론까지 폭넓게 영향과 발전을 가져오게 했다. 프로이트의 공헌은 최초의 포괄적인 성격이론이고, 자신의 치료경험과 자아분석을 토대로 광범위한 임상관찰과 정신적, 행동적 장애치료 방법을 연구하였으며 다른 어느 방법으로도 도달하기 어려운 정신과정에 관한 연구방법을 개발하였다.

프로이트가 사회복지에 끼친 영향으로 긍정적인 측면은 인간의 행동을 이해하기 위해 클라이언트의 내면을 설명하고 해석하는 데 많은 도움을 주었다는 것이다. 사회복지의 진단과정에서는 정신분석이론의 직선적 원인론을 채택하는 경우가 많았고 무의식이 행동의 주요 결정요인이라는 인식하에 정신내적 갈등을 밝혀내는 데 초점을 두게 되었다. 개인의 무의식적인 본능과 생애주기의 초기경험에 따라 성격과 행동이 달라진다는 것을 밝히고 현재보다는 과거, 특히 초기 아동기의 정신적 외상에 많은 관심을 기울이게 되었다. 또한 프로이트는 개인의 무의식적 본능과 생애주기의 초기경험에 따라 성격과 행동이 달라진다는 심리성적 발달이론을 발전시켰다.

정신분석이론이 사회복지실천에 부정적인 영향을 미친 것도 부정할 수 없다. 사회복지의 이중적 초점이라 할 수 있는 인간과 환경 중에서 인간의 정신 내적 현상을 지나치게 강조하고 기계론적이며 결정론적인 인간관에 따라 해결하려는 경향이 강하여 사회복지전문직 내에서 분열과 사회복지실천에 불균형을 초래하는 문제점을 가져오게 되었다고 비판을 받고 있다(Ephross & Greene, 1991).

2. 칼 구스타프 융 : 분석심리이론

1) 칼 구스타프 융의 생애

칼 구스타프 융(Carl Gustav Jung, 1875~1961)은 스위스의 정신과 의사이자 분석심리학의 창시자이다. 융은 어떤 다른 이론가보다도 무의식을 상당히 강조하였다. 프로이트가 성격 형성에 있어서 무의식의 효력이 중요하다고 우리에게 일깨워 준 사람이라면 융은 우리 모두가 가지고 있는 그 감추어진 내적인 삶을 보다 깊은 차원으로 이끌어 준 사람이다.

융은 스위스 콘스탄스 호숫가의 작은 마을에서 개신교 목사인 아버지의 장남으로 태어났다. 융의 어린 시절은 그리 밝지 못하였는데 이는 부모의 불화 속에서 자라났던 환경과 3살 때 병환으로 장기간 입원하게 된 어머니의 부재가 원인이었다. 융은 어머니의 병이 결혼 생활에 대한 실망에서 비롯되었던 것 같다고 생각했다. 힘든 어린 시절을 보낸 융은 '**사랑**'이라는 말에는 항상 미심쩍은 느낌을, '**여성**'이라는 말에는 불신감을, '**아버지**'라는 말에는 신뢰감과 동시에 무력함을 느꼈다고 한다.

융은 목사의 아들로 태어나 가문의 전통을 이어받지 않고 바젤 대학교와 취리히 대학교에서 의학을 공부하여 정신과 의사가 되었다. 부르크횔츨리 정신병원에서 일하면서 병원의 원장이었던 오이겐 블로일러(Eugen Bleuler)의 연구를 응용해 심리학 연구를 시작하였으며 이전 연구자들이 시작한 연상 검사를 응용하면서 자극어에 대한 단어연상을 연구하였다. 연상은 성적인 내용을 담고 있는 경우가 많아서 당시 학계에서 자주 금기시되고는 하였다. 그는 특정한 상태를 설명하기 위해 지금은 유명해진 '**콤플렉스**'라는 단어를 사용해 이에 관련된 학설의 기초를 마련하였다. 또한 지그문트 프로이트와 함께 정신분석학 연구를 하기도 했지만 프로이트의 성욕중심설 말고도 알프레드 아들러의 사회심리학의 중요성을 인식하고 1913년을 전후해서 독자적으로 이들의 양립에 관한 연구로 분석심리학설을 작업하기 시작했다. 이어서 융은 인간의 내면에는 의식과 무의식의 층들이 있다고 생각하였지만 한 걸음 더 나아가, 특히 개체로 하여금 내면의 무의식들이 통일된 전체를 실현하게 하는 자기원형이 초월적 기능(transcendental function)이 있음을 주장했다. 융은 자신의 경험으로부터 심리치료법을 개발하여 이론화하였고 심리치료를 받는 사람들에게 '개체화(individuation, 또는 자기실현)'라고 하는 자신의 신화를 추구하는 과정을 통해 좀 더 유연하고 온전한 인격체로 나아갈 수 있다고 생각하였다. 융은 1914년 사임하기까지 국제정신분석학회 회장을 역임한 바 있으며 취리히 연방 공과대학교의 심리학 교수, 바젤 대학교의 의학심리학 교수로 재직하였고 85세의 나이로 세상을 떠났다(ko.wikipedia.org).

2) 융의 인간관

융에 의하면, 인간의 많은 고통과 절망 그리고 무감각하고 목표도 없고 무의미하다는 느낌들은 성격의 무의식적 기초와의 접촉상실로 인해서 초래되는 것이다. 융은 우리 시대의 일반적인 신경증은 과거와의 영적 결합의 상실로 인한 직접적인 결과이며 그 치료방법은 성격의 무의식 세력과 접촉을 회복하는 길밖에 없다고 보았다. 인간의 본성에 대한 융의 견해는 프로이트의 견해와는 다르다. 융은 인간의 성격이 어떤 아동기의 경험과 원형에 의해 부분적으로 결정될 수 있다는 점에서는 프로이트와 견해를 같이 하지만 근본적으로 결정론적 입장은 아니며 인간의 자유의지와 자발성을 인정하고 있다.

천성이냐 양육이냐에 대해서 융은 중간쯤의 입장을 취하고 있다. 자기실현을 향한 충동이나 경향성은 타고난 것이지만 경험과 학습에 의해서 촉진될 수도 있고 방해받을 수도 있다고 보았다. 융에 의하면, 인간성격의 목적은 개성화 혹은 자기실현에 있다. 그는 개성화의 과정을 독특한 개인, 단 하나의 동일체적 존재가 되어가는 것이라고 정의하였다. 융은 또한 아동기 경험의 중요성에 대해 프로이트와는 다른 입장을 갖고 있다. 아동기 경험이 인간의 성격에 영향을 미치기는 하지만 전적으로 인간의 성격형성을 좌우하지는 않으며 인간은 중년기의 경험 및 미래에 대한 희망과 기대에 의해서 보다 많은 영향을 받는다고 보았다. 융에 따르면, 개인은 끊임없이 성장하고, 발달하고, 확장하고, 개선하며, 앞으로 나아가고자 노력하는 존재다. 인간의 발달과 변화 및 진보는 끝이 없는 영원한 과정이라고 하였다.

3) 융의 정신구조

융의 분석심리학에서는 인격 전체를 정신이라고 부른다. 인간은 본래부터 하나의 전체라는 것이 융의 근본 사상이다. 융에게는 정신분석의 궁극적인 목표가 정신통합인 것이다. 융의 견해에 따르면, 정신은 세 가지의 분리된, 그러나 상호작용하는 체계인 의식 부분인 자아와 무의식으로 이루어져 있다. 그리고 무의식에는 개인무의식과 집단무의식이라는 두 가지 수준의 무의식이 있으며 집단무의식이 정신의 가장 중요한 부분이라고 생각했다.

(1) 의식(자아)

자아(ego)는 의식적인 마음이며 언제 어느 때나 우리가 알 수 있는 지각,

기억, 사고 및 감정으로 되어있다. 감각이나 관념 혹은 기억이 자아에 의해 의식 속으로 인지되고 받아들여지지 않는다면 보이지도 들리지도 사고되지도 않을 것이다. 따라서 자아는 '**의식에 이르는 문지기**'로서 의식을 지배하고 있다고 할 수 있다. 우리 의식의 상당 부분은 외향성 태도와 내향성 태도에 의해 결정된다. 이 두 가지의 태도는 세상을 보는 방법이 서로 정반대이며 융의 이론에서 가장 잘 알려진 부분이다.

(2) 개인무의식

개인무의식은 무의식부에서 보다 상부에 있고 보다 표면에 있으며 본질적으로 의식 속에 더 이상 남아 있지는 않지만 쉽게 의식부로 떠오를 수 있는 자료의 창고 혹은 저장소이다. 따라서 의식부와 개인무의식 사이에는 서로 빈번한 왕래가 있다. 우리는 개인무의식을 우리의 감정, 사고 및 기억들을 모두 담고 있는 서류철에 비유할 수 있다. 별 노력 없이 특정의 기억을 뽑아내어 잠시 검토한 후 제자리에 갖다 놓고 다음 생각이 날 때까지 잊어버리는 것이다. 개인무의식은 살아가면서 축적되어 있는 억압된 기억과 환상, 소망, 외상, 욕구의 저장소로 보고 있다.

(3) 집단무의식

융은 콤플렉스가 종의 진화사에서 어떤 경험, 즉 유전기제를 통해서 한 세대에서 다음 세대로 전달되는 경험에 의해 영향을 받는다고 느꼈다. 이러한 보편적인 진화 경험의 저장소인 집단무의식은 정신의 가장 접촉하기 어려운 가장 깊은 수준에 존재하며 개인의 정신의 토대가 된다. 종족기억이라고도 불리는 집단무의식은 융이 제안한 독창적인 개념으로 분석심리학의 이론체계에서 가장 핵심적인 개념이다. 인간 정신의 기초를 형성하는 집단무의식의 기본 구조는 **원형**으로 융은 이러한 구조를 생물학적으로 기초가 되면서 타고난 것이라고 믿었다. 원형의 보편적인 경험들은 인간 내부에 있는 심상으로서 나타나거나 표현되는데 융은 이를 원형이라 불렀다. 원형은 신, 악마, 부모, 뱀, 태풍, 번개 등 사람들의 삶을 영위하면서 수없이 형성해 온 원초적인 이미지이고, 인간의 꿈, 환상, 신화 및 예술에서 반복해서 나타나는 우리 조상들의 경험을 대표하는 원시적인 정신적 이미지 혹은 패턴이다. 원형은 인간이 갖는 보편적, 집단적, 선험적인 심상들로 융의 분석심리학에서 성격의 중요한 구성요소이다.

(4) 페르소나

페르소나(persona)라는 말은 본래 배우가 극중에서 쓰던 가면을 가리키는 말이다. 융은 우리 자신을 우리가 아닌 다른 어떤 것으로 표현하기 위해서 혹은 우리 자신을 숨기기 위해서 쓰는 가면이라는 의미로 페르소나라는 말을 사용하였다. 우리 모두가 그러한 수법을 쓰고 있기 때문에 다른 가면을 쓴다는 것이 꼭 해로운 것만은 아니며, 융 역시도 페르소나가 현대 생활의 여러 가지 사건에 대처하기 위해서 유용하며 필수적이기까지 하다고 믿었다. 그러나 페르소나는 매우 해로울 수도 있다. 만약 어떤 사람이 페르소나가 정말 자신의 본성을 반영하고 있는 것이라고 믿게 된다면 그 사람은 더 이상 단순히 그 역할을 하고 있는 것이 아니라 그 역할 자체가 되어버린다. 그 사람은 진정한 자기(self)로부터 소원하게 되어 팽창된 페르소나와 축소된 다른 정신의 측면들 사이에 긴장이 생긴다.

(5) 아니마와 아니무스

연관된 한 쌍의 원형으로 아니마(anima)와 아니무스(animus)가 있다. 모든 사람은 생물학적인 면에서 양성의 호르몬을 분비하고 있다. 여성의 성격은 남성적인 성분(아니무스의 원형)을 포함하고 있고 남성의 성격은 여성적인 성분(아니마의 원형)을 포함하고 있다는 것이다. 남성 속의 여성적 원형은 아니마, 여성 속의 남성적 원형은 아니무스라고 불렀다. 모든 사람은 이런 양성적 본성을 모두 표현할 수 없다면 건강한 성격이 이루어질 수 없다. 이러한 입장을 반영한 개념이 아니마와 아니무스이다. 아니마와 아니무스는 인류가 조상 대대로 이성에 관해서 경험한 모든 것의 침전물이다(Jung, 1989). 페르소나가 자아와 외부세계의 접촉을 중재해 주는 요소라면 아니마와 아니무스는 자아와 내면세계의 접촉을 중재해 주는 요소이다. 의식수준에서 페르소나가 강하게 적용하면 이에 대항하여 집단무의식 속의 아니마와 아니무스가 더욱 강하게 표출될 수도 있다. 이 경우에는 남성은 남성다워 보이기보다는 여성스러워지려 하고 여성은 남성스러워지려 하는 태도가 나타나게 된다.

(6) 그림자(음영)

그림자는 무의식의 열등한 인격을 말한다. 그림자는 자아에 알려져 있지 않는 부정적인 자기상의 속성이다. 나의 모습으로 또는 나의 것으로 인정하고 싶지 않아서 부끄러워하고 회피하고 숨기고 싶어 하는 인격이다. 의식될 기회를 잃어버려서 미분화된 채로 무의식 영역에 남아 있는 원시적 심리상태라고도 한다. 무의식에 있는 그림자는 일반적으로 투사를 통해 경험되거나 꿈이나 환상 속에서 인격화되어 나타난다. 투사는 우리가 의식으로부터 밀어내어서 아직 의식화시키지 않은 것을 타인의 탓으로 돌리는 것이다. 예를 들어, 우리 자신이 가지고 있는 출세욕, 성공, 성욕 등을 제대로 자신의 욕망으로 이해하지 않고 그런 욕망을 타인에게 투사하여 타인을 과도하게 비난하거나 칭찬하는 경우가 있다. 그림자를 설명하는 가장 대표적인 예는 지킬박사와 하이드, 또는 파우스트와 메피스토펠레스의 관계이다. 이들은 같은 사람의 두 얼굴인데 서로 반대편을 향하고 있어 상대편을 인식하지 못하지만 같은 사람의 양면을 대변하는 인물이다. 이들을 타인으로 거부하거나 외면할 것이 아니라 그림자가 수용되고 동화된다면 그림자는 자발성, 통찰력, 창의성의 원천이 될 수 있다. 그러나 그림자가 계속해서 완전히 억압당하게 되면 그 사람은 본능적인 지배인 자기로부터 차단당할 수 있다. 따라서 그림자와 대면하는 것이 중요하다. 자아는 그림자에 압도당하지 않고 그림자의 힘을 조절하여 부정적인 면과 긍정적인 면이 균등하게 표현되도록 할 수 있을 때 사람은 생기 있고 활력적이며 열정적이고 정서와 의식이 강렬하여 신체적, 정신적 영역에 모두 주의를 기울이고 삶의 건강한 에너지를 발휘할 수 있다.

(7) 자기(self)

자기는 모든 의식과 무의식의 주인으로 아니마와 아니무스와 같은 정신의 갈등적 측면들을 통합한 정신의 측면이다. 융은 인간이 실현하기 위해 타고난 청사진을 자기로 보았다. 자기는 전체로서 인간 성격의 조화와 통합을 위해 노력하는 원형이다. 다양한 문화에서 발달된 상징이 이 원형에서 나타난다. 자기는 정신의 중심인 의식과 무의식의 양극성 사이의 평형점이다. 자기는 다른 정신 체계가 충분히 발달할 때까지 나타나지 않는다. 융의 이론에 따르면, 자기는 인생의 가장 결정적인 변화의 시기인 중년의 시기에 나타난다. 개인의 자기실현은 자신에 대한 정확한 지각과 미래의 계획 및 목표를 수반한다.

4) 융의 심리유형

융은 인간의 심리유형을 〈표 4-1〉과 같이 외향적 사고유형, 내향적 사고유형, 외향적 감정유형, 내향적 감정유형, 외향적 감각유형, 내향적 감각유형, 외향적 직관유형, 내향적 직관유형의 여덟 가지 유형으로 나누고 있다.

〈표 4-1〉 인간의 심리유형

유 형	내 용
외향적 사고유형	주로 외부세계를 지향하고, 인식과 판단에 있어서도 외부의 사람이나 사물에 초점을 맞춘다. 행동 지향적이고 때로는 충동적으로 사람들을 만나며, 솔직하고 사교성이 많고 대화를 즐긴다. 말하기를 즐기며 말을 하면 할수록 힘이 난다.
내향적 사고유형	자기 내부의 세계를 지향하며, 바깥의 세계보다는 자기 내부의 개념이나 생각 또는 이념(idea)에 더 관심을 둔다. 혼자 앉아 생각에 잠기는 것이 편안하고 활력이 난다. 이러한 사람들은 사려 깊고 명상적이고 고독과 프라이버시를 즐긴다.

외향적 감정유형	그들을 둘러싼 세계에 잘 순응하며 동년배들과 잘 어울린다. 이들은 관례에 충실하며, 개인의 성공에 관심을 갖는다. 이들은 재치 있고 매력적이며, 사람을 잘 다루고 사교모임을 즐긴다. 부정적인 면에서 이들은 다소 얄팍하며 성실하지 못하다. 유능한 사회자 및 사회사업에 종사하는 사람들이 이 유형에 속한다.
내향적 감정유형	다른 사람들과는 다소 거리를 유지한 채 자기 안으로 파고드는, 마치 '물은 깊을수록 평온하다'라는 것을 연상시킨다. 이들은 소수의 친밀한 친구를 선호하며, 그들과 가까운 사람들을 매우 잘 이해한다. 이들은 종종 매우 종교적이며 자기희생적이다. 이 부류의 사람들은 역할연기에 능숙하지 못하기 때문에 진솔하며, 친구들에게 충실하다. 승려와 수녀가 이 유형에 속한다.
외향적 감각유형	외부세계의 대상과 감각이 매우 중요하다. 실용적이며 세상 물정에 매우 밝아 있는 그대로의 현실을 잘 받아들이며, 그 안에서 사는 것을 즐긴다. 그러나 부정적인 면으로는 중독 경향이 있고 탐닉에 빠지기 쉬우며, 극단적인 경우에는 도착증세를 보이기도 한다. 이 유형의 사람들은 사업이나 부동산 업무에 종사하는 경우가 많다.
내향적 감각유형	내적, 그리고 주관적으로 경험되는 감각이며, 이들에게 사물은 그리 중요하지 않다. 이들은 자신만의 감각으로 충만하여 외부와의 접촉이 거의 없으며, 타인에게 자기감정을 표현하는 것을 어려워한다. 이들은 유령이나 환영, 놀랄 만한 물체를 보았다고 주장하기도 한다. 몇몇 예술가와 음악가가 이 집단에 속한다.
외향적 직관유형	전체 사실을 충분히 알지 못한 상태에서 어떠한 판단이나 결정을 내려야 할 경우 뇌의 직관 부분을 이용한다. 이들은 고정되고 익숙하며 안정된 것에 싫증을 내고, 새로운 것을 탐험하고 미래를 살피길 좋아한다. 이들은 관습과 전통을 가볍게 여기며, 원하는 것을 얻고자 타인을 유린하기도 한다. 이들은 자기 자신만의 도덕적 기준을 가지고 일종의 모험을 즐긴다. 이들은 사물을 끝까지 살펴보지 않으며, 이들의 개인 관계는 약하다. 기업가나 사업가들이 이 집단에 속한다.
내향적 직관유형	꿈이나 환상, 그리고 집단무의식의 신비한 세계이다. 이들은 자기만의 백일몽이나 환상, 종교적 계시에 사로잡히는 경우가 많다. 이 유형의 사람들은 아마도 과거에는 한 부족의 영매였을 법도 하나, 오늘날에는 이상한 사람으로 취급받는 경우가 흔하다. 다수의 영매, 신비주의자 및 시인들이 이 유형에 속한다.

5) 성격 발달의 4단계

융은 사람의 성격의 발달단계를 아동기, 청년 및 성인초기, 중년기, 노년기로 나누었다. 다른 심리학자들과 달리 성격은 일생을 통해 발달한다고 보았고 35세와 50세 사이에 결정적인 변화를 겪게 된다고 생각했다.

(1) 아동기

아동기는 출생에서 사춘기에 이르는 시기로서 유아의 행동은 본능에 의해 지배되므로 혼란하고 산발적이며 무질서한 특징을 갖는다. 의식적인 자아가 형성되지 않았기 때문에 이 시기에 자아는 원시적인 형태로 발달하기 시작하지만 아동기에 독특한 정체 의식은 없다. 아동의 성격은 그 부모의 성격을 그대로 반영한 것에 불과하고 부모는 아동에 대한 그들의 행동을 통해서 성격 형성에 도움을 주기도 하고 완전한 성격발달을 저해하기도 한다.

(2) 청년 및 성인초기

이 시기는 사춘기에서 대략 40세 전후에 이르는 시기로서 신체적인 팽창과 함께 '**자아**'가 발달하여 에너지는 외부세계로 향한다. 이 기간 동안의 태도는 보통 외향적이며 의식이 지배적이다. 개인은 이 시기에 대학 등 상급학교로의 진학, 본격적이고 실질적인 진로탐색, 활발한 사회활동(직업생활 등)을 통해 자신의 정체의식을 발달시키고 부모와는 확연히 다른 자신만의 개성을 확립해 나가기 시작한다. 그리고 혼인을 통해 원가족과는 또 다른, 자신이 중심이 된 새로운 가족, 즉 '**형성가족**'을 구성하기도 한다. 하지만 이 시기에는 환경과 사회가 요구하는 모습으로 자신을 적응시켜 나가려는 사회적 가면인 페르소나가 발달하기도 하는데 이는 사회에서 성취를 통해 자신의 위치를 확고하게 다지려는 욕구와 노력의 일환이기도 하다.

(3) 중년기

중년기는 융이 가장 강조한 시기로서 가정과 사회에서 중요한 위치에 있고 경제적으로도 비교적 안정되어 있지만 그렇지 못하면 종종 절망과 비참함 그리고 무가치감에 사로잡히게 됨을 경험하기도 하고 인생의 의미를 잃어 공허와 무감각을 느끼게 된다. 이 시기에는 외부세계에 쏟았던 에너지를 자신의 내부로 돌리면서 자신의 잠재력에 대해 깊은 관심을 가지게 된다. 따라서 보통 직업전환 혹은 새로운 진로탐색이 활발하게 이루어지는 것은 자연스러운 현상이다. 특히, 남성의 경우 여성적인 측면(아니마)을, 여성의 경우 남성적인 측면(아니무스)을 표현하게 되는데 이것은 무의식의 세계에 대한 인식에서 비롯되는 것으로 파악한다.

중년기 성인들의 과제는 진정한 자기(Self)가 되어 사회적 가면 뒤에 숨어있는 내부세계를 형성하고 자신의 정체성을 확장하는 것으로서 이는 정체성의 회복, 즉 개성화를 의미한다. 개성화(I)는 외향성(E)과 내향성(I), 사고(T)와 감정(F)의 합을 통해 성격의 원만함을 향해 나아가는 과정을 말하는 것이다.

개성화(Individuation) = 외향성(Extraversion) + 내향성(Introversion)
+ 사고(Thought)와 감정(Feeling)

(4) 노년기

노년기에는 삶에 대한 명상과 회고가 많아지며, 특히 내면적 이미지가 상당한 비중을 차지하게 된다. 그리고 죽음을 앞두고 생의 본질을 이해하려고 노력한다. 인생의 총 마무리를 추구하는 시기이기도 하다.

3. 아들러 : 개인심리이론

1) 아들러의 생애

개인심리학은 알프레드 아들러(Alfred Adler, 1870~1939)에 의해서 창시되었다. 그는 1870년 2월 7일 오스트리아의 수도 빈 근교인 루돌프샤인에서 중류층 곡물상인의 6남 2녀 중 두 번째로 태어났다. 그는 뛰어난 형의 재능에 가려서 성장하였지만 당시 음악, 미술, 과학 등 세계문화의 중심도시였던 빈에서 많은 문화적 혜택과 낭만을 누리면서 성장하였다. 아들러는 어린 시절에 매우 약하고 섬세하였으며 구루병과 후두염 등으로 고통을 받았다. 그의 어머니는 유난히 병치레를 많이 했던 아들러를 과잉보호하였고 동생이 태어난 후에는 어머니의 한없는 사랑의 자리를 물려주어야 하는 씁쓸함이 마치 세자 자리에서 폐위되는 기분과 같았다고 회고한다. 그래서 이를 보상하기 위해서 아버지의 관심을 자신에게 돌려 아버지에게 총애를 받는 아이가 되었다고 한다.

아들러 부친의 어떤 것도 당연하게 여기지 않고 자신의 힘으로 모든 것을 발견하려는 태도는 아들러에게 지속적인 영향력을 발휘하게 된다. 다섯 살에 아들러는 학교에 입학하였는데 그가 앓던 구루병은 그를 운동에 서툴게 하였다. 아들러는 자신의 이런 약점을 보완하기 위하여 더욱더 열심히 공부하였다. 중등학교에 입학한 아들러는 심리학, 사회학, 정치학, 철학 등의 많은 학문에 관심을 가지고 교양의 지평을 넓히면서 어린 시절의 꿈이였던 의사가 되기 위해 1888년 빈 의과대학에 입학하여 1895년에 졸업하였다. 그는 학창시절에 학교에 문제를 갖고 있는 동료들을 돕는 것을 좋아하였으며 학교개혁, 아동의 육아, 갈등에서 빚어진 편견 등의 사회문제에 관심을 갖기 시작하였다. 타인에 대한 이러한 그의 관심과 돌봄은 훗날 그의 사상의 형성에 근간으로 자리 잡게 된다. 그는 인턴십을 마친 후에 안과의사로 활동하였는데 이때에 그는 시력이 나쁜 사람들은 청력이 발달한다는 것을 처음으로 알게 되었다. 이러한 그의 체험은 그의 초기 저작 중 하나인 「기관 열등감과 정신적 보상(Organ Inferiority and its Psychical Compensations, 1971)」에 통합되어 드러난다. 안과의에서 일반의로 진료과목을 바꾸고 신경학과 정신의학에 관심을 갖기 시작하면서 아동의 불치병과 사회문제에 지속적인 관심을 갖게 된다.

프로이트와 아들러의 관계는 1900년에 프로이트가 출간하였던 「꿈에 대한 이론」이 언론으로부터 맹렬하게 공격을 받자 이를 아들러가 방어하면서 시작되었다. 1902년 아들러는 처음으로 프로이트를 알게 되었다. 그는 프로이트의 히스테리에 관한 어떤 강의에도 참석하지 않았고 모든 정신분석가에게 요구되었던 정신분석을 받지도 않았다. 아들러에게 프로이트는 동료 그 이상 그 이하도 아니였던 것이다. 아들러는 수요모임 및 빈 정신분석 사회집단에 참여한 초기 구성원 중의 한 사람이었지만 자신을 결코 프로이트 학파로 여기지 않았다. 그는 프로이트의 이론을 숭배하기는커녕 그의 이론이 지나치게 생리적이고 성적인 역점에 치우쳐 있음을 못마땅하게 여겼기 때문에 프로이트와 좋은 관계를 형성하지는 못했다.

아들러가 빈 정신분석학회 회장이던 1911년 그의 견해를 정신분석학회에서 발표하도록 요청을 받았다. 그는 일련의 세 편의 논문에서 프로이트의 강한 성적 주장에 강한 반대를 표명하였다. 이것을 계기로 그는 정신분석학회의 7명의 다른 회원과 조직을 일탈하여 '자유정신분석학회(The Society for Free Psychoanalisis)'라는 모임을 결성하였고 이 집단을 1921년 '개인심리학회(Society for Individual Psychology)'로 변경하였다. 아들러와 프로이트는 결국 영원한 결별을 하게 되었다.

2) 아들러의 인생관

아들러는 불완전한 존재로서 인간은 누구나 어떤 측면에서 열등감을 느끼고 있다고 보았다. 그는 인간이 된다는 것은 자신이 열등하다는 것을 느끼는 것을 의미한다고 기술하고 있다. 아들러의 인생관은 자기완성을 위한 필수요인으로 열등감을 꼽았다. 인간은 자신의 부족한 점을 스스로 인정하고 그것을 극복하려는 의지와 노력이 중요하다고 생각하였다. 즉, 개인 스스로가 본인이 가진 열등감을 파악하고 지배하는 게 필요하다고 보았다. 개인이 열등감에 사로잡혀 열등감의 지배를 받는 상태가 열등감 콤플렉스다. 아들러가 창설한 심리학에 따르면 인간은 사회적 맥락에서 끊임없이 변화하고 발전하는 존재라는 것이다.

3) 아들러의 성격이론

(1) 열등감과 보상

신체적 열등감과 살면서 겪는 부족함에서 생겨나는 열등감을 가진 사람들은 이것을 극복하기 위해 남보다 못한 부분을 더욱더 노력해서 보상받으려고 한다. 열등감의 극복에 따라 인간의 발달에 긍정적 목표 달성을 추구하게 하고 개인의 성공을 가져다주기도 한다. 그러나 노력하지 않고 열등감에 머무르는 사람에게는 병적 열등감이 생기는데 이를 열등감 콤플렉스라고 한다.

(2) 우월성의 추구

모든 인간은 출생에서 사망까지 우월성을 추구하기 위해 노력한다. 이는 단순히 열등감 극복을 위한 노력을 넘어선 적극적인 자기완성 혹은 자아실현으로 나아가는 것이다. 우월성을 추구하는 목표에는 개인의 우월성을 넘어선 이타적 우월성(긍정적)과 개인적인 목표만을 추구하는 이기적 우월성(부정적)의 목표가 있다. 또한 우월성의 추구는 개인 및 사회 두 가지 수준에서 일어난다. 이는 개인의 완성을 위한 노력과 사회의 일원으로서 문화를 완성하기 위한 노력이다.

(3) 생활양식

아들러는 열등감과 보상이 생활양식의 근본을 결정한다고 정의했다. 생활양식은 한 사람이 자신의 삶에 대한 스스로의 목표를 추구하기 위해 선택한 고유의 독특한 형태를 의미한다. 전반적으로 성격에 영향을 준다. 개인의 세계관, 특수성, 습관 등으로 이루어지며 자아개념, 가치 태도 등을 포함한다. 이 생활양식의 발달에 따라 삶의 장애물 극복 및 문제해결 등으로 삶의 목표를 달성하는 방식이 달라진다는 개념이다. 생활양식은 생애 초기(약 4~6세)에 형성된다. 그 시기에 가족 내에서의 경험, 기타 중요한 경험 등이 중요하다. 생활양식에는 네 가지 유형이 있다. 생활양식 유형은 사회적 관심과 활동수준에 따라 지배형, 기생형, 회피형, 사회적 유형으로 분류한다.

① **지배형**(ruling type)

지배형은 부모가 강압적인 지배와 통제를 하는 독재형으로 자녀를 양육할 때 나타난다. 사회적 관심은 낮지만 활동이 높다는 특징이 있으며 독단적, 공격적, 반사회적이며 이기적으로 행동한다.

② **기생형**(getting type)

기생형은 부모가 지나친 과보호와 과잉 양육형으로 자녀를 양육할 때 나타난다. 사회적 관심은 낮으며 활동이 낮거나 중간인 특징이 있다. 기생적으로 외부의 관심을 맺으며 타인에게 의존적이다.

③ **회피형**(avoiding type)

회피형은 부모가 수시로 자녀의 기를 꺾고 다혈질형으로 자녀를 양육할 때 나타난다. 사회적 관심이 낮고 활동도 낮다는 특징이 있으며 소극적이고 부정적이다. 자신감이 없고 도전보다는 도피를 선택한다.

④ 사회적 유용형(socially useful type)

사회적 유용형은 부모가 과도한 양육으로 치우쳐지지 않는 가장 바람직한 양육형으로 네 가지 유형 중 심리적으로 가장 건강할 때 나타나며 사회적 관심이 높고 활동도 높다는 특징이 있다. 사회적 유용형은 적극적이며 긍정적이다. 그리고 자기 수용적이며 이타적으로 행동하고 타인과 협력하고 협동하여 삶의 목표를 추구하기 위해 노력한다.

(4) 사회적 관심

사회적 관심은 개인의 우월성의 추구를 어느 정도 포기하고 각 개인이 이상적인 공동사회의 목표를 달성하고자 사회에 공헌하려는 성향을 말한다. 사회적 관심이 발달함에 따라 열등감이 감소된다. 사회적 관심의 발달은 어린 시절 어머니의 영향과 관계가 가장 크다.

(5) 가족구조와 출생순위

아들러는 가족구도와 출생순위가 우리의 생활양식 형성에 중요하다는 것을 강조하였다. 가정에서 부모를 중심으로 자녀와의 가족관계가 어떠한 가족구조를 형성하고 있는가는 자녀의 생활양식을 형성하는 데 중요하다. 아들러 학파 치료에서 가족역동, 특히 형제간의 관계를 다루는 것을 매우 중요시한다. 또한 가족구조 및 출생순위가 개인의 성격 형성 및 발달과 성인이 된 후에 생활양식에 영향을 준다고 하였다. 출생순위는 다음과 같은 성격의 특징을 가질 수 있다.

① 첫째 아이(맏이) : 폐위된 왕

첫째 아이는 처음에 부모의 사랑을 독차지하다가 동생이 태어나면서 사랑을 빼앗기게 된다. 이러한 변화로 열등감을 경험한다. 그 결과 혼자 스스로 고립에서 적응하고 생존하는 전략을 습득해 간다. 일반적으로 타인들과 좋은 관계를 맺으며 기대에 쉽게 순응한다. 권위를 중요시하고 규칙과 법을 중시하는 경향이 있다. 이는 사회적 유용형이 되지 않으면 지배형이 될 가능성이 높다.

② 둘째 아이 : 경쟁

둘째 아이는 태어날 때부터 경쟁자를 가지므로 늘 자극과 도전을 받는다. 이러한 이유로 첫째보다 훨씬 빠른 발전을 보이며 아주 강한 경쟁심과 야망이 넘치는 성격이 되기 쉽다. 이에 생활양식은 항상 자신이 첫째보다 능가함을 증명하기 위해 노력한다.

③ 막내 아이 : 응석받이 또는 천덕꾸러기

막내 아이는 동생에게 자리를 빼앗기는 경험 없이 귀염둥이로 자라게 될 수 있다. 반대로 전혀 관심을 받지 못할 수도 있다. 또한 가족 모두가 자신보다 힘이 세다고 생각하여 의존적이고 동시에 열등감을 경험하기도 한다. 그러나 때로는 둘째 아이의 성격의 특징과 비슷하게 자신이 형들보다 뛰어남을 보여주기 위해 경쟁심이 강할 수도 있다.

④ 외동아이(독자 또는 독녀) : 자기중심성

외동아이는 경쟁할 형제가 없으므로 애정을 독차지하며 타인에게 보호받기를 바란다. 그 결과 의존성과 자기중심성이 현저하게 나타날 수 있다. 경쟁의 경험도 거의 없고, 나누어 가지거나 다른 아동과 협동하는 것을 배우지는 못한다. 하지만 어른들을 어떻게 다루어야 하는지는 잘 배운다. 노력 없이도 계속 관심을 받고 자라왔기 때문에 자기애가 강한 경향이 있다.

4. 에릭슨 : 심리사회이론

1) 에릭슨의 생애

에릭슨(Erik Erikson, 1902~1994)은 독일 출신의 미국 심리학자이다. 자아심리학과 정신발달에 관한 정신분석학이론 등에 공헌했다. 유태계 덴마크인의 아들로서 1902년 프랑크푸르트에서 태어났다. 에릭슨의 아버지는 덴마크 사람으로 그가 태어나기 전 어머니와 이혼하여 어머니가 친구들이 있는 프랑크푸르트로 가게 되었기 때문에 독일에서 출생하게 된 것이다. 에릭슨이 세 살 때 어머니는 에릭슨의 소아 질병을 치료했던 소아과 의사 홈부르게르 박사와 재혼했다. 어머니와 계부는 유태인이었으나 에릭슨은 외모부터 전혀 달라서 이방인으로 불렸다. 에릭슨은 고등학교를 졸업한 것이 정규 교육으로서는 마지막이었고 고등학교 때의 성적은 대체로 보잘 것 없었으며 미술과 역사에 흥미를 갖고 있었다. 의학을 공부하라는 계부의 조언을 듣지 않고 고등학교를 졸업한 후 집을 떠나 유럽여행을 하였고 여행에서 돌아온 후 잠시 예술학교에 적을 두었다가 이탈리아 전역을 여행하면서 시간을 보냈다. 그는 이 시기를 자신의 유예기간으로 일컬었다. 방황하던 에릭슨은 25세 때 고교 친구의 소개로 빈에 있는 미국인이 경영하는 작은 유치원 교사로 취직하게 되었다. 그때 에릭슨은 빈에 있는 당내 세계적인 석학 프로이트 가족과 친분을 갖게 되었다. 이를 계기로 1927년부터 1933년까지 안나 프로이트의 아동연구소에서 안나 프로이트와 아이크호른(August Aichhorn)에게 정신분석 훈련을 받았으며 25세 때 안나 프로이트가 설립한 어린이 연구소에 참여하면서 에릭슨의 방황기는 끝이 난다. 이방인이라 불렸던 인종적 소외감과 계부 밑에서의 성장과 같은 그의 가족 배경과 청년기의 방황은 그의 심리사회이론에, 특히 자아정체감이나 심리사회적 유예기간과 같은 주요 개념들을 정립하는 데 큰 영향을 미쳤다고 볼 수 있다. 그는 인간관계연구소에서 일하면서 문화인류학에 관심을 갖게 되었고 그 후 지속적으로 인류학과 역사에 대한 관심을 가지고 상이한 환경에서 성장하는 아동들과 정상아동들의 생활에 관한 연구를 계속하였다. 에릭슨의 정식 교육은 고등학교 졸업이며 석·박사 학위가 없음에도 불구하고 심리사회 치료 임상가이자 대학교수로서 왕성한 활동을 하였다. 에릭슨은 점진적 발달이론, 자아정체감, 위기 등을 설명했으며 프로이트의 심리성적 발달의 5단계를 확장하여 8단계 이론을 정립했다.

2) 자아심리학이론

(1) 자아정체감

자아정체감은 총체적인 자기지각을 말한다. 에릭슨은 자아정체감을 시간적 동일성과 자기연속성을 인식하는 것으로 보았다. 즉, 시간이 경과하면서 변하는 자기 자신을 이제까지 자신과 같은 존재로 지각하고 수용하는 능력을 말한다. 자아정체감을 지닌 사람은 개별성, 통합성, 지속성을 경험한다. 정체감 발달은 평생의 과정이며 초기 정체감 형성은 아동기의 동일시 경험에서부터 시작되어, 특히 청소년기 후기에 가장 중요한 이슈로 등장한다. 자아정체감을 형성한 사람은 신념, 가치관, 정치적 견해, 직업 등 스스로 의사결정을 할 수 있다. 그리고 성취단계에 도달하기 위해 일정 기간 사람들은 격렬한 결정과정을 겪는다. 에릭슨은 자아를 '**일생 동안의 심리사회적 발달 과정에서 외부환경에 대처하고 적응하면서 형성되는 역동적인 힘**'으로 규정한다(오창순 외, 2015).

(2) 점성원리

에릭슨은 인간의 발달이 점성원리를 따른다고 하였다. 점성원리는 본래 생물학적 원칙에서 유래된 개념으로 인간발달에는 생물학적 계획이 이미 있어 이로부터 각 부분이 발생하고 전체가 완전히 기능하는 조직체로 발달할 때까지 각 부분이 우세해지는 특정한 시기가 있다는 것이다. 즉, 인간은 점성원리에 따라 모든 부분이 전체로서 하나의 기능을 할 때까지 성장하며 먼저 발달된 부분을 바탕으로 다음 단계의 발달이 이루어진다(정옥분, 2007).

(3) 위기

위기는 인간의 각 발달단계마다 사회는 개인에게 어떠한 심리적 요구를 하는 것이다. 위기는 그 자체로 어떤 재앙의 조짐이 아닌 일종의 전환점이며 개인이 발달과정에서 겪는 '**어려운 상황에서 극복해야 할**' 생존을 위한 원천으로 보았다.

3) 심리사회적 발달단계

에릭슨은 인간의 심리사회적 발달을 8단계로 〈표 4-2〉와 같이 구분하였다. 그는 모든 사람이 8단계를 차례로 통과하며 각 단계는 연령에 따라 순차적으로 진행되지만 개인마다 다른 시간표를 가진다고 하였다. 각 개인에게는 각 단계가 언제 시작하고 끝나는지 말하기 어려우며 발달단계에 제시되어 있는 연령은 대략의 근사치일 뿐이다. 심리사회적 발달의 8단계를 주요 발달과업과 극복해야 할 위기를 중심으로 설명하면 다음과 같다(정옥분, 2007).

(1) 1단계 : 영아기(기본적 신뢰감 VS 기본적 불신감)

1단계는 신뢰 대 불신 단계로 출생에서부터 약 1세까지 해당하는 시기이다. 이 시기의 핵심 발달과업은 영아가 세상을 신뢰할 수 있느냐 없느냐 여부에 관한 것이다. 신뢰감은 다른 사람에 대한 믿음뿐만 아니라 자신에 대한 믿음을 포함하는 것으로서 어머니와 같은 주 양육자의 존재가 신뢰형성의 밑바탕이 된다. 이 시기에 주 양육자가 영아의 신체적·심리적 욕구를 잘 충족시켜 주면 아기는 신뢰감을 형성하게 되고, 만약 영아의 욕구가 제대로 충족되지 못하면 불신감을 갖게 된다.

(2) 2단계 : 초기아동기(자율성 VS 수치심과 의심)

2단계는 약 1~3세까지에 해당한다. 이 시기의 핵심 발달과업은 자율적이고 창의적인 사람이 되느냐, 아니면 의존적이고 자기회의로 가득 찬 사람이 되느냐이다. 이 시기에 유아는 여전히 타인에게 의존적이지만 자율성도 경험하게 되는데 자율성을 향한 고집은 완강한 거부나 떼쓰기 등으로 나타날 수 있다. 2단계에서는 아동 스스로 자신의 행동을 통제할 수 있는 정도를 경험해 보아야 한다. 아동에게 새로운 것을 탐색할 기회가 주어지고 독립적으로 행동할 수 있는 안전한 환경과 여건이 조성되면 건전한 자율감이 발달한다. 하지만 과잉보호로 인해 아동 스스로 자신의 한계를 시험해 볼 기회가 주어지지 않는다면 여러 가지 주위 환경에 효과적으로 대처하는 자신의 능력에 수치심 및 의심을 느끼게 된다. 또한 배변 훈련의 시기이기 때문에 스스로 용변 보기가 중요사건이고 이 시기에 적절한 발달이 이루어지지 못하면 후에 강박적 행동을 보일 수 있다.

(3) 3단계 : 학령전기(유희기; 주도성 VS 죄의식)

3단계는 대략 3~6세까지의 시기로 주도성 대 죄의식의 심리사회적 갈등을 겪게 되는 단계다. 이 시기의 아동은 매우 활동적이며 호기심과 활력이 넘친다. 아동은 다양한 놀이 활동을 통해 주도성을 발달시켜 나가는데 그 과정에서 목표를 설정하고 목적에 따라 활동하는 경향이 늘어난다. 아동은 왕성한 호기심을 갖고 주변 환경이나 사물에 대해 관심을 보이며 탐색하므로 새롭게 발달하고 있는 주도성을 부모가 억제하고 반대하지 않도록 주의해야 한다.

탐색과 주도성을 시도하는 아동이 활동을 부모가 질책한다면 그 결과는 죄의식으로 나타난다.

(4) 4단계 : 학령기(근면성 VS 열등감)

4단계는 6~11세까지로 아동이 근면성을 획득하는 결정적 시기다. 근면성은 사회에서 성공적으로 기능하고 경쟁하는 데 필요한 기술을 습득하는 능력이며 이를 주로 습득하게 되는 곳은 가정과 학교다. 학령기는 학교교육이 시작되는 시기로서 읽기, 쓰기, 셈하기 등 인지적 기술과 사회적 기술을 학교에서 습득하게 된다. 만약 이러한 기술을 개발하지 못하면 아동은 열등감을 느끼게 되는데 열등감은 아동이 속한 사회에서 자신이 무능력하다고 인식하거나 자신이 중요하지 않음을 지각할 때 발생한다.

(5) 5단계 : 청소년기(자아정체감 VS 정체성 혼란)

5단계는 12~18세에 해당하는 시기로 가장 중요한 발달과업은 자아정체감의 확립이다. 이 시기에는 가장 근본적이고 어려운 문제로 고민하게 되는데 **'나는 누구인가?, 무엇을 할 것인가?, 미래의 나는 어떻게 될 것인가?'** 등의 자문(自問)이 자아정체성을 형성하기 위한 과정에서 나타난다. 확고한 자아정체성을 가진 사람은 개별성, 총체성, 계속성을 경험한다. 개별성은 자신이 특별하고 독특하다는 인식이고, 총체성은 자신의 욕구, 태도, 동기, 행동양식 등이 통합되어 있다는 느낌이며, 계속성은 시간이 지나도 자신이 동일한 사람이라는 인식을 의미한다. 에릭슨은 청소년기에 정체성의 위기를 경험하게 된다고 하였다. 이는 청소년기가 아동기에서 성인기로 옮겨가는 과도기고 급격한 신체적 변화와 성적성숙이 이루어지며 진학이나 이성 관계 등에서 수많은 선택과 결정을 해야 하는 시기이기 때문이다.

(6) 6단계 : 초기성인기(청년기; 친밀감 VS 고립감)

6단계는 성인기가 시작되는 단계로 청년기에 해당하며 타인과의 관계에서 친밀감을 이루는 일이 중요한 발달 과업이다. 친밀한 관계는 타인을 이해하고 깊이 공감을 나누는 수용에서 비롯되는데 상호신뢰와 애정을 바탕으로 우리라는 상호의존성을 발달시킨다. 이전 단계에서 정체성을 확립하지 못한 사람은 대인관계에서 위축되는 경향이 있으며 고립감을 가져온다. 에릭슨은 친밀감 대 고립감의 위기가 성인기에 사랑하는 사람과 일생을 함께하기로 약속함으로써 성공적으로 해결될 수 있다고 하였다. 하지만 만약 부부가 이전 단계에서 자신의 정체성을 확립하기 전에 결혼생활을 시작한다면 행복한 결혼을 지속할 가능성이 적어진다. 이 시기에 사랑이라는 심리사회적 능력을 개발하지 못하면 후에 지나치게 배척하는 정신병리가 생겨날 수 있다.

(7) 7단계 : 성인기(중년기; 생산성 VS 침체감)

7단계는 성인기의 생산성 대 침체라는 위기를 경험하게 된다. 생산성이란 성숙한 성인이 다음 세대를 구축하고 이끌어 가는 데 필요한 능력과 관련이 있다. 반면, 침체는 다음 세대를 위해서 자기가 한 일이 아무것도 없다고 인식하는 것이다. 인생이 지루하고 따분하다고 생각하는 사람, 불평불만을 일삼는 사람, 매사에 비판적인 사람들이 침체의 전형을 보여주는 인물들이다.

(8) 8단계 : 노년기(자아통합 VS 절망)

마지막 단계인 8단계 노년기의 발달과업은 자아통합과 절망감의 위기를 극복하는 것이다. 개인은 인생의 황혼기에 자아통합이나 절망의 상태에 있는 자신을 발견한다. 이것은 자신의 전체적인 삶을 바라보는 방법을 좌우하게 된다. 지혜라는 덕목을 얻게 되거나 경멸이라는 병리적 성격을 지니게 될 수 있다. 노년기의 인간은 죽음에 직면하여 자신이 살아온 삶을 되돌아본다. 이때 자신의 삶을 의미 있고 만족스럽게 인식하고 별다른 후회 없이 살아온 인생을 받아들이며 피할 수 없는 종말로 죽음을 받아들인다면 자아통합을 이루게 되는 것이다. 반면 자신의 삶을 무의미한 것으로 느끼고 후회한다면 절망에 빠지게 된다. 이 시기의 위기를 해결하기 위해서는 자아통합이 절대적으로 필요하지만 절망감도 불가피하다.

〈표 4-2〉 심리사회적 발달단계의 특성

시 기	적응 대 부적응 방식	발달 덕목
0~1세	신뢰감 대 불신감	희망
1~3세	자율성 대 수치심	의지
3~5세	주도성 대 죄책감	목적
6~11세	근면성 대 열등감	유능성
12~18세	자아정체감 대 역할혼돈	충실성
18~35세	친밀감 대 고립감	사랑
35~55세	생산성 대 침체감	배려
55세 이상	자아통합 대 절망감	지혜

CHAPTER

05 인지이론

1. 인지이론의 주요 개념

1) 인지의 개념과 영역

인지는 일반적으로 사고의 과정을 의미하는데 넓은 의미로는 사고 외에 지각과 기억, 지능, 언어 등 일정한 자극을 조직하여 지식을 얻는 심리적 과정을 포함하는 정신과정이다.

2) 인지적 과정

인지적 과정은 개인이 활용 가능한 정보를 지각하고 조직하고 평가하는 정신과정으로 개인이 어떻게 생각하느냐는 점과 관련된 것으로 탐색과 재생 그리고 저장과정이 기억의 기본 과정이다.

3) 인지의 구성요소

유기체가 환경에 적응한다는 말은 신호등이 파란 신호일 때 길을 건너는 것, 구구단을 외우는 것 등을 말한다. 즉, 인간의 지적 능력은 타고난 것이되, 그것이 주어진 환경에 적응하는 것이 인지의 발달이라는 것이다. 이것을 설명하기 위해 피아제는 도식과 적응이라는 개념을 설정했다.

(1) 도식과 적응[1)]

도식(schema)은 사물이나 사건에 대한 전체적인 윤곽을 말한다. 쉽게 말해 사고의 틀이라고 생각할 수 있다. 이는 유사한 환경 안에서 반복에 의해 변화되고 일반화된 행동의 구조 또는 조직화를 의미한다. 예를 들어, 5세 유아가 날아다니는 물체는 새라고 배웠다고 생각해 보자. 이를 통해 이 아이는 '**날아다니는 물체는 새와 같다**'는 도식을 보유하게 된다. 몇 가지의 도식은 인간이 탄생하기 이전부터 이미 가지고 있다. 예를 들면, 빨기 도식이나 잡기 도식과 같은 것인데, 빨기 도식의 경우 그러나 그 기능 면에서 변화된 것은 아니라서 적응의 과정을 통해 새로운 도식을 개발하고 기존의 것을 변형시키면서 발전하게 된다. 적응은 인간과 동식물에게도 흔히 찾을 수 있다. 홍관조의 수컷은 선명한 붉은색인 반면에 암컷은 눈에 띄지 않게 엷은 갈색을 띠면서 종의 생존에 대한 위협을 줄인다. 이런 식으로 환경에 적응하는 것을 말하는데 인지적으로는 도식이 변화하는 것을 의미한다. 인간의 경우는 새로운 도식을 만들거나 기존의 도식을 변화시키는 것을 의미한다.

적응은 환경과의 직접적인 상호작용을 통해 도식이 변화하는 과정을 말한다. 두 가지의 상호보완적인 과정을 통해 이루어지는데 바로 동화와 조절이라는 수단이다. 동화는 기존의 도식에 맞추어서 새로운 경험을 일반화하는 과정을 말한다. 이는 새로운 경험을 기존에 가지고 있는 도식에 맞추어 보는 것을 의미하는데 새로운 경험이 기존의 도식에 맞는다면 유기체는 인지적으로 평형 상태가 된다. 위에서 날아다니는 모든 물체를 새라고 배운 아이는 날아다니는 비행기를 보면서도 새라고 부른다. 하지만 이 아이는 이것이 털도 없고 날개도 펄럭이지 않는 등 기존에 알고 있던 새와는 다르다고 느끼게 되면서 불평형의 상태가 된다.

피아제에게 동화는 외부적 요소를 생활 또는 환경, 혹은 우리가 경험할 수 있던 것들의 구조에 통합하는 것을 의미했다. 동화는 사람이 새로운 정보를 인식하고 받아들이는 방법이고 새로운 정보를 기존의 인지 도식에 맞추는 과

1) https://ko.wikipedia.org/wiki 재구성.

정이다. 새로운 경험에서의 동화는 기존의 개념에 맞추거나 조절하기 위해 재해석되며 동화는 사람들이 새롭거나 친숙하지 않은 정보에 직면하여 이를 이해하기 위해 이전에 학습한 정보를 언급하는 것이다. 조절은 만약 새로운 경험이 기존에 가지고 있던 도식에 맞지 않을 때 유기체는 불평형의 상태를 겪게 되는데 이 상태에서 평형의 상태로 돌아가기 위해 기존에 가지고 있던 도식을 변경하거나 새롭게 만들게 되는 과정을 말한다.

불평형의 상태가 되었던 아이는 이제 새가 아니라고 결론짓고 그것에 대해 새로운 이름을 만들어 내게 된다. 이 과정을 조절이라고 한다. 혹은 누군가가 그것은 새가 아니라 비행기라고 일러줄 수도 있다. 이런 과정을 조절이라고 하는데 조절의 과정에서는 도식의 형태에 질적인 변화가 나타난다. 조절은 특정 환경에서 새 정보를 습득하는 과정이고 기존의 도식을 새 정보에 들어맞게 하기 위해 대체하는 것이다. 이는 기존의 도식(지식)이 작동하지 않을 때 발생하고 새 대상이나 상황을 처리하기 위해 변화되기를 요구한다. 피아제는 사람의 두뇌는 평형화를 위한 진화를 통해 짜여졌다고 주장했는데 이는 궁극적으로 동화와 조절을 통한 내·외부적 과정에 의한 구조들에 영향을 미친다.

피아제는 동화와 조절은 동전의 양면과 같아 독단적으로 존재할 수 없다고 이해하였다. 하나의 대상을 기존의 정신 도식에 동화하기 위해 어느 정도 이 대상의 특징을 설명하고 조절해야 한다. 가령, 사과를 사과로 알게 되기(동화시키기) 위하여 그 대상의 외양에 집중(조절)해야 한다. 이를 위해 그 대상의 크기를 개략적으로 알아야 할 필요가 있다. 발달은 두 기능 사이의 평형화를 증대시킨다.

(2) 개인의 구성

인간은 자신이 만들어 낸 모형이나 틀을 통해 세계를 바라보며 세상을 구성하고 있는 실체들을 그것에 끼워 맞추려는 속성을 가진다. 이러한 개인이 지니고 있는 틀이 개인의 구성이다. 즉, 개인이 자신의 개인적 경험세계를 해석하고 이해하는 사고의 범주이다.

예 흥분 대 침착, 세련 대 저속, 지적인 것 대 어리석은 것, 선 대 악 등

(3) 자아개념과 자아효율성

자아개념은 자기 자신에 대한 관념이며 자아효율성은 특정한 목적을 성취하는 데 필요한 행동노선을 조직화하고 실행에 옮기는 능력에 대한 개인의 판단이다.

2. 인간에 대한 기본 관점

인지이론은 인간을 매우 주관적인 존재로 규정하고 있다. 각 개인의 정서와 행동 및 사고는 개인이 현실을 창조해 내는 방식, 즉 현실을 구성하는 방식에 따라 달라진다는 것이다. 인지이론은 인간 본성에 대한 비결정론적 시각과 변화와 성장 가능성을 인정하고 인간의 인지는 환경과의 상호작용을 통하여 변화·발달한다. 이런 상호작용에서 인간의 능동적 역할을 중시하고 인간은 합리적, 비합리적 가능성을 동시에 가지고 태어나는 존재라고 본다.

인간에게는 여러 측면이 있다. 사람들이 감정을 느끼기도 하고 생각을 하기도 하며 행동을 하기도 한다. 감정과 생각과 행동이 한 인간 내부에서 모두 일어나는 것이긴 하지만 무엇이 더 중요한가에 대해서는 각자마다 입장이 다를 수 있다. 예를 들어, 어떤 사람들은 감정이 제일 중요하다고 여길 것이고 또 어떤 사람들은 행동을 제일 중요하다고 여길 수 있다. 그러나 인지행동적 접근에서는 인간의 여러 측면 중 인지(사고와 생각)가 가장 우선적이라 본다. 따라서 인지가 제일 중요하다는 입장을 견지한다. 즉, 감정이나 행동은 물론 중요하지만 그것들은 모두 사람들이 어떻게 생각하느냐에 따라 영향을 받는다는 것이다. 이러한 입장을 인지의 우선성 또는 인지적 결정론이라 부른다.

인지행동적 접근에서는 사람들의 감정과 행동은 모두 인지에서부터 나온다는 입장을 취한다. 즉, 사람들이 특정한 생각(예를 들어, 나는 무가치하다는 생각)을 하기 때문에 특정한 감정(예를 들어, 자포자기 행동)이 나온다는 것이다. 이러한 입장에 따른다면 부적응을 겪는 사람들을 변화시키기 위한 가장 효율적인 방법은 그 사람의 생각을 변화시키는 것이다. 그렇게 함으로써 잘못된 행동과 감정은 저절로 변화될 것이다. 결국 인지행동적 상담 접근은 인간의 주된 특성을 인지에서 찾으려 하며 인지를 변화시킴으로써 다른 모든 것을 변화시킬 수 있다고 믿는 것이다.

3. 인지이론의 기본 가정

인지이론의 기본 가정에서 인지이론은 일생을 통하여 인지적 성장과 변화가 이루어진다. 즉, 특정 연령에서 각 개인의 특정 영역의 지능이나 문제해결 능력, 의사결정의 인지적 유능성은 개인이 기능하는 맥락에 따라 이루어진다. 지식과 사고 그리고 문제해결의 인지는 개인이 환경적 사건에 노출된 결과일 뿐만 아니라 개인이 이러한 사건의 의미를 활동적으로 구성한 결과이다. 개인의 행동은 환경적 사건을 인지적으로 어떻게 표상하는가에 따라 달라진다. 예를 들어, 개인이 자신의 어떤 측면에 선택적으로 주의를 기울이며 어떤 의미를 부여하는가에 따라 행동이 달라진다. 사고와 감정, 행동 그리고 그 결과는 원인적으로 관련성을 지니고 있다. 자신에 대한 사고를 포함한 인지적 표상은 사회적 기능과 정서적 안녕에 영향을 미치며 변화가 가능하다. 인지변화는 행동변화에 영향을 미친다.

4. 피아제의 인지발달단계

피아제(Jean Piaget, 1896~1980)의 인지발달단계의 인지발달은 개인의 지능이나 사회환경에 따라 각 단계에 도달하는 개인 간 연령의 차이는 있을 수 있으나 발달 순서는 결코 뒤바뀌지 않는다고 가정하고 있다. 각 단계는 주요 행동양식으로 설명될 수 있는 전체적인 심리구조로 특징지워진다. 각 단계는 전 단계의 심리적 구조가 통합된 것이며 다음 단계의 심리적 구조에 통합될 준비과정이기도 하다. 즉, 각 단계의 사고과정은 서로 다르며 시간이 경과함에 따라 더욱 복잡하고, 객관적이고, 타인의 관점을 생각하는 방향으로 발전하게 된다는 뜻을 가지고 있다.

1) 피아제의 생애

피아제는 1896년 스위스에서 출생하였다. 아버지는 중세학자였고 어머니는 지성적이고 감성적인 여성으로 매우 엄격한 가정교육 아래 성장하였다. 피아제는 10세에 논문을 게재할 만큼 천재적인 과학자로서의 소질을 보였고 21세에 자연과학 분야 박사학위를 취득하였다. 피아제는 1920년 아동용 지능검사를 만들고 아동은 어른들과 전혀 다른 방식으로 사고한다고 생각하고 수학과 과학적 개념들에 대한 아동의 이해에 초점을 두어 연구하였다. 특히, 자신의 세 아이를 직접 관찰함으로써 실증적으로 이해하고자 노력하였다.

2) 주요 개념

(1) 순응과정

피아제는 인지를 유기체가 환경에 생물학적으로 적응하는 한 형태로 보고 인간이 정보를 능동적으로 선택하고 해석하여 자신의 지식을 구성한다고 보았다. 즉, 인지발달은 유기체가 환경과 상호작용하는 순응과정을 통해 동화되고 조절된다고 보았다. 동화(assimilation)는 자기 나름대로의 이해의 틀에 대상을 맞춰 이해하고 해석하는 것이며, 조절(accommodation)은 기존의 틀로써 대상이 이해되지 않을 때 그 틀을 변화시키는 것이다.

예 네 발 달린 짐승 → 개 → 사슴 → 염소

(2) 도식(schema)

도식은 유기체가 외부의 사물을 인지하고 대응하는 데 사용하는 지각의 틀 또는 반응의 틀이다. 도식은 동화를 거쳐 새로운 도식에 대한 조절을 하고 다시 그 새로운 도식에 외부세계를 동화하는 순환적 과정을 거쳐 점차 분화, 통합된다. 도식의 사용은 성장에 따라 감각운동을 넘어 개념적 차원까지 확대된다.

예 보기, 쥐기, 때리기, 차기 등, 첫 도식 빨기 이후 도식이 합쳐지면서 유아의 행동이 다양해진다.

3) 발달단계

(1) 감각운동기(sensori motor period, 0~2세)

① 특징 및 주요 개념

피아제가 출생~2세까지를 감각 운동기라 명명한 것은 이 시기의 영아가 자신의 감각이나 손가락을 입에 넣고 빠는 등의 운동을 통해서 자신의 주변 세계를 탐색한다는 사실에 연유한 것이다. 즉, 이 시기의 영아는 새로운 정보를 얻기 위해 자신의 감각을 사용하고 새로운 경험을 찾기 위해 운동능력을 사용하고자 애쓰는 시기라는 뜻이다. 그 결과 반사활동에서부터 제법 잘 조직된 활동을 할 수 있기까지 간단한 지각능력이나 운동능력이 이 시기에 발달한다. 이 시기의 주요 발달과업은 다음과 같다.

- **주변의 여러 대상물로부터 자신을 분리시키기**
- **빛과 소리 자극에 반응하기**
- **흥미 있는 일을 계속하기**
- **조작을 통한 물체의 속성 알기**
- **대상 영속성의 개념 획득하기**

② 발달과업

㉠ 1단계(반사기 : 출생에서 1개월)

1단계 시기의 영아의 활동은 주로 빨기와 울기, 미발달된 운동 등과 같은 반사활동으로 이루어진다. 빨기반사도 하나의 도식인데 영아는 여러 가지 물체를 입에 닿는 대로 빨음으로써 자신의 빨기 도식을 연습하고 물체에 대한 정보를 동화시키고자 노력한다. 한편으로는 젖을 빨기 위해 고개를 드는 등 음식을 획득하기 위해 열심히 자신의 행동을 수정하는 조절의 과정도 아울러 발견된다.

㉡ 2단계(1차 순환반응의 성립 : 1개월에서 4개월)

2단계의 시기에서는 기본적이고 유전적인 도식의 정교화가 시작된다. 예를 들면, 손가락이나 숟가락 등을 입으로 가져가서 유전적 도식인 빨기 도식을 이용해서 계속 빨음으로써 빨기 도식이 더욱 정교화 된다. 또 빨기를 계속함으로써 습관을 형성한다. 이때에는 의도적인 듣기와 보기도 시작된다.

㉢ **3단계**(2차 순환반응의 성립 : 4개월에서 8개월)

3단계의 시기에서는 인과관계의 법칙을 발견하기 시작한다. 예를 들면, 딸랑이를 흔들면 소리가 난다는 사실을 알게 되는 말이다. 여기에서 발견될 수 있는 중요한 원리는 경험을 많이 하게 되면, 인지가 더욱 발달된다는 뜻이다. 이 시기의 또 다른 특징은 물체를 따라 눈을 움직이기 시작하는 것이다. 그러나 물체가 시야 밖으로 사라지면 더 이상 찾지 않는다. 쉬운 표현으로 '**여기, 지금**'의 사실에만 관심이 있을 뿐 미래의 사실은 비록 가까운 미래일지라도 관심 밖의 일이다.

㉣ **4단계**(2차 도식의 협응 : 8개월에서 12개월)

4단계 시기의 가장 중요한 특징은 대상 영속성 개념의 획득이다. 예를 들면, 전 단계에서는 영아가 물체를 따라 눈을 움직이다가 물체가 보이지 않으면 더 이상 관심을 두지 않았으나 이 시기가 되면 더 이상 보이지 않는 물체를 찾게 된다. 공을 가지고 놀다가 영아가 보는 앞에서 이불 속으로 공을 숨기면 이불을 들치고 공을 찾아낼 수 있게 된다. 이것은 물체가 눈에 보이지 않아도 물체가 존재한다는 개념의 획득 때문이다.

㉤ **5단계**(3차 순환 반응의 성립 : 12개월에서 18개월)

5단계에서의 시기는 조직 활동이 활발하게 되고 새로운 것들에 관심이 끌리는 시기이다. 이 시기에는 전에 늘 가지고 놀던 인형, 공, 블록 등의 장난감을 다른 방법으로 사용하기 시작하고 남의 흉내를 내기 시작한다.

㉥ **6단계**(통찰기 : 18개월에서 24개월)

6단계는 사고가 시작되는 시기이며 현존하지 않는 사람이나 대상에 대해 정신적 이미지를 형성하기 시작하는 시기이다. 따라서 이 시기의 영아는 자신을 다른 사람과 분리시켜 개인으로서의 자신을 조금씩 알게 된다. 이때는 대상의 실체가 없어도 스스로 상징을 만들어 생각할 수 있다.

예 성냥갑 속의 구슬을 찾기 위해 이전의 성인의 행동을 모방 → 지연모방 가능

> ☞ 1~2단계 : 사물이 시야에서 사라지면 잊어버림
> ☞ 3단계 : 대상이 움직이는 대로 따라가 움직이는 방향을 추정하여 응시
> ☞ 4단계 : 불투명한 덮개로 덮어도 찾아낸다. 예 파란색 덮개
> ☞ 5단계 : 파란색 덮개와 분홍색 덮개 → 분홍색 덮개 예 공의 이동(x)
> ☞ 6단계 : 대상영속성의 개념 완전히 획득 예 소파 아래의 공

(2) 전 조작기(pre-operational period, 2~6, 7세)

전 논리적 시대로 피아제는 이를 전 개념기와 직관적 사고기의 두 가지 소단계로 다시 구분하고 있다.

① 전 개념기(2~4세)

전 개념기의 유아는 개념발달을 위해서 다양한 언어활동과 신체활동에 참여하는 시기이다. 이 시기의 유아들은 자기중심적이며 흔히는 잘못된 개념, 현실에 위배되는 개념들을 가지고 있다. 이 시기 유아들의 개념 획득에 가장 결정적인 것은 다양한 언어활동과 신체적 활동을 통한 경험이다. 전 개념기에 있는 유아들의 특징은 다음과 같다.

- 다른 사람의 관점에서 사물을 이해할 수 없다(자기중심적).
- 눈에 뚜렷이 보이는 한 가지의 사실에만 기초하여 사물을 분류할 수 있다.
- 하나의 준거에 의해서만 물체를 수집할 수 있다. 예를 들면, 여러 가지 단추들 중에서 동그랗게 생긴 것들만은 가려낼 수는 있지만 동그랗고 빨간 단추는 가려낼 수 없는 것과 같다.
- 사물을 단계별로 배열할 수 있다. 그러나 바로 접하지 않는 사물을 추

리해서 배열할 수는 없다. 예를 들면, 연필을 길이가 긴 순서로 배열할 수는 있지만, 'A는 B보다 길고, B는 C보다 길다. 그러니까 A는 C보다 길다'라고 추리할 수는 없다.

② 직관적 사고기(4~7세)

이 시기 유아의 판단은 언어화되지 않는 모호한 인상이나 지각적인 판단에 의존한다. 상징적 매체, 즉 언어가 개입되지 않은 직관에 의존하기 때문에 이 시기 유아의 사물에 대한 판단은 흔히 잘못된 것이 많다. 예를 들면, 마주하고 있는 선생님이 '**오른손을 드세요**' 하면서 오른손을 들면 유아는 선생님의 말은 무시하고 선생님의 오른손은 자기의 왼손 방향에 있으므로 왼손을 들곤 한다. 따라서 이 시기를 직관적 사고기라고 말한다. 직관적 사고기에 있는 유아들의 특징은 다음과 같다.

- 사물을 분류할 수 있다. 그러나 반드시 그것을 이해하는 것은 아니다.
- 논리적 관계를 이해하기 시작한다.
- 수의 개념을 사용하기 시작한다.
- 보존성의 원리를 어렴풋이 이해하기 시작한다. 보존성이란 물체가 모양에 따라 그 양이나 수가 변하지 않음을 말한다.

(3) 구체적 조작기(concrete operational period, 7~11세)

구체적 조작기는 구체적인 문제에 대한 논리적 사고가 가능한 시기로서 특정사실에 따라 사물을 분류할 수 있게 된다. 따라서 이 시기의 아동은 사물을 위계에 따라 분류하는 것이 가능하다. 예를 들면, 이 시기 아동에게 5원, 10원, 100원, 500원 짜리의 동전을 쥐어 주면 액수대로 분류하고 이것들의 포괄성을 충분히 이해할 수 있게 된다. 그러나 이러한 것은 실제로 돈을 손에 쥐어 주었을 때만 가능하다. 돈을 손에 쥐지 않고 머릿속으로만 조작하기에는 제한이 있다. 또 이 시기는 양, 무게, 부피의 보존 개념을 확실하게 획득할 수 있다. 전 조작기의 자기중심적 사고는 이 시기에 와서 탈중심적 사고로 바뀌게 된다.

(4) 형식적 조작기(formal operational period, 11~15세)

형식적 조작기는 논리적 사고의 시대로 추상적인 사고가 가능하다. 추상적 사고란 융통성 있는 사고와 효율적인 사고, 복잡한 추리 및 가설을 세우고 체계적으로 검증하는 일, 직면한 문제 사태에서 해결 가능한 모든 방안을 종합적으로 고려해 보는 일 등과 같은 것을 말한다. 형식적 조작의 사고가 가능한지 알아보는 것으로서 피아제가 고안한 유명한 실험은 고전적 물리학에 관한 실험으로 추의 진동에 관한 것이다. 이는 길이, 무게, 높이, 힘 등의 상대적 효과를 잘 고려해야만 대답할 수 있는 문제이다. 이 실험에서 형식적 조작의 사고가 가능한 청소년들은 효과적인 실험을 설계하고, 이를 관찰하여 타당한 결론을 끌어낼 수 있다. 그러나 모든 청소년과 모든 성인이 매사에 형식적 조작을 사용하는 것은 아니다. 또 이 시기가 되면 청소년들은 처음으로 도덕적, 정치적, 철학적인 생각과 가치문제 등을 이해하기 시작한다. 타인의 사고과정을 이해하고 다른 사람들은 문제를 어떻게 보고 어떻게 생각할까 등의 문제에도 관심을 갖게 된다.

5. 인지이론의 평가

1) 장 점

피아제의 인지발달은 하급 학년에서 구체적 조작의 기회를 풍부하게 해주어 형식적 조작으로 이끄는 계열의 중요성을 인식하게 해준다. 그리고 아동의 호기심과 내재적 동기를 강조하여 창조적이며 발전적인 사고를 할 수 있도록 돕는다. 또한 아동이 사물 및 환경과 직접 상호작용하여 자율적이고 개방적인 활동을 할 수 있도록 기른다.

2) 한 계

피아제의 이론은 과제 변수와 절차 변수의 조직 방법을 고려하지 않은 이론이다. 피아제는 자신의 이론이 자연적이고 자발적이라고 하면서 아동은 성인에게 직접 교육받지 않아도 자연히 자신의 인지구조를 발달시켜 간다고 말한다. 그러나 훈련이나 연습도 발달에 효과가 있다는 것이 입증되었다. 예컨대 문제를 잘 풀지 못하는 아동에게 난이도를 낮추어 출제하거나 아동의 이해 수준에 맞는 언어적 지시로서 쉽게 해결하도록 도와주면 인지구조가 발달되어 간다.

발달 속도의 차이에 대해 피아제는 거의 언급을 하지 않고 발달의 성차와 개인차도 언급하지 않는다. 피아제의 주장처럼 모든 아동이 일정한 동일 속도로 발달하는 것은 아니다. 그는 사회·문화적인 차이에 의한 개개인의 지적 발달의 차이를 소홀히 하고 있다. 또한 논리적이고 과학적이며 지적인 측면을 지나치게 강조하여 정의적인 측면을 간과하고 있다.

피아제의 인지이론은 인간의 전 인지영역을 포괄하고 있지 않다. 다시 말하면, 수학적, 과학적, 사고의 발달에 관해서는 상당히 언급되고 있지만 문학, 예술, 음악 등의 정서성이 포함된 인지적 측면들은 전혀 언급되지 않고 있다. 그의 이론을 통해서는 아이들의 공포, 불안, 흥분, 백일몽 등에 관한 지식을 얻기 힘들다. 그러나 오늘날 많은 학자들이 정서발달의 중요성을 인식하고 있으며 인지발달과 정서발달의 상호관계성의 규명도 필요하다고 믿고 있다.

3) 사회복지실천에 미친 영향

인지이론에는 인지발달이론과 인지치료이론이 포함되며 인지이론에서는 개인과 환경의 상호작용을 강조하고 있다. 이는 환경 속의 인간에 대한 개입과 맥을 같이 한다. 즉, 인지는 현실을 해석하여 정서와 행동에 영향을 주는 매개요인으로 작용한다. 이는 클라이언트가 있는 곳에서 출발하고 클라이언트의 문제를 클라이언트가 보는 관점에서 이해하고 클라이언트가 구성한 현실에 사회복지사가 개입하여야 하는 것을 의미한다.

CHAPTER

06 행동주의 이론

1. 행동주의 이론의 등장 배경

행동주의 이론은 기존의 정신분석이론의 비과학성을 비판하면서 엄격한 실증적 과학주의를 표방하고 나섰다. 인간의 성격을 무의식에 기초한 내면적이고 심리적인 구조나 역동으로 설명하기보다는 외부환경에 의해 강화된 행동패턴이라고 규정지었다. 다시 말해 인간의 성격이 선천적이고 생물학적인 유전에 의해 결정되는 것이 아닌, 후천적인 경험을 통해 결정되는 것이며 인간이 어떤 특정한 성향을 지니고 태어나는 것이 아니라 백지상태로 출생한다고 주장하였다. 즉, 행동주의 이론은 실험적 연구를 통해 발달한 성격이론으로, 인간행동의 원리나 법칙을 설명하는 학습이론에 근거하여 어디까지나 실험적인 장면에서 '**관찰 가능한 행동을 분석**'할 것을 강조한다. 행동주의 이론은 기본적으로 관찰 및 측정이 가능한 인간의 외현적 행동에 초점을 두며 그 실증적 연구결과를 토대로 행동의 습득 및 변화의 원리를 설명하고자 한다.

행동주의 이론에서의 인간행동 대부분은 학습되거나 학습에 의해 수정된다는 기본 전제에 근거를 두고 있기 때문에 학습이론이라고도 불린다. 이러한 행동주의 이론에서는 인지, 감각, 의지, 본능과 같은 개념은 내성적이며 관념적인 것들로 과학적 연구의 대상이 될 수 없기 때문에 자극과 반응에 의해 학습 또는 수정되는 직접 관찰 가능한 인간행동이 연구의 초점이 되어야 한다고 보았다.

2. 행동주의 이론의 인간관

행동주의 이론의 인간관은 스키너(Skinner)를 비롯한 전통적 또는 급진적 행동주의자의 관점과 반두라(Bandura)를 비롯한 사회학습이론가와 인지적 행동주의자들 간에 〈표 6-1〉과 같이 많은 차이점이 있다.

〈표 6-1〉 행동주의 이론의 비교

구 분	Skinner(1971)	Bandura(1974)
행동의 결정요인	인간의 자기 결정과 자유의 가능성을 완전히 배제 -기계론적 환경결정론	인간이 환경을 산출해 내는 주체자 - 상호적 결정론
합리적인 존재 여부	논의 자체를 거부	합리적 행동을 계획할 수 있는 능력이 있음
인간 본성을 보는 시각	객관적인 자극-반응의 관계에서만 설명 가능	인간 내면의 주관적인 인지적 요소가 관여-인간에 대한 주관적·객관적 관점을 동시에 지님

3. 행동주의 이론의 기본 가정

행동주의 이론의 기본 가정은 다음과 같다.

첫째, 개인의 성격 특성은 관찰 가능한 구체적인 행동으로 분석 또는 이해될 수 있다. 개인의 성격은 그의 내면적 특성에 의해 규정되기보다는 그가 다양한 상황에서 반복적으로 나타내는 독특한 행동패턴에 의해 이해될 수 있다.

둘째, 인간이 나타내는 대부분의 행동은 후천적으로 학습된 것이다. 인간은 '**백지상태**'와 같은 존재로서 잠재적인 가능성을 지니고 태어날 뿐 선천적으로 결정된 행동패턴을 가지고 태어나는 것은 아니라고 본다.

셋째, 인간의 모든 행동은 학습을 통해 습득된 것이다. 영아는 학습과정을 통해 환경 자극에 대한 행동적 반응을 배우게 된다. 영아가 선천적으로 가지고 있는 반사행동 이외에 인간으로서 사회적 삶을 위한 중요한 행동들은 대부분 후천적인 학습을 통해 습득된 것이다.

넷째, 인간의 행동 변화도 학습의 원리를 응용하여 성공적으로 이루어질 수 있다. 개인의 부적응적 문제행동을 제거하거나 바람직한 적응적 행동을 습득하도록 하는 데에도 학습의 원리가 적용된다.

다섯째, 학습원리는 여러 동물 종(種)에 똑같이 적용될 수 있어야 한다. 행동주의자들은 인간과 동물이 유사한 방식으로 학습한다는 사실을 가정하고 있다. 그들은 쥐나 고양이, 비둘기와 같은 동물의 연구에서 나온 원리들을 종종 인간의 학습에 적용하는데 이때 인간과 동물을 구분하는 대신 이를 총칭하여 종종 '**유기체**(Organism)'라는 용어를 사용한다.

여섯째, 학습과정은 연구의 초점을 자극과 반응에 둠으로써 객관적으로 연구될 수 있다. 행동주의자들은 환경 내의 자극과 그 자극에 대한 유기체의 반응에 초점을 두고 '**자극**(S : Stimulus)'과 '**반응**(R : Response)'의 관계를 기술한다. 그로 인해 행동주의 심리학을 '**S-R 심리학**'이라고 부르기도 한다.

일곱째, 보통 내적 과정은 과학적 연구에서 제외되는 경향이 있다. 대체로 행동주의자들은 사고, 동기, 정서 등 인간의 내적 과정의 경우 직접 관찰하거나 측정할 수 없으므로 학습과정을 설명하는 데 있어서 이를 제외시켜야 한다고 믿는다. 다만, 몇몇 신행동주의 심리학자들은 동기나 자극-반응 연합강도와 같은 유기체(O : Organism) 내의 요인도 학습과정을 이해하는 데 있어서 중요하다고 본다. 따라서 이들을 종종 '**S-O-R 이론가**'라고 일컫기도 한다.

여덟째, 학습은 보통 환경적 사건들의 결과이다. 행동주의 이론을 학습이론이라고 부르기도 하지만 정작 행동주의자들은 학습이라는 용어 대신 '**조건형성**(Conditioning)'이라는 용어를 널리 사용한다. 이는 유기체가 환경적 사건들에 의해 조건화된다는 의미를 내포하고 있는 것이다.

4. 행동주의 이론의 주요 접근방법

행동주의 이론은 대표적으로 파블로프와 스키너 그리고 반두라의 실험에서 발달한 행동주의 이론으로 고전적 조건화, 조작적 조건화 그리고 인지적 학습이라는 세 가지 접근방법으로 분류된다.

1) 고전적 조건화

파블로프(Ivan Pavlov, 1849~1936)는 러시아의 심리학·생리학자로 고전적 조건형성 이론을 정립했으며 1904년 소화액 분비의 신경 지배에 관한 연구로 노벨 생리학·의학상을 수상했다. 파블로프의 이론에 따르면, 개에게 종소리를 들려주면 처음에는 아무런 특별한 반응도 보이지 않는다. 하지만 종을 울린 뒤 곧이어 좋아하는 음식을 주는 행동을 시간 간격을 두고 되풀이하면 나중에 그 개는 단지 음성신호(종소리)만 듣고서도 음식을 먹기 직전에 그러듯이 침을 흘린다(http://www.edupolnews.com).

고전적 조건화는 파블로프의 개 실험에서 보는 바와 같이 인간이 환경적 자극에 수동적으로 반응하여 형성되는 행동, 즉 반응적 행동을 설명하려는 접근방법이다. 이러한 고전적 조건화 이론은 공포증 치료에 적용하였으며 이후에 체계적 둔감법이라는 기법을 발달시켰다. 고전적 조건화는 일정한 자극에 의해서 선천적으로 유발되는 반응을 그것과 아무런 관계가 없는 중성자극과 연합시킴으로써 그 중성자극이 조건자극으로 변화되어 조건반응을 일으키게 하는 것이다. 예를 들면, 개에게 음식물을 주면 타액을 분비하게 되는데 종소리를 울리고 음식물을 주는 일을 몇 차례 반복하게 되면 나중에는 종소리만 울려도 개가 타액을 분비한다. 여기에서 개는 종소리에 대해 반응하도록 조건형성된 것이다. 이러한 과정을 고전적 조건형성이라고 한다.

- 개에게 음식물을 주는 것 → 무조건 자극(unconditioned stimulus)
- 음식에 대해 타액을 분비하는 것 → 무조건 반응
- 종소리는 타액의 분비와 관계가 없는 것 → 중성자극
- 종소리만 울려도 타액을 분비하는 것(종소리 → 조건자극 → 타액을 분비하는 것 → 조건반응, 조건자극과 무조건 자극의 연합 = 더욱 강화) → 단계적 둔감화(체계적인 과민성 완화요법), 혐오요법에 적용됨

2) 조작적 조건화

조작적 조건화는 스키너(Burrhus Frederic Skinner, 1904~1990)로 대표된다. 스키너는 인간의 행동이 그 행동의 결과에 의해 변화된다고 보고 환경을 조작하여 그러한 행동의 반응 비율에 영향을 미칠 수 있도록 한 것이다. 즉, 강화된 행동은 반복되고, 불리하거나 처벌받은 행동은 수정되는 유형이다. 조작적 조건형성은 긍정적 강화와 행동조성, 자기표현훈련, 모방학습, 토큰보상치료가 된다. 조작적 조건화에서는 인간이 환경적 자극에 능동적으로 반응하여 나타내는 어떤 강화가 없으면 일어나지 않는다고 보고 있다.

스키너(Skinner)는 자신의 연구대상으로 비둘기를 이용하였다. 스키너 상자(Skinner box)라고 불리는 첫 번째 실험장치의 벽은 널빤지로 되어있으며 이 벽에는 단추와 이동문이 달려 있다. 만일 비둘기가 이 벽의 단추를 쪼면 이동문이 열리면서 음식이 떨어지도록 고안되어 있다. 비둘기가 단추를 쪼는 반응(R)은 처음에는 우연히 발생하지만 반응의 결과로 음식(S)을 받게 되면 마침내 비둘기는 단추 쪼기와 음식을 연합하도록 조건화된다. 두 번째 상자

는 전류가 통하며 비둘기가 단추를 쪼면 전류가 멈추도록 도안되어 있다. 이때 전류는 혐오자극인데 비둘기는 이 혐오자극을 피하기 위해 단추를 쪼는 행동을 증가시킨다. 비둘기의 학습과정은 다음과 같이 표현될 수 있다.

R(반응) → S(음식) → r(강화)±

이때 R은 반응, S는 자극, r+는 긍정적 강화, 그리고 r-는 부정적 강화를 나타낸다. 앞에서 설명한 첫 번째 상자에서 비둘기가 음식이라는 자극을 얻기 위해 단추를 쪼는 반응을 증가시킬 때 그 자극을 긍정적 강화물이라 하며 긍정적 강화물로 인해 반응이 증가하는 현상을 긍정적 강화라 한다. 두 번째 상자에서도 마찬가지로 비둘기는 전류라는 혐오스러운 자극을 피하기 위해 단추를 쪼는 반응을 증가시키는데 이때의 자극은 부정적 강화물이라 하며 부정적 강화물로 인해 반응이 증가하는 현상을 부적강화라 한다. 이와 같이 어떤 자극을 얻거나 피하기 위해 행동반응이 증가될 때 그 자극을 '**강화물**' 이라 하며 그 자극이 행동을 증가시키는 힘을 강화(reinforcement)라 한다.

참고 **강화요법(reinforcement)**

- 정적강화 : 바람직한 행동 강도를 증가시키는 것
  예 쥐가 레버를 누르는 행동을 증가시키기 위해 먹이라는 강화물을 제공

- 부적강화 : 바람직하지 못한 행동을 피하기 위해서 바람직한 행동강도를 증가시킴
  예 애정철회를 피하기 위하여 열심히 공부함

cf. 처벌 : 후속반응의 발생가능성을 감소시키기 위한 자극유도
  예 부정행위에 대해서는 → 제적
  도둑질 → 벌금

- 차별강화 : 행동에 대한 변별력을 부여
  예 아이의 침 뱉는 행동 - 침을 뱉지 않을 때만 강화를 함

- 연속적 강화 : 행동이 일어날 때마다 강화
- 간헐적 강화 : 행동이 발생할 때마다 강화하지 않고 부분적으로 강화

스키너의 이론은 행동주의 학습이론의 범위를 상당히 넓혔으며 과학적 실험연구를 통하여 인간행동의 발달과 관련된 구체적이고 명확하면서도 유용한 것을 제공하고 있다. 그러나 인간의 행동에 대한 환경의 결정력을 너무 강조하여 인간의 내적이고 정신적 특성을 배제한 면은 있다. 또한 인간을 조작이 가능한 대상으로 취급하고 있기 때문에 인간의 자유와 존중성을 무시하였다. 그리고 인간의 모든 행동이 조작을 통해서 변화될 수 있다고 보는 것은 인간을 지나치게 단순화, 객관화, 과학화하고 있다는 한계는 있다.

- 고전적 조건화 : 자극 → 반응 유도 → 자극에 대해 반응하는 반사행동의 학습
- 조작적 조건화 : 반응 → 자극 유도 → 유기체 스스로 조작하는 행동의 학습
- 어떤 반응이 일어날 확률을 높이기 위해서 자극과 자극 혹은 자극과 반응을 짝지우는 것
- 강화원리와 처벌을 이용하여 특정한 행동패턴을 습득
- 강화자극 : 긍정적 자극(음식)과 부정적 자극(전기자극)
- 강화계획 : 토큰보상제도, 모방학습, 긍정적 강화, 행동조성, 자기표현훈련 등

3) 인지적 학습

인지적 학습은 행동에 영향을 미치는 인지적 요인의 역할을 설명하려는 접근방법이다. 이러한 인지적 학습이론에 속하는 이론으로는 사회학습이론이 대표적이다. 사회학습이론은 캐나다 출신의 미국 심리학자 앨버트 반두라(Albert Bandura, 1925~2021)가 주장한 이론으로서 정식 명칭은 사회학습이론(social learning theory)이다. 요약하자면, 사람의 행동은 다른 사람의 행동이나 상황을 관찰하거나 모방한 결과로 이루어진다는 교육심리학 이론이다. 사회학습이론은 인간 자체가 환경에 지배되는 것이 아니라 인지적 처리 과정이 있어 본인의 의지로 사고할 수 있는 능동적 존재라는 것이다.

스키너는 본인이 직접 체험을 통해 학습이 이루어진다고 보았으나 반두라는 본인이 체험하지 않더라도 사회적인 상황에서 타인을 관찰하는 것만으로 학습이 이루어질 수 있다고 보았다.

(1) 사회학습이론의 개념

사회학습이론은 모방과 인지의 과정으로 볼 수 있다. 모방(대리학습 = 관찰학습 = 모델링)은 타인을 관찰하여 얻는 정보로 자신의 행동방식을 습득해 가는 것이다. 학습을 위해서는 실질적인 행동을 반드시 수행하지 않아도 되며 반응을 위해서 즉각적인 보상도 꼭 필요하지 않다. 인지는 일반적으로 사고능력을 의미하며 기억, 지각, 지능, 언어, 상상력, 창의력, 사고 등을 포함하는 정신과정이다.

(2) 사회학습이론의 특징

사회학습이론의 네 가지 특징은 다음과 같다.

첫째, 인간의 내적 과정과 외적 과정을 결합한다는 것이다. 즉, 인간의 행동은 사회적 상황 속에서 개인의 내적·인지적 과정과 환경적 영향력 간의 상호작용으로 결정된다는 것이다.

둘째, 관찰학습의 중요성을 강조했다. 사회적 상황 속에서 행동의 학습에 관심을 가지고 인간행동의 상호결정론과 행동의 습득 사이에서 관찰학습의 중요성을 강조하였다.

셋째, 인간의 행동은 자신의 경험을 통해 학습한다. 행동에 영향을 주는 직·간접적인 자신의 경험을 통해 대리강화 함으로써 인지가 중요하다고 주장했다. 이는 프로이트, 칼 융의 주장과 일맥상통하는 부분이 있다. 칼 융은 인간이 과거에 어떠한 경험을 겪었고 그것이 무의식 속에 스며들어 인간의 행동에 영향을 미친다고 하였으며 프로이트는 인간의 성장기를 나누었고 각 과정에서 문제가 생겼을 시에 나타날 수 있는 행동의 모습을 정의해 두었다.

여기서 프로이트와 반두라의 차이를 설명하면, 프로이트는 각 성장발달기의 구간에서 문제가 생겼을 때 드러나는 모습을 설명하며 각 성장발달기에 필요한 교육을 바이블처럼 제시하였다면, 칼 융은 인간의 현재 행동이 과거의 사건으로 인한 트라우마로 작용하여 현재의 행동에 영향력을 준다고 제시하였다. 프로이트와 칼 융의 주장은 서로 비슷해 보이나 프로이트는 인간의 트라우마나 현재의 모습을 명확하게 규정하여 하나의 거대한 틀에 맞추었고 칼 융은 개개인의 사건마다 나타날 수 있는 행동이 다르다고 주장했다. 이들과 반두라의 차이를 설명하면, 하나의 사건이 트라우마 역할을 하여 현재의 행동에 영향을 준다는 것이 칼 융과 프로이트의 주장인 반면에, 반두라는 인간의 행동은 과거에 겪어온 상황 속에서 다른 이가 문제를 해결해 나가던 모습을 모방하여 현재의 행동에 영향력을 행사한다고 주장한 점이다.

넷째, 인간행동의 표현은 모델에 관한 관찰을 통해 이루어지는 인지적 활동이다. 이 부분은 현재에서도 적용되는 부분이다. 대표적인 예가 롤모델(role model)인데 '**롤모델은 자기가 마땅히 해야 할 직책이나 임무 따위의 본보기가 되는 대상이나 모범**'이라는 사전적 의미를 가지고 있다. 즉, 인간은 자신이 해야 하는 일에 관하여 무의식적으로 본보기가 되는 인물을 선정하여 그 인물의 행동을 모방하게 된다는 것이다.

인간은 어떤 문제가 주어졌을 때 주변의 모범이 되는 인물의 문제 해결을 모방하기 위해 문제를 우선 인지한 뒤 자신의 모델을 선정하여 그 모델을 관찰한다. 이때 관찰하는 방법에는 다섯 가지 방법이 있는데 ① 직접모방 전형, ② 동일시 전형, ③ 무시행 학습 전형, ④ 동시 학습 전형, ⑤ 고전적 대리조건형성 전형이 있다. 이러한 관찰학습 과정을 거쳐 관찰한 내용을 기억하고 파지하는 보전과정으로 넘어간다. 이 과정에서 불필요한 기억은 파지된다. 예를 들어, 문서를 파쇄하는 작업을 관찰했을 때 모델이 기기를 사용하고 종이를 반복해서 기계에 넣으며 파쇄하며 내부에 파쇄지가 가득하면 비워주는 작업을 할 것이다. 이 과정을 보면서 관찰자는 반복되는 장면은 파지, 파쇄기를 조작, 문서를 파쇄 그리고 가득한 파쇄지를 비우는 작업만을 기억하여 보전할 것이다. 이 과정을 통해 이미지를 굳히고 나서는 운동재생과정으로 향하게 되는데 이 과정에서는 관찰자가 자신이 기억한 이미지를 기본으로 직접 실시하는 과정이다. 여기까지의 일련의 과정을 반복하며 미숙한 부분을 연습하여 동기화하는 과정을 겪는다. 동기화 과정은 자기강화의 과정으로 자신이 직접 모방한 모든 과정을 자신의 것으로 변화시키는 과정이며 이 과정을 마치면 해당 작업은 더 이상의 모방은 필요하지 않게 되며 현재의 행동을 능숙하게 취하게 된다.

참고 **보보 인형 실험**

보보 인형 실험은 3~6세 아동들을 대상으로 한 집단에는 성인이 보보 인형을 공격하는 영상을 보여주고 다른 집단에는 성인이 보보 인형에게 공격하지 않는, 예를 들면 안아주기 영상을 보여준 후 아동들이 직접 보보 인형을 만났을 때의 행동을 관찰하였다. 보보 인형을 공격하는 영상을 본 집단이 공격하지 않는 영상을 본 집단보다 보보 인형을 실제로 공격하는 경우가 많았다. 즉, 인간은 관찰하는 것만으로도 학습될 수 있다. 아동의 경우 부모의 모습이나 TV를 통해 본 모습을 그대로 학습하여 역할놀이를 통해 재현하기도 한다.

(3) 사회학습이론의 기본 원리

① 기본 원리

㉠ 내적 과정의 초월

인간의 행동이 의식 이하에서 작용하는 동기와 충동 그리고 욕구 등과 같은 내적 과정으로부터 일어난다고 보는 것은 개념적으로나 실험적 근거로 볼 때 한계가 있다. 인간의 내적 동기요인은 각각 다른 상황과 다른 사람을 대할 때 또는 다른 사회적 역할을 가질 때 어떤 행동의 빈도와 강도가 다르게 나타나는 점을 잘 설명해 주지 못하고 있다. 따라서 인간의 행동을 이해하기 위해서는 내적 과정을 초월하여 사회적 상황이나 역할에 대해서 더 많은 주의를 기울여야 한다.

㉡ 상호결정론

인간의 행동이 내적 과정에 의해서 움직여지는 것도 환경에 영향을 받는 것만도 아니다. 인간행동의 원인들은 행동적, 인지적, 환경적 영향력 간의 끊임없는 상호작용으로 이해된다.

㉢ 관찰학습

인간행동의 행동은 관찰학습을 통한 모델의 영향으로 습득할 수 있다고 본다. 사회적 상황 속에서 다른 사람들의 행동을 관찰함으로써 훨씬 더 빨리 행동을 학습한다. 즉, 환경적 자극에 대한 반응을 통하여 행동을 학습하는 것이 아니라 타인의 행동을 관찰함으로써 학습이 이루어진다.

㉣ 행동결과의 예측성

강화는 인간행동이 습득되고 유지되고 변경되는가를 완전히 설명해주지 못한다. 대부분의 인간행동이 직접적인 외적강화에 의해서 통제되지 않는다. 인간은 과거경험의 결과를 통해서 어떤 종류의 행동은 가치가 있고 어떤 행동은 바람직하지 못한 결과를 가져올 수 있는가를 알 수 있다. 인간행동은 예상되는 결과에 의해 많이 규제되며 실제로 경험한 결과가 아니더라도 결과를 상상하여 행동할 수 있다.

㉤ 자기규제

인간은 당면한 상황을 조정하고 인지적 능력을 발휘하며 자신의 행동결과를 산출함으로써 그들의 행동에 어느 정도 영향력을 행사할 수 있다. 인간은 바람직한 미래상을 형성할 수 있는 능력이 있으므로 자기행동이 장기적인 목표를 취하도록 해주는 행동전략을 가질 수 있다.

② 관찰학습의 과정

관찰학습의 과정은 직접적인 강화가 주어지지 않은 상태에서 관찰을 통하여 행동에 대한 학습이 이루어진다. 이는 모델링, 사회학습, 모방학습이라고도 불리며 직접적 경험뿐만 아니라 대리경험과 사회환경적 요인을 통해 학습한다. 관찰학습의 과정은 주의집중과정, 보존과정, 운동재생과정, 동기과정으로 순차적으로 생각해 볼 수 있다.

㉠ 주의집중과정

주의집중과정은 모델의 행동을 관찰하고 주의 깊게 집중하며 모델을 정확하게 지각하는 과정이다. 이는 단순히 모델과 모델의 행동을 보는 것만으로는 불충분하며 모델을 모방하는 데 이용할 적절한 관련 정보를 이끌어 내도록 충분한 지각적 정확성에 주의를 기울여야 한다.

㉡ 보존과정

보존과정은 주의 깊게 관찰한 모델 행동을 기억하여 장기간 보존하는 과정으로 이미지나 영상 형태의 심상 또는 언어적 표상체계로서 기억보존을 용이하게 한다.

㉢ 운동재생과정

운동재생과정은 보존된 내적 표상체계를 행동으로 전환하는 과정이다. 이는 사람들이 모델행동의 상징적 표상을 주의 깊게 형성하고 기억하고 여러 번 그 행동을 연습하여도 그러한 행동을 올바르게 수행하지 못한다. 어떤 행동을 관찰하고 의도적으로 연습하는 것은 적어도 이전에 관찰한 것을 근거로 해서 학습을 촉진할 수는 있으나 단순한 관찰이나 연습만 가지고는 매끄럽고 조화된 행동을 수행하기에는 충분하지 않다. 완전한 행동을 수행하려면 운동동작의 계속적인 실천과 정보의 환류에 근거한 자기 수정적 조정이 필수적이다.

참고 재생운동과정의 하위 4단계

① 반응행동의 인지적 조직
② 행동의 개시
③ 행동의 점검
④ 행동의 정제

㉣ 동기과정

동기과정은 행동에 정적강화가 주어지면 모델의 행동을 수행하는 과정이다. 사람들은 모델의 행동을 습득하고 기억하고 능숙하게 수행할 수 있는 능력을 가지고 있을지라도 그 행동이 부정적이거나 바람직하게 받아들여지지 않는다면 외부행동으로 활성화되지 못하기 때문에 강화나 처벌의 보상이 필요하다. 행동의 결과가 가치 있고 유용하며 매력이 있다면 행동을 실천하려는 경향은 더욱 두드러질 것이고 모델이 긍정적 결과를 경험하면 관찰자는 대리강화를 받게 되고 그것을 더욱 모방하게 된다.

③ 사회화의 영향요소

㉠ 공격성

사회화 과정에서 아동들은 공격적인 모델을 관찰하고 그 모델이 언제 강화를 받는가를 주시하며 행동을 모방한다. 다른 사람들이 공격적인 행동을 했을 때 어떤 일이 일어나는지 생각해 보거나 실제 관찰하는 것은 그러한 행동을 스스로 경험하는 것만큼 효과를 발휘한다. 만일 아동이 공격적인 행동을 하는 사람이 벌을 받는 것을 관찰했다면 아동은 자신의 충동을 억누르고 그러한 행동을 하지 않게 된다.

㉡ 성역할

사회화 과정에서 아동들은 자신의 성에 적합한 방식으로 행동하는 것을 배운다. 사회는 소년에게는 남성적 특성을 소녀에게는 여성적 특성을 발달시키도록 격려한다. 성 특질이 부분적으로 유전적인 요소와 관련되어 있지만 더 많은 것들은 사회화 과정에서 모방을 통한 학습에서 얻어진다.

㉢ 친사회적 행동

친사회적 행동은 이타성, 협동심, 기부행위, 원조활동, 감정이입 등을 비롯한 긍정적이고 온정적 사회적 행위이다. 이러한 친사회적 행동은 그러한 행동을 하는 적절한 모델에 대한 관찰을 통해 영향을 받는다. 특히, 대중매체에서 접할 수 있는 다양한 친사회적 행동의 모델은 사람들에게 그러한 행동을 할 수 있는 동기를 부여하며 행동을 습득할 수 있는 많은 기회를 제공한다.

㉣ 대리강화

대리강화는 자신이 직접 행동을 하여 결과를 경험하지 않고도 모델이 하는 행동을 보고 강화를 받는 절차이다.

* **정적대리강화 : 타인이 강화되는 것을 본 관찰자가 자기 행위를 증가시키는 것**
* **대리처벌 : 관찰된 부정적 결과가 행동을 감소시키는 경우**

㉤ 자기강화

자기강화는 자신의 기대와 표준을 정해놓고 그것에 도달하거나 초과하거나 미치지 못할 때 자기 자신에 대한 보상과 처벌을 스스로 관리하는 것이다. 자신이 스스로 통제할 수 있는 보상과 처벌을 통해 행동을 개선하거나 유지하는 과정이다. 이는 직접적 훈련과 관찰학습을 통해 획득된다. 자기강화의 기준은 자아를 형성하는 데 영향을 미친다.

㉥ 자기효력

자기효력은 자신의 생활에 대처하는 적당성과 효율성 및 능력의 감정이며 삶의 사건들을 일으키고 규제하는 능력이다. 이것은 자신이 특정 행동을 성공적으로 수행할 수 있다는 효과성을 인식하는 것이다. 자기효력은 행동수행의 표준을 달성하고 유지하는 것을 통하여 향상시키며 당면과제를 해결하고 새로운 역할을 담당할 때 개인의 행동을 좌우한다.

5. 반두라 이론의 평가

반두라는 모방학습의 중요성에 대한 자각을 증진시켰다. 그리고 사회적 환경이 인간에게 얼마나 많은 영향을 미치는가에 대해 다시 한번 인식하도록 하였고 자기강화와 자기효력 등과 같은 인지적 요소의 중요성을 인식시켰다. 그러나 반두라는 인간행동에서 외부환경의 중요성을 강조하면서 내적이고 자발적인 측면을 과소평가하였다. 관찰학습은 단순한 행동을 신속하고 쉽게 학습할 수 있다는 장점을 가지고 있지만 다양하고 복잡한 기능을 필요로 하는 행동의 학습을 설명하는 데는 한계가 있다. 또한 인간행동의 발달에서 연령별로 다르게 나타나는 학습과 관련된 인지적 수준을 고려하지 않고 있다는 비판은 있다.

CHAPTER

07 인본주의 이론

1. 인본주의 이론의 개요

인본주의 이론은 무의식적 결정론에 근거하고 있는 정신분석 이론과 환경결정론에 근거를 두고 있는 행동주의 이론의 입장에 반대하는 제3세력의 심리학에 속한다. 인본주의 이론은 키에르케고르(Kierkegaard), 사르트르(Sartre), 카뮈(Camus), 빈스반거(Binswanger), 보스(Boss), 프랭클(Frankl)과 같은 사상가들이 발전시킨 유럽의 실존주의 철학에 기원을 두고 있다. 실존주의 이론이 인간의 소외, 무의미 등과 같은 인간 존재의 제한성에 초점을 두고 있는 반면에 인본주의 이론에서는 인간의 긍정적인 측면에 초점을 두고 있다. 인본주의자들은 사랑, 창조성, 선택, 의미, 가치, 자아실현 등 각 개인이 자신의 행동과 경험의 중요한 결정자임을 강조한다. 즉, 인간은 경험하고 스스로 결정하며 자신의 행동을 자유롭게 선택하는 의지를 지닌 사람이라는 것이다. 인간은 근본적으로 선하며 존경받을 만하고 환경조건이 적당하기만 하면 자신의 잠재능력을 실현해 나갈 수 있는 존재라고 보았다.

2. 인본주의 이론의 인간에 대한 관점

인간은 선천적으로 타고난 성장가능성을 실현하는 과정에서 자신의 인생목표와 행동방향을 스스로 결정하고 이러한 결정에 따르는 책임을 수용하는 자유로운 존재로 보고 있다. 즉, 인간은 자유로우며 자신의 행동에 책임을 지고 유목적적이며 합리적이고 건설적인 방향성을 가지고 지속적으로 성장해나가는 미래지향적 존재라고 보고 있다. 대표적인 학자로는 로저스와 매슬로우가 있다.

3. 인본주의 이론의 기본 가정

1) 로저스의 인간에 대한 기본 가정

로저스(Carl Rogers, 1902~1987)는 인간 본성과 행동에 대한 기본 가정을 근거로 클라이언트와의 치료적 관계를 촉진시키는 지침을 제시하였는데 인간중심의 접근방법을 지니고 있다(권중돈, 2006; Greene, 2017). 즉, 로저스 이론의 기본 가정에서 인간은 믿을 수 있고 능력이 있으며 자기이해와 자기실현을 위한 잠재력을 지니고 있으며 이러한 능력의 발현을 통하여 점진적으로 되어가는 존재이다. 인간 행동은 각 개인의 주관적 경험 또는 내적 준거체계에 따라 달라진다. 그리고 인간행동의 궁극적 목표는 자아실현이다. 자아실현은 일생을 통해 이루어지는 과정이다. 만약 신뢰하고 존경하는 분위기가 형성이 된다면 인간은 긍정적으로 발달하고 성장한다. 개인적 성장은 치료적 관계나 다른 형태의 관계를 통하여 증진될 것이다. 진실성과 수용성 그리고 감정이입적인 관심 등을 포함하는 원조자의 긍정적 태도는 효과적인 원조관계를 위한 필수조건이다. 클라이언트의 주관적 경험을 존경하고 자유와 개인적 책임감 그리고 자율성을 고양하고 선택권을 부여하는 것은 클라이언트의 성장을 촉진시킨다.

치료자는 존경과 긍정적 관심을 통해 긍정적인 성장을 증진시키는 사람이며 클라이언트는 자기인식을 할 수 있는 능력이 있고 더욱 적절한 행동을 할 수 있는 능력을 지니고 있다. 모든 사람들과 마찬가지로 클라이언트는 부적응적 상태에서 심리적으로 건강한 상태로 옮겨갈 수 있는 성향을 가지고 있다. 실천가는 원조관계에서 나타나는 '**여기 그리고 지금**', 현재의 행동에 초점을 두어야 한다. 원조관계에서는 클라이언트가 자신의 세계를 다루는 방법을 강조하여야 한다. 진정한 자아에 대하여 아는 것이 원조관계의 중요한 목적이며 원조관계의 목적은 클라이언트가 더욱 독립적이고 통합된 상태로 변화하게 하는 것이다.

2) 매슬로우 이론의 기본 가정

매슬로우(Abraham Maslow, 1908~1970)는 욕구의 계층화를 통하여 동기와 정신병리에 관한 자신의 견해를 제시하였다. 특히, 사람들은 인생 초기에 사랑, 보금자리와 음식 등과 같은 욕구가 잘 충족되지 않으면 병리나 일탈행동이 발생한다고 하였다. 초기의 인생의 좌절감은 부적응적인 반응 유형을 발생시켜 인생 후기의 동기나 욕구를 왜곡시킨다. 매슬로우는 신경증과 정신증과 같은 전통적인 정신적 용어를 사용하기를 싫어한다. 비정상적이거나 정신병리적인 개인은 아직 자아실현을 이루지 못한 상태로 간주한다. 인간은 선하며 개인의 선천적인 잠재력을 표현할 수 있는 환경이 제공된다면 건강한 방법으로 자기를 개발할 수 있는 능력이 있다고 믿었다.

매슬로우이론의 기본 가정으로 인간의 본성은 원래 선하다. 인간행동은 내면으로부터 나오고 인간은 자유롭고 자율적이며 인간행동은 무의식적 동기의 산물이 아니다. 그리고 동물에 관한 연구는 복합적인 인간경험의 본질을 설명해 주지 못한다. 인간행동을 연구하고 이해하기 위해서는 인간의 병리적인 측면보다는 건강한 사람의 행동과 지각에 대해서 탐구를 해야 한다. 즉, 정신병리를 이해하기 위해서는 정신건강에 대하여 먼저 이해해야 한다. 사람은 능력 있는 존재이며 기본적인 욕구들이 충족되면 인간성을 성취하고 결국은 자아실현자가 된다.

4. 인본주의 이론의 주요 개념

1) 로저스 이론의 주요 개념

(1) 현상학적 장

'**현상학적 장**'은 특정한 순간에 개인이 지각하고 경험하는 모든 것을 의미한다. 현상학은 개인의 주관적 경험과 감정 그리고 세계와 자신에 대한 개인적 견해와 사적 개념을 연구한다. 현상학적 이론에 의하면 인간은 본래 특정한 성격유형을 갖고 태어나는 것이 아니라 다양한 주관적인 경험들을 통해서 성격이 형성되는 것으로 보았다. 로저스는 현재 행동을 결정하는 것은 과거 그 자체가 아니라 과거에 대한 각 개인의 현재의 해석이라고 할 정도로 현재의 현상학적 장을 중요시하였다.

(2) 자기

로저스의 자기개념은 성격이론에서 핵심적인 구조적 개념으로 인간이 자기 스스로가 어떤 사람인가를 인식하는 것이다(Engler, 2013). 자기개념은 현재 자신의 자아상인데 자신의 현재 모습에 대한 지각뿐만 아니라 어떤 존재가 되기를 원하는 자아인 '**이상적 자아**(ideal self)'까지도 포함한다. 자기는 인생 초기에는 존재하지 않지만 분화과정을 통해서 나를 제외한 나머지 세계와 자신을 구분하기 시작하면서 출현한다. 이러한 인간의 자기기념은 사회적 상호작용의 산물로서 인지적·지각적 능력이 성숙해 감에 따라 점차적으로 분화되고 복잡해진다.

(3) 실현화 경향성

유기체는 하나의 기본적 경향성과 추구하려는 욕구를 가지고 있는데 그것은 경험하는 유기체를 실현하고 유지하고 향상시키는 것이다. 유기체가 가진 실현화 경향성은 타고난 것으로 사람에게는 누구나 밖으로 표현하려는 성장 잠재력이 있으며 각자는 그 잠재력을 실현하려는 경향성을 가지고 태어난다. 로저스는 이와 같은 자기실현 욕구가 기본적인 행동 동기라고 보았다. 이러한 실현화 경향성은 다음과 같은 특징을 가지고 있다.

첫째, 자아실현은 계속 진행되는 것으로서 완료되었거나 정체된 상태가 아니다. 미래지향적인 이 목표는 인간에게 자꾸 앞을 내다보게 하여 자아의 모든 국면이 더욱 변별되고 개발되게 한다.

둘째, 이 과정은 어렵고 때로는 고통스럽기도 하다. 거기에는 사람의 모든 능력에 대한 끊임없는 시험과 긴장과 자극이 수반된다.

셋째, 자아실현을 하고 있는 사람들은 진정한 자기 자신이 된다. 그러므로 방향 선택이나 행동표현 여부가 전적으로 자기 자신에 의해 결정된다.

(4) 가치의 조건화

가치의 조건화는 다른 사람들로부터 거절당할 행동이나 태도를 삼가하고 바람직한 행동과 태도를 표현할 때 인정하고 수용할 가치가 있다는 믿음이다. 이 개념은 로저스의 성격형성을 이해하는 데 중요한 개념이다. 가치의 조건화는 다른 사람의 가치를 취하는 데에서 비롯된다. 인간은 자신의 행동이 어떤 조건에 따라 판단되면서 그 조건에서 자신의 가치를 느꼈을 때 가치의 조건을 알게 된다. 그러나 가치의 조건은 다른 사람의 행동을 제한하고 현실을 왜곡할 수 있기 때문에 가치의 조건과는 무관하게 무조건적이고 긍정적인 관심을 주거나 받는 것이 필요하다.

(5) 완전히 기능하는 사람

완전히 기능하는 사람은 현재 진행되는 자신의 자아를 완전히 지각하는 사람이다. 로저스는 완전히 기능하는 사람을 최적의 심리적응과 최적의 심리성숙, 완전한 일치, 경험에 완전히 개방되어 있는 사람으로 보았다. 완전히 기능하는 사람은 계속적으로 변화하는 사람으로, 과정 중에 있는 사람이라고 지적하면서 이들은 삶의 과정에서 공통적으로 다음과 같은 다섯 가지 특징을 가진다고 하였다(Rosers, 1961).

① 경험에 대한 개방성

체험에 개방적인 사람은 자기 자신의 소리를 들을 수 있으며 자기의 내면에서의 공포나 실망, 고통의 느낌에 개방적이어서 자기의 내면에서 무엇이 일어나고 있는지 체험할 수 있다.

② 자신의 유기체에 대한 신뢰

자신의 유기체에 대해 신뢰할 수 있는 사람은 유기체 전체로 하여금 한 상황의 모든 측면을 고려할 수 있게 한다. 그 결과 현재 상황에서 욕구를 최대로 만족시키는 행동을 한다. 그런 사람은 감정에 민감하되 충분하게 합리적으로 자신의 감정을 은닉하며 사리 판단을 하여 상황에 적절하게 반응할 줄 안다.

③ 실존적인 삶

실존적인 삶은 인간이 존재의 매 순간을 충분히 누리면서 사는 것을 뜻한다. 실존적인 삶을 영위하며 완전히 기능하는 사람은 자아구조가 새로운 경험에 대해 언제나 개방적이기 때문에 융통성이 있고 거기에는 어떤 경직성도 없다. 그런 사람은 순간에 일어나는 모든 것을 쉽게 받아들이며 각각의 경험 속에서 변화를 쉽게 받아들일 줄 아는 사람이다.

④ 자유의식

완전히 기능하는 사람은 선택과 행동에 대한 자유의지를 가지고 있다. 건강한 사람은 억제나 금지 없이 생각과 행동과정의 대안들 사이에서 자유롭게 선택할 수 있다. 그뿐만 아니라 완전하게 기능을 발휘하는 사람은 외부의 환경에 의해서가 아니라 자기 자신이 미래를 결정한다.

⑤ 창조성

로저스는 완전히 기능하는 사람들은 그들이 존재하는 모든 영역에서 창의적인 삶으로 스스로를 표현한다고 하였다. 건강한 사람은 억제나 금지 없이 생각과 행동과정의 대안들 사이에서 자유롭게 선택할 수 있다. 또한 창의적인 사람들은 주변 환경의 변화에 보다 더 잘 적응하며 대처할 수 있는 자발성을 가지고 있다(Schultz, 1990). 그런데 이렇게 완전히 기능하는 사람이란 개념은 이상적 개념이다. 현실 속에서 이 경지에 이르는 사람은 없으며 상대적인 의미에서만 완전하게 기능한다.

(6) 성격발달

로저스는 자신의 성격을 변화시키는 데에 도움을 찾고 있던 정신적으로 교란된 사람들을 대상으로 연구하였다. 그는 이러한 환자들을 다루기 위해서 '**내담자 중심치료**'라고 불렀다. 이와 같이 내담자 중심치료는 주의 깊은 경청과 비지시적 원조과정을 통해서 클라이언트의 자기 가치감과 자기이해를 증진시켜 사회적 기능을 향상시키는 심리치료이다. 로저스는 내담자 중심의 치료를 위해서는 다음의 세 가지가 필요하다고 보았다.

① 일치감

상담자는 클라이언트와의 관계에 있어서 자기일치감을 가져야 한다고 했다. 즉, 클라이언트와의 관계에서 통일된 자세로 개방적이며 진솔해야 한다는 것이다.

② 무조건적 긍정적 관심

로저스는 건강한 성격의 발달을 위한 가장 중요한 요건이 무조건적 긍정적 관심이라고 보았다. 그는 아무도 가치의 조건을 완전히 피할 수는 없지만 부여된 가치와 상관없이 긍정적 관심을 주거나 받는 것이 가능하다고 생각하였다(Rogers, 1959). 무조건적인 긍정적 관심은 어떤 상황에서 어떻게 행동하든 있는 그대로 조건 없이 수용해 주거나 인정해 주는 것을 의미한다. 무조건적인 긍정적 관심은 다른 사람에게 무조건적인 가치를 부여한다는 것이며 이렇게 주위에서 한 인간으로 존중해 주는 무조건적인 긍정적 관심을 받을 때 그 사람은 자신을 가치 있는 존재로 판단하게 된다.

③ 공감적 이해

상담자가 마치 내담자인 것처럼 이런 가정을 결코 잃지 않으면서 내담자의 내적 참조 틀에 의해서 파악한 내담자의 주관적 가치나 감정을 되돌려 주는 것을 의미한다. 공감적 이해의 조건은 경험을 지각하는 상담자의 능력과 그 순간이 내담자의 의미가 된다.

2) 매슬로우 이론의 주요 개념

(1) 욕구단계설

개인이 지닌 욕구와 동기부여의 이론으로 가장 널리 알려진 것은 ❙그림 7-1❙과 같이 매슬로우의 욕구단계설이다. 매슬로우는 인간에게 동기를 부여할 수 있는 욕구가 계층을 형성하고 있는 것으로 파악하였다. 인본주의적 접근을 심리학에서 제3의 세력이라고도 하는데 그 이유는 분석적 접근과 행동주의적 접근에 대한 최초의 대안을 제시해 주었기 때문이다. 욕구단계설은

1943년에 처음 내놓은 것으로 사람에게 동기를 부여하려면 단계별로 상승하는 인간의 욕구를 제대로 이해해야 한다는 주장이다. 인간의 욕구는 낮은 단계의 욕구로부터 시작하여 그것이 충족됨에 따라서 차츰 상위 단계로 올라간다. 이러한 매슬로우의 이론은 브랜다이스 대학에 재직할 당시에 집필한 『인간의 동기와 성격(Motivation and Personality)』이라는 책에서 소개되었다.

① 1단계 : 생리적 욕구

욕구단계설의 첫 단계는 인간에게 있어 가장 기본이라 할 수 있는 생리적 욕구이다. 즉, 따뜻함이나 거주지와 먹을 것을 얻고자 하는 욕구이다. 인간은 빵만으로 사는 것은 아니지만 정말로 굶주리고 있는 사람에게 있어서는 빵 한 조각이 전부인 것이다. 춥고 배고픈 문제가 해결되지 않는 한 다른 욕구는 모습을 나타내지 않는다.

② 2단계 : 안전의 욕구

생리적 욕구가 어느 정도 충족되면 안전의 욕구가 나타난다. 이 욕구는 근본적으로 신체적 및 감정적인 위험으로부터 보호되고 안전해지기를 바라는 욕구이다. 매슬로우는 안전 욕구에 대해 다음과 같이 말했다. **"어떤 사람이 극도로, 또 상시적으로 안전을 추구한다면 그런 인물이야말로 안전만을 위해서 삶을 영위한다고 할 수 있다."**

③ 3단계 : 사회적 욕구

생리적 욕구와 안전의 욕구가 어느 정도 충족되면 사회적 욕구인 소속감이나 애정욕구가 지배적인 것으로 나타나게 된다. 한마디로 '**집단을 만들고 싶다**', '**동료들로부터 받아들여지고 싶다**'는 욕구이다. 인간은 사회적인 존재이므로 어디에 소속되거나 자신이 다른 집단에 의해서 받아들여지기를 원하고 동료와 친교를 나누고 싶어 하고 또 이성 간의 교제나 결혼을 갈구하게 된다.

④ 4단계 : 존경의 욕구

인간은 어디에 속하려는 욕구가 어느 정도 만족되기 시작하면 어느 집단의 단순한 구성원 이상의 것이 되기를 원한다. 이는 내적으로 자존과 자율을 성취하려는 욕구(내적 존경욕구) 및 외적으로 타인으로부터 주의를 받고 인정을 받으며 집단 내에서 어떤 지위를 확보하려는 욕구(외적 존경욕구)이다.

⑤ 5단계 : 자아실현 욕구

존경의 욕구가 어느 정도 충족되기 시작하면 다음에는 "**나의 능력을 발휘하고 싶다**", "**자기계발을 계속하고 싶다**"는 자아실현 욕구가 강력하게 나타난다. 이는 자신이 이룰 수 있는 것 혹은 될 수 있는 것을 성취하려는 욕구이다. 즉, 계속적인 자기발전을 통하여 성장하고 자신의 잠재력을 극대화하여 자아를 완성시키려는 욕구이다.

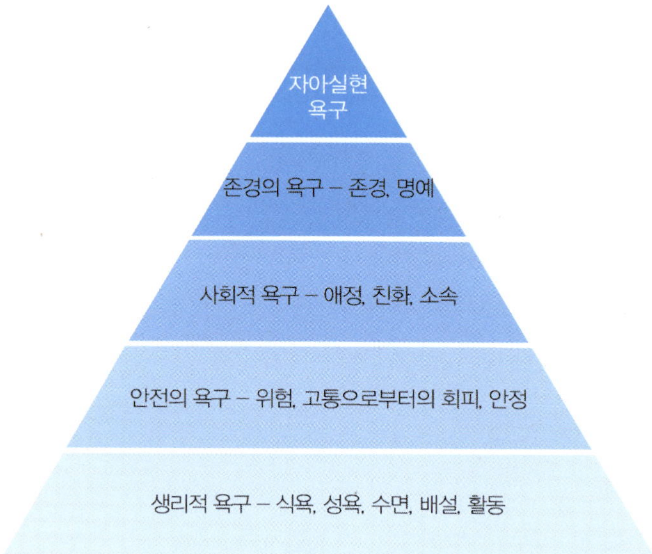

| 그림 7-1 | 매슬로우 5단계 욕구이론

(2) 저위욕구와 고위욕구 그리고 성장욕구와 결핍욕구

매슬로우는 향후에 다섯 가지 욕구를 포함하는 저위욕구와 고위욕구로 나누었다. 저위욕구는 주로 임금이나 고용기간 등 생리적 욕구와 안전욕구를 포함한다. 반면에 상위의 세 가지 욕구를 포함하는 고위욕구는 자신의 내부

요인에 의해 충족되는 차이가 있음을 주장하였다. 그리고 자아실현 욕구가 다른 네 가지 욕구와 많은 점에서 차이가 난다고 보아 자아실현 욕구를 성장 욕구, 나머지를 결핍욕구로 구분하여 전자는 무엇인가 결핍되어서라기보다는 성장하고자 해서 발생하는 욕구인 반면에 후자는 무엇인가 부족하기 때문에 느끼는 욕구라고 주장하였다.

참고

사람은 일단 주변에 먹을 것이 충분하게 되면(**1단계**),
그 다음엔 심리적・육체적 안전을 생각하게 되고(**2단계**),
몸의 안전을 보장받게 되면 다음은 사회적 욕구를 채우기 위해 움직이고(**3단계**),
사람이 충분한 자긍심을 느끼게 되면(**4단계**).
곧바로 그 상위 단계인 자기실현의 욕구로 이어지게 된다(**5단계**).

만일 이 욕망의 피라미드 어느 한 단계가 결핍되면 사람의 욕구는 그 결핍된 요소를 채우기 위해 밑으로 무너져 내린다고 한다.

예 1. 굶어 죽을 위험에 처하게 된 사람이 먹을 것을 구하기 위해(**1단계**) 극도로 비굴해지기도 하고(**4단계**), 또 식량을 위해 가족과 동료를 버리거나(**3단계**), 몸의 안전까지 불사하는 경우(**2단계**)를 생각해 볼 수 있다. 그리고 만일 한 개인이 직장이나 사회, 어느 집단에서 쫓겨날 위기에 처했다면(**3단계**), 그 사람은 자기만족이나 자긍심을 버려가며(**4단계**), 집단에서의 소속감을 유지하려는 경향을 보인다고 한다. 가장 흔한 예로 가족의 생계와 안정된 직장 생활을 위해 한 개인이 자만심을 버리거나 제어하려는 모습을 들 수 있겠다.

예 2. 만약 어떤 사람이 어느 일자리에서 자신의 신상에 위협을 느끼거나 심리적인 불안감이 극에 달했을 때는(**2단계**) 사회적인 관계는 안중에 없이(**3단계**) 오직 이 위험 요소를 제거하기 위한 동기가 유발될 것이다. 이런 매슬로우의 이론이 모든 이들로부터 지지를 받고 있는 것은 아니다. 학계에서는 아직도 매슬로우의 5단계 이론이 논란의 여지가 많다고 평가하고 있다.

대부분의 서양 문화권에서는 직장에서의 동기 유발이 대개 개인적인 목적에서 출발한다. 서양인들은 개인적인 필요에 의해 동기가 유발되는 경우가 많아, 공익이라든가 가족의 문제는 뒷전으로 밀려날 수도 있다. 말하자면, 서양인들은 인간 욕망의 세 번째 단계인 사회적 욕구가 충족되지 않은 상태에서도 자기 실현의 단계까지 올라가곤 한다는 것이다. 이와는 반대로, 아시아 국가들의 경우 집단의 이익을 개인의 욕망보다 우선시하는 것이 전통처럼 이어져 왔다. 따라서 아시아인들은 민족, 국가, 문화, 그리고 가족의 이익을 위해 자기 실현의 동기를 유발하는 경우가 종종 있다. 동양인들은 네 번째 욕망인 자긍심을 충족시키지 않은 채 3번째 단계인 사회적 욕구만 가지고 자기 실현으로 뛰어 오르는 경우도 있다는 것이다.

그러나 이런 모든 비판과 예외들에도 불구하고 매슬로우의 이론은 직장에서 인력을 관리하는 데 가장 중요한 판단 기준이 될 수 있다.

예 복지관의 관장이 사회복지사에게 신상의 위협을 준다면 복지사들은 곧바로 이 위협에 대응하기 위한 반응을 보이게 된다. 이들은 자기 실현이나 사회적인 관계 따위의 욕망은 모두 접은 채 자신이 닥친 위협에서 벗어나기 위해 모든 수단과 방법을 동원하게 될 것이다. 그리고 이런 낮은 수준의 동기 유발은 집단 생활에 큰 악영향으로 작용하고 만다. 반면, 복지사들이 복지관에서 심리적인 안정감과 함께 다른 사회복지사들과의 인간적인 유대감, 그리고 자긍심까지 쌓을 수 있다면, 이 사람은 곧바로 복지관에서 자기 실현을 위해 노력하게 될 것이다. 결국 복지사들 각자가 이렇게 자신의 모든 가능성을 발휘하기 위해 노력하기 위해서 다른 하위 욕구들이 충족되어야 한다는 매슬로우의 이론은 우리 모두가 주목할 가치가 있다. 그리고 이 이론은 인간관리를 중요시하는 사회복지 서비스 현장에 유용하게 적용된다.

5. 인본주의 이론의 평가

1) 로저스 이론의 평가

로저스는 개인 존재의 고유성이나 개인의 잠재력과 내적인 욕구에 중요성을 두고 있으며 개인의 자기개념이나 잠재력을 극대화할 수 있는 개인의 능력에 초점을 두고 있다. 인본주의 이론은 정신역동 학파에서 말하는 본능적이고 역동적인 개념들을 거부하고 자기(self)에 관한 것에 초점을 두기 때문에 현상학적 이론 또는 자기실현 이론이라고 불린다. 현상학적 이론은 개인이나 생활사건에 대한 자기인식은 성격발달을 이해하기 위한 준거틀을 제공해 준다는 사실을 강조하고 있다. 현상학적 입장에 따르면 각 개인은 행동의 주체이며 행동이란 단지 내부세계의 관찰 가능한 표현일 뿐이기 때문에 인간의 경험에 대한 연구를 하는 것이 필요하다고 하였다. 또한 생활사건에 대한 개인적인 해석에 기반을 두고서 환경에 반응을 나타내는 개인을 이해하는 것이 중요하다는 입장이다.

성격발달에 관한 로저스의 이론은 현상학적 자기에 초점을 두고 있다. 현상학적 자기란 각 사람이 자기만의 고유한 방법으로 인식하는 자기에 관한 이미지이다. 잘 적응하는 사람은 자신이 어떻게 진실되게 행동하고 생각하며 경험하는지에 대하여 정확하게 인식하는 사람이다. 반면에 부적응적인 사람은 자기 이미지와 현실 사이에 부조화를 이루어서 결국은 심한 불안 상태가 되어버리는 사람이다. 로저스에 따르면, 유아는 내적 평가중심을 지니고 있어서 부모의 도움이 없이도 자신이 무엇을 좋아하는지를 안다. 유아는 자신이 원하는 것을 평가하는 것이 자유롭기 때문에 자신의 감정이나 느낌에 있어서 유아의 유기체적 가치부여과정이나 신뢰가 융통성이 있고 개방되어 있다. 아이가 발달해 감에 따라서 외부세계로부터 오는 평가를 받아들이게 되고 점차로 유기체적 가치부여과정이 변형되어 간다. 그러므로 아이는 부모나 교사, 기타 권위 있는 사람들이 자신을 어떻게 생각하는 가에 따라서 스스로를 평가하는 방법을 배운다고 하였다. 이러한 외부로부터의 평가과정은 그 개인의 자아실현이나 성장발달에 영향을 끼치는데, 특히 타인으로부터의 부정적인 평가는 부정이나 왜곡과 같은 심리적인 방어기제를 발전시켜서 결국은 정신병리를 발생시키기도 한다. 반면에 무조건적인 긍정적 관심을 주고받는다면 그 개인은 완전히 기능하는 사람으로 발전하고 건강한 자아구조가 발달하게 된다.

로저스는 인간이 자기개념과 경험 사이에 불일치가 생기면 긴장, 불안, 내적 갈등을 경험하게 되며 이러한 상태가 심해지면 정신병리의 원인이 된다고 하였다. 이러한 문제에 직면하는 클라이언트를 위해서 치료자가 공감, 무조건적 관심, 진실성을 보일 때 클라이언트는 자기개념과 경험 사이의 불일치를 탐색하기 시작하고 과거에 부정하고 억압해 왔던 감정들을 경험하여 자기개념을 재조직화하게 된다. 또한 치료자는 클라이언트에게 논의할 주제를 제시하거나 충고나 해석, 제안을 하지 않고, 허용적이며 비위협적인 분위기를 만들고 비지시적인 태도를 나타냄으로써 클라이언트가 스스로 문제에 대한 인식을 하고 문제해결을 위하여 자신의 역량과 창조성을 발휘할 수 있도록 해야 한다.

이러한 로저스의 이론은 이론보다는 치료기법에 관하여 영향을 많이 끼쳤으며 치료적 관계의 구성요소로서 비위협적인 환경, 비심판적 태도, 공감과 진실성, 무조건적인 긍정적 관심, 문제 해결자로서의 클라이언트에 중요성을 두고 있다는 점이 장점이라고 할 수 있다. 그러나 로저스 이론의 한계점도 있다.

첫째, 클라이언트가 자신의 문제를 해결하는 방식에 초점을 두지 않고 문제에 대한 클라이언트 자신의 인식과 이해를 증가시키려는 통찰 지향적 접근이기 때문에 대안 제시가 어렵고 개입의 효과성을 파악하기 어렵다.

둘째, 치료자는 비지시적이어야 하기 때문에 상담의 주제를 제시하거나 어떤 제안을 하지 않고, 또한 해석도 하지 않아야 하는 반면에 클라이언트가 면접의 방향을 잡아야 할 책임이 있다. 그러나 치료자는 클라이언트가 제시하는 어떤 주제에 대해서는 관심을 보이다가 어떤 주제에 대해서 이야기할 때는 관심을 덜 나타내는 등 비언어적인 의사소통을 통하여 교묘하게 클라이언트를 유도하는 경우가 있다.

셋째, 성격발달에 관한 자료를 제공해 주지 못하고 있으며, 우울증, 슬픔, 수치심과 같은 정서적인 문제가 왜 생기는지에 대하여 설명하지 못하고 야뇨증, 지나친 음주, 공격적인 행동, 폭력행동 등과 같은 문제행동이 왜 생기는지에 대하여 설명하지 못하고 있다.

넷째, 치료자는 클라이언트에게 진실되어야 한다는 점을 강조하고 있지만 현실적으로는 클라이언트에 대한 자신의 진실된 감정을 표현한다는 것이 힘든 작업이다.

다섯째, 클라이언트는 긍정적이거나 부정적인 결과로부터 자유로운 치료환경 내에서 반복적으로 자신의 관심사를 얘기하기 때문에 클라이언트의 문제가 감소하고 결국은 긍정적인 변화가 발생한다. 이러한 현상은 오히려 환경을 중요시하는 학습 이론적인 관점에서 해석될 수 있는 부분이다.

2) 매슬로우 이론의 평가

매슬로우의 이론은 자기실현 욕구를 강조하여 동기심리학에서 인본주의를 형성하는 데 큰 영향을 미쳤다. 이 이론에서 정상 성인들의 행동을 결정짓는 동기요인으로 다양한 욕구위계를 제시함으로써 인간 행동이 동기의 측면에서 사람마다 다름을 이해하는 데 공헌하였다. 특히 산업구조가 급속히 변화되고 발전하는 사회에서 이 이론이 인간의 욕구가 달라지는 현상을 이해하는 데 유용한 기반을 제공했다. 이 이론을 지지하는 실증연구는 외국에서는 포터(Porter)와 미첼(Mitchell) 등에 의해서 이루어졌다. 욕구만족질문지를 사용한 이 연구의 결과를 보면 조직에서 근무하는 사람의 직위수준과 욕구 위계 간에 유의한 상관관계가 있었다. 다시 말해서 회사에서 직위가 높을수록 높은 단계의 욕구에 지배된다고 보고했다. 전체적으로 보면 이 이론을 지지하는 연구들은 대부분 이처럼 연구통계변인과 의식된 욕구의 관계를 다룬 상관연구들이다. 그러나 매슬로우 이론은 충분한 지지를 받지 못했다. 그 이유는 다음 두 측면에서 찾을 수 있다.

첫째, 이론 자체가 모호해서 검증하기 어렵게 구성된 점이다. 이는 이론의 구성에서 형이상학적이고 검증할 수 없는 약점을 지니고 있다고 비판받는다. 특히 자기실현욕구는 개념의 정의가 불명확해서 과학적으로 검증이 불가능하다는 것이다(Huizinga, 1970). 또한 모든 인간이 지니고 있지도 않기 때문에 보편성 있는 욕구라고 보기 어렵다는 비판도 받는다. 그리고 이론을 검증하려는 실증연구가 폭넓게 이루어지지 못한 데에도 원인이 있다. 실증연구와 관련해서 욕구를 측정하는 방법의 문제가 지금까지 만족할 만큼 해결되지 못했다. 대체로 질문지를 사용한 자기보고 방법으로 욕구를 측정했다. 이 기법은 무의식의 동기과정을 중요하게 보는 매슬로우의 이론과 합치되지 않는 측정기법이다. 특히, 언어로 자기보고를 하는 경우에도 자기실현 욕구의 개념이 모호해서 이를 측정하는 데 따르는 문제가 해결되지 못했다. 더불어 낮은 위계의 욕구가 충족되면 그 욕구는 다른 동기 요인으로 작용하지 않는다는 가설을 기각하는 주장이나 연구 결과들이 많다(Yinon, Bizman & Goldberg, 1976). 예를 들면, 생리욕구들은 충족되더라도 일정한 시간이 지나면 다시 강력한 욕구로 작용한다는 사실을 누구나 알고 있다. 또한 충족된 욕구보다 상위 위계의 욕구가 우세하다는 가설을 다룬 연구 결과도 일치되지 않는다.

둘째, 단계로 제안된 욕구위계가 지나치게 세분되었다는 비판을 받는다. 매슬로우 자신도 다섯 위계의 욕구들을 크게 두 가지로 구분하여 결핍욕구와 성장욕구로 나눈 바 있다. 그러나 매슬로우는 이 양분법을 일관되게 사용하지 않았다. 또한 욕구들을 이처럼 양분하면서 성장욕구 또는 자기실현 욕구만을 포함시켰으므로 지나치게 상위 욕구중심으로 양분했다는 비평을 받았다.

PART 03

인간성장과 발달

CHAPTER

08 태내기 · 신생아기의 성장과 발달

1. 태내기

태내기는 수정에서부터 출산에 이르는 임신기간을 의미한다. 태내발달은 어머니의 체내에서 이루어지지만 다른 어느 시기보다 환경적 영향에 민감하다. 따라서 태아발달에 영향을 미치는 환경적 요인들의 이해가 중요하다. 태아는 자궁이라는 보호막 속에서 발달하지만 어머니를 통해 외적인 환경의 간접적 영향을 받는다. 즉, 태아와 어머니는 태반을 통해 연결되어 있기 때문에 태아는 어머니의 식습관, 질병 등의 신체건강, 연령, 분만횟수 등에 영향을 받으며 약물사용이나 흡연, 음주, 방사선, 환경오염 등과 같은 외적 요인에도 영향을 받는다.

1) 인간 생명의 시작

생명체는 남성의 정자와 여성의 난자가 결합하여 수정이 이루어지는 순간부터 형성된다. 수정이란 남성의 정자와 여성의 난자가 결합하는 것을 말하며 정자는 남성이 사정할 때 1회에 4~5억 개 정도가 배출되고 사정 후 48~72시간 정도를 생존하게 된다. 난자는 성숙한 여성에게서 매달 한 개씩 배출되며 인체 내에서 가장 큰 세포로서 24시간 정도 생존하게 된다. 정자가 난자에 착상되어 임신을 하게 되면 모체에는 여러 가지 변화가 일어나게 된다. 우선 매월 정기적으로 나타나던 월경이 사라지며 입덧을 하게 되어 식욕이 떨어지고 구토와 오심, 현기증을 동반하기도 한다. 또한 유선이 발달하여 유방이 당

기둣이 팽창되며 자궁이 커져서 방광을 압박하기 때문에 소변이 잦아진다. 임산부는 쉽게 피로감을 느끼고 두통을 자주 호소하며 신경통, 치통, 또는 유통을 느끼기도 한다. 임신 5~6개월이 되면 태아의 움직임을 느낄 수 있으며 복부가 커지게 되어 육안으로도 임부를 식별할 수 있게 된다. 이렇게 수정된 생명체는 보통 280일, 즉 37주에서 40주 사이의 임신기간을 거쳐 태어나게 된다. 이 기간 중의 발달적인 변화는 대부분 유전적 요인에 의해서 영향을 받는다. 즉, 태아의 성장과 기능의 결정요인은 생물, 심리, 사회적 요인을 모두 포함하고 있는 것이다. 이러한 요인에는 산모의 연령, 유전적 특성, 영양섭취, 음주, 흡연습관, 약물복용 등이 포함된다. 또한 이 시기의 산모에 대한 신체적 방임이나 학대도 태아의 발달에 중요한 역할을 한다. 특히, 스트레스가 높은 경우에 산모는 물론 태아의 뇌와 혈액 속의 호르몬 수준을 변화시켜 해로운 결과를 가져올 수 있다.

2) 태내기 발달 단계

인간은 46개의 염색체로 이루어져 있고 2개씩 쌍을 이루어 상염색체에는 22쌍, 성염색체에는 1쌍의 염색체가 있다. 이 중 하나의 생명이 태어나기 위해서는 '**감수분열**'의 과정을 거친다. 감수분열의 과정을 거치면, 염색체 수는 46개가 아닌 23개가 된다. 정자와 난자에는 각각 23개의 염색체가 있어 둘이 합쳐지면 다시 46개의 염색체가 되는 아름다운 연합의 과정이 이루어진다. 이 중 정자에는 성을 결정하는 염색체 X(여자), Y(남자)가 있어서 정자에 의해 성이 결정된다. 태내기는 수정 순간부터 출산에 이르기까지의 약 9개월간으로 출생 후 다른 어떤 발달 단계보다 빠른 발달 속도를 보인다. 자궁 안에서 태아의 발달은 배란기, 배아기, 태아기 등 세 단계를 통해 순서적으로 이루어진다.

(1) 배란기(수정 후 14일)

배란기는 정자가 난자와 결합한 수정란이 자궁벽에 착상되기 전까지, 즉 수정 후 14일간의 기간을 말한다. 수정란은 0.2mm 정도의 단세포로서 자체의 영양으로 급속한 세포분열을 시작한다. 또한 활발히 세포분열을 계속하면서 난관 내의 융모 운동과 난관 수축 운동으로 난관 속을 지나 점차로 자궁 내로 이동하게 된다. 수정 후 2일째가 되면 수정란은 4개의 세포로 분열하고 3일 후가 되면 32개로 분열한다. 1주일 후 약 100~150개의 세포로 분열하여 매우 빠른 속도로 이루어지며 내세포 덩어리는 세 개의 분리된 층으로 분화한다. 세포단은 외배엽(배아의 가장 바깥쪽으로 피부, 손톱, 발톱, 머리카락, 신경계, 감각기관), 중배엽(근육, 골격, 순환기, 생식기, 배설기관), 내배엽(소화기관, 간, 췌장, 호흡기) 등 기관이 형성된다. 이때는 호르몬 변화로 가슴이 커지고 입덧과 피로감이 나타나며 감정적으로 예민해진다. 입덧이 심한 경우 정신적 안정을 취하고 조금씩 자주 먹어야 한다.

(2) 배아기(수정 후 2~8주)

자궁 내에 완전히 착상한 수정란 세포를 배아(embryo)라 한다. 배아기는 수정 후 약 2~8주 사이에 해당하는 시기로서 이 시기엔 주요 신체기관과 신경계가 형성되는 결정적인 시기이다. 일반적으로 발달은 두뇌에서 몸 전체로 내려가면서 이루어진다. 배아기의 발달은 머리 부분부터 이루어져서 머리가 전신의 절반 정도가 되고 눈, 코, 입, 귀가 형성된다. 기관별로는 순환계가 가장 빨리 발달하여 분당 65회 정도로 심장이 박동하게 된다. 3주경에는 심장과 중추신경계가, 4주경에는 눈, 귀, 소화기관이, 5주경에는 호흡기 계통, 7주경엔 얼굴, 목, 눈꺼풀, 근육 분화 등이 일어나는 시기이다. 배아기는 인간의 성장과정 중 성장률이 가장 높은 시기로서 이 기간 동안 신체의 모든 주요 기관과 조직이 형성된다. 태반이 발달하고 탯줄이 태반과 태아를 연결한다. 혈액이 태아의 탯줄을 통해 태아와 태반 사이를 오가면서 모체로부터 영양분과 산소를 공급하고 이산화탄소와 배설물을 배출한다. 배아기 동안은 태아의 급속한 세포분열로 각종 신체기관이 형성되는 시기인 만큼 산모의 영양상태, 약물복용 등 바람직하지 못한 환경에 가장 영향을 받기 쉽기 때문에 조심해야 한다.

(3) 태아기(8주~출생)

수정된 지 8주 후부터 출생까지의 시기를 태아기(fetal period)라고 한다. 이 기간 동안은 주요 기관이 정교화되는 시기이다. 4개월 말쯤에는 태아의 태동을 느끼기 시작하며 머리카락이 나고 몸이 머리보다 커진다. 18주경엔 태아가 가장 활발하게 활동하며 몸을 비틀고 발로 차고 반사행동을 훈련한다. 또한 양수를 삼키고 태변을 배출하게 된다. 이후 6개월이 되면 태아는 생존 연령이 되고 빨기반사를 보이면서 오른손잡이인지 왼손잡이인지 어느 정도 구별이 가능해진다. 이 시기엔 후각, 시각, 미각 등 감각이 기능하기 시작한다. 7개월엔 숨을 쉬고 8개월에는 신생아처럼 모국어와 친숙한 산모의 목소리 등에 반응하기 시작한다. 이후 9개월이 이르게 되면 대부분의 태아는 발달이 완성되고 머리를 아래로 둔 위치로 정착하게 되며 출산 후 자궁 밖에서 생존하기 위한 준비를 마친다.

3) 태내기 발달에 미치는 요인

(1) 유전적 요인

대부분의 아기들은 정상아로 태어나지만 일부 아기들은 출생 시 이미 결함을 갖고 태어난다. 이는 염색체 이상으로 수정되는 순간부터 발생하는 감수분열 동안 46개의 염색체가 정확하게 이루어지지 못해 발생한다. 오늘날 기형아나 장애아의 출생빈도는 과거보다 더 높아지고 있다.

① 성 염색체 이상

일반적으로 정상 유전인자는 비정상 유전인자에 비해 우성이다. 따라서 우성인자에 의한 유전병은 매우 드물다. 그러나 열성인자에 의한 유전병과 달리 우성인자에 의한 유전병은 보균 상태로 머물지 못하고 반드시 병이 발생하게 되어있다. 대표적인 것이 헌팅톤병으로 35~40세 전에는 증상이 잘 나타나지 않으므로 자신도 모르는 채 자녀에게 결함을 전해줄 수 있다. 발병하면 인성의 변화, 우울, 기억 및 운동 능력 상실, 뇌세포 파괴로 인한 정신적 손상이 나타나며 결국 사망한다. 혈우병은 지혈이 되지 않으며 질병에 저항력이 약하다. 터너 증후군은 여성의 XX염색체가 하나여서 XO배열을 나타내며 따라서 전체 염색체의 수가 45개뿐이다. 여성은 여성 생식기를 가지고 있지만 염색체 이상으로 2차 성징이 잘 나타나지 않으며 생식능력이 없다. 클라인펠터 증후군은 남성이 X염체를 하나 더 갖게 되는 것으로 XXY배열을 갖게 된다. 남성적 특성이 약하고 여성과 같이 유방과 엉덩이가 발달하는 특징이 있으며 고환이 미성숙하여 정자를 만들지 못하므로 생식능력이 없다. X염색체 결합 증후군은 남성에게 많으며 얼굴이 길고 당나귀 귀 모양에 정신지체, 언어장애, 자폐증 장애로 나타난다.

② 다운증후군

염색체 이상의 다운증후군은 정자 또는 난자가 감수분열 할 때 잘못되어 23쌍의 염색체 중에서 21번째 염색체가 두 개가 아닌 세 개가 되는 경우이다. 전체 염색체 수 47개이다. 이 결합을 가진 아동은 눈의 안쪽 끝이 아래로 처져있으며 뒤통수가 납작하고 목과 다리가 짧고 통통하며 두터운 혀로 인해 입을 벌리고 있는 경우가 많고 코가 낮아서 몽고인을 연상하게 하므로 몽고리즘이라고도 한다. 손이 짧으면서 다섯 번째 손가락이 안쪽으로 굽은 만지증을 보이며 이들은 대개 정신능력과 운동능력에서 지체를 보이며 심장, 눈, 귀의 결함을 나타낸다. 다운증후군의 발생률은 산모의 연령이 많을수록 기하급수적으로 증가한다. 또한 아버지의 연령이 55세 이상인 경우이거나 여러 가지 독성물질에 접할 수 있는 환경에서 일하는 아버지의 경우 이러한 문제를 증가시킨다는 보고가 있다. 이와 같은 보고들은 염색체 이상이 순수하게 염색체 사고에 의한 것이라기보다는 여러 가지 환경요인에 의한 영향일 수 있음을 시사하는 것이다.

(2) 환경적 요인

환경적 요인은 산모와 태아의 관계가 상호적이다. 모체가 태내발달에 미치는 영향은 신체적인 것뿐만 아니라 정서적, 심리적인 것에도 영향을 끼치게 된다. 태아에게 영향을 미치는 환경적 요인은 다음과 같다.

① 산모의 영양

태아에게 가장 위험한 것 중의 하나가 부적절한 영양공급이다. 산모의 영양공급이 충분하지 못한 경우 사산, 유산, 조산, 미숙아 확률이 증가한다. 산모의 하루 섭취량은 평상시에 비해 15~30% 정도 증가시켜 칼슘과 단백질, 철분, 비타민은 산모의 건강뿐 아니라 태아 성장발육에 필수적으로 충분히 섭취해야 한다. 과도한 요오드 섭취는 태아의 갑상선기능 장애, 단백질 결핍은 골격, 콩팥, 장기관의 발육저해, 비타민 부족은 신체기형, 철분 부족일 때는 자율신경계의 손상, 빈혈, 임신중독증의 원인이 되고 당뇨병은 선천성 백내장, 출생 직후 근육이완, 주의결핍을 가져온다. 과거에는 가난이나 식량 부족으로 인한 영양실조가 많았지만 최근에는 날씬한 몸매에 대한 선망으로 인해 중류나 상류층 산모들의 태아에게서도 영양실조가 발견되고 있다. 임신 말기에는 체중이 11~12kg 정도 증가하는데 산모들은 이를 자연스러운 현상으로 긍정적으로 받아들여야 할 것이다.

② 약물 복용

안전한 약물도 태반을 통해 태아에게 전달되는 경우, 특히 임신 초기에는(3개월 - 결정적 시기) 치명적인 영향을 미칠 수 있다. 태아에게는 인지, 운동, 언어, 사회성, 정서발달 등 여러 영역에 심각한 결함을 초래한다. 헤로인은 청각결함, 심장이나 관절의 결함, 구개파열, 사지기형, 행동장애, 코카인은 성장지체나 사산, 출산과정의 문제, 태반조기박리, 뇌손상, 생식기의 이상, 갑상선 이상, 뇌출혈, 급성 심장발작을 유발한다. 아스피린은 혈관장애, 운동장애, 과다 복용 시 신체기형을 야기할 수 있다. 그 외 피임약, 카페인, 마약, 신경안정제, 마취제 등이 유해한 약물이다. 임산부가 취하는 약물은 다른 영양물질과 마찬가지로 태반을 통해 태아에게 그대로 전달되기 때문에, 특히 임신 초기에는 태아에게 미치는 영향력이 치명적일 수 있다. 따라서 임신이 가능한 여성은 감기약 일지라도 가능한 한 약물 복용을 자제하는 것이 바람직하다.

③ 질병

산모가 걸리는 바이러스에 의한 병은 태아에게 손상을 입힌다. 풍진은 정신지체, 시각장애, 청각장애, 심장질환, 중추신경계손상, 성장지체를 유발한다. 성병인 임질과 매독은 선천성 기형이나 특정 결함을 유발한다. 에이즈에 감염된 태아는 대부분 1년 이내에 증세를 보인다. 당뇨병은 사산을 하거나 호흡기 이상과 저혈당 등의 문제성이 높다. 매독은 청각장애, 대뇌손상, 피부장애 및 태아사망을 일으키기 쉽다. 임산부 자신의 올바른 생활습관과 건강관리 등 최대한의 예방에 힘을 기울이는 것이 필요하며 감염을 피하기 위해서는 제왕절개 수술을 한다.

④ 연령

어머니의 임신 연령은 태아의 이상 여부를 결정하는 중요한 요인이 된다. 최적의 임신연령은 25~29세이며 35세를 넘을 경우 의학적으로 노산이라 부르며 노산일 경우 자연유산, 임신중독증, 난산, 미숙아 출산이나 다운증후군 확률이 증가된다. 20세 이하인 경우는 어머니가 될 준비를 하지 못해 스트레스 상황에 대처할 수 있는 능력이 떨어지며 영양불량, 건강문제, 자궁의 미성숙이나 호르몬 분비로 인해 조산이나 다운증후군의 출산 가능성이 높다.

⑤ 음주

태아의 알코올 분해 능력은 성인의 절반 수준에 머무르기에 소량의 알코올조차도 비정상적인 발달을 야기할 수 있다. 알코올 증후군은 특이한 얼굴과 작은 머리, 선천적인 심장질환, 저체중, 주의집중력 결핍, 과잉행동이 나타나며 정신지체도 영구적인 것으로 나타났다.

⑥ 흡연

흡연은 저체중아 출산을 야기하는 것이 대표적이다. 흡연으로 인해 뇌결함, 작은 두개골, 구개파열이나 조산아와 질병에 걸릴 확률이 높다.

⑦ 태내환경과 아버지의 영향

음주와 흡연 및 스트레스 등은 태아의 건강상 문제를 초래한다. 아버지가 화학약품에 노출된 직업인 경우는 사산과 조산, 저체중아를 출산하는 비율이 높다.

⑧ 외부환경

외부환경은 방사선, 화학물질, 중금속, 환경 오염물질인 다이옥신을 포함한 제초제가 높은 유산과 태아기형, 암 유발을 일으키고 폴리염화페닐에 오염된 물고기를 먹으면 신체발달저해와 조산위험 등이 있다.

2. 신생아기

신생아는 일반적으로 출생 후 2주 또는 1개월까지가 신생아이다. 신생아는 양수 속에서 헤엄치고 놀았기 때문에 손발, 얼굴, 몸의 전체가 쭈글쭈글할 수밖에 없다. 신생아는 힘이 매우 약하며 머리조차 스스로 가누지 못한다. 혹시 신생아를 안게 되는 날이 온다면 목을 지탱하면서 조심스럽게 안는 것이 중요하다. 목을 지탱해 주지 않으면 목이 뒤로 꺾여 위험하다. 한 손은 펴서 목 뒤와 어깨를 받치고 나머지 한 손은 엉덩이를 받치는데, 능숙한 엄마들은 아기 머리를 팔꿈치에 끼우고 손으로 엉덩이를 받치는 식으로 해서 한 손으로 들고 다닐 수도 있다. 신생아는 다른 감각에 비해 후각이 발달되어 있어 엄마 냄새를 구분할 수 있고 태어나서도 엄마의 양수 냄새를 맡으면 안정된다. 신생아는 앞을 거의 보지 못하거나 볼 수 있더라도 흑백으로밖에 구분하지 못한다. 그리고 사회성이 전혀 없으며, 간혹 보여주는 웃음은 배냇짓이라고 해서 자극에 의한 반응 정도다. 백 일 정도 지나면 부모의 말에 반응하고 표정도 다양해져서 우리가 흔히 아는 아기의 모습이 되지만 신생아는 먹고 자는 것을 반복하는 아주 연약한 존재일 뿐 심리적 소통을 바라서는 안 된다. 신생아기는 인간발달의 두 번째 단계이다.

1) 신체운동 발달

갓 태어난 아기의 모습은 그다지 예쁜 모습이 아니다. 신생아의 피부는 얇고 쭈글쭈글하고, 분홍빛을 띠며, 끈적끈적한 태지(vernixcaseosa)로 덮여있다. 눈꺼풀은 통통 부어있고 몸 전체는 솜털로 덮여있다. 며칠이 지나면 솜털이 빠지고 끈적끈적한 태지는 매일 목욕시킬 때 닦아주면 일주일 후에는 깨끗이 없어지고 보송보송한 피부가 된다. 엉덩이 근처에 몽고반점이라고 불리는 푸른 반점이 있는데 성장하면서 옅어지다가 대부분 유아기가 되면 자연적으로 없어진다. 코 주변이나 볼의 피부에 좁쌀 같은 모양이 돋기도 하는데 일주일 정도 지나면 자연히 없어진다. 생후 일주일 전후로 아기의 피부와 눈의 흰자위가 황갈색으로 변하는 신생아 황달이 생기기도 한다. 이는 간 기능의 미숙으로 빌리루빈이라는 물질이 피부에 침착되기 때문인데 만삭아의 60%, 미숙아의 80%에서 나타나는 것으로 알려졌다. 대개는 신생아기 후반부에는 사라지지만 신경에 손상을 끼칠 위험이 있기 때문에 매우 주의하여야 한다. 신생아의 머리 모양은 길쭉하거나 일그러져 보기 흉한 경우가 종종 있다. 이는 어머니의 골반을 통과할 때 받은 압박 때문이며 보통 3주가 지나면 제 모양을 갖추게 된다. 특히, 두개골이 완전히 형성되지 않아서 정수리에는 말랑말

랑한 6개의 숫구멍(fontanel)들이 있는데 출생 후 뼈 조직이 급속히 발달하면서 생후 2년 무렵에는 숫구멍이 완전히 굳어지게 된다(오창순 외, 2020).

신생아는 거의 하루 종일 18~20시간 정도 잠을 자는데 생후 3개월이 되면 15시간 정도로 줄어든다. 신생아의 수면은 50~70%가 얕은 잠, 즉 램수면(RAM : Rapid Eye Movement)이다. 몸은 자고 있지만 뇌는 깨어 있는 상태이기 때문에 가벼운 외부자극에도 자주 깨어 운다(권중돈 · 김동배, 2005).

신생아의 호흡은 복식호흡으로 얕고 불규칙하며 1분에 평균 30~60회 정도로 성인의 약 2배 정도로 빠르다. 맥박도 어른에 비해 2배 가까이 빠른 1분에 120회 정도이다. 체온은 어른보다 0.5~1도가 높은 37~37.5도이며 성인보다 지방층이 부족하여 체온조절 능력이 미흡하다. 신생아는 일반적으로 2~3시간 간격으로 하루에 적어도 7~8회 수유를 한다. 아기들은 위가 작기 때문에 항상 몸을 세워서 공기를 빼줘야 한다. 아이의 엉덩이부터 두드리면 울림에 의해서 몸의 공기가 나올 수 있고 등을 쓰다듬어 주는 등 10~15분간 트림을 시켜준다. 출산 후 최초로 분비되는 젖을 초유라고 부르는데 초유는 태변의 배설을 촉진할 뿐 아니라 신생아에게 적합한 고단백질과 각종 질병에 대한 항체를 함유하고 있기 때문에 반드시 먹이는 것이 좋다. 신생아는 생후 10시간 이내에 흑록색의 끈적끈적한 태변을 배설하며, 2~3일이 지나면 대변 색이 점차 노란색을 띄게 된다. 약 8주까지는 하루에 4~7회 정도 배변을 하지만 그 후에는 2회 정도로 감소한다. 소변의 양과 횟수는 출생 직후에는 매우 적지만 2~3일 후 모유 수유를 잘할 수 있게 되면 하루 10~20회 전후로 증가하게 된다(강문희 외, 2007).

2) 반사운동 능력

기본적으로 반사란 중추신경계의 하부영역에 의해서 관장되는 행동을 의미하는 것으로 의도나 의식이 포함되지 않는 자동적이며 무의식적인 행동 반응이라 할 수 있다. 신생아 반사는 신체적인 반사 능력을 나타내는데, 이러한 반사의 상당 부분이 원숭이나 침팬지 같은 다른 영장류에서도 나타난다. 반사는 그 종류와 적응적 기제에 따라 영속적으로 남거나 사라지는 특성이 있다. 신생아 반사는 연령의 증가와 함께 뇌의 고등 영역이 발달하면서 자연스럽게 사라지거나 자발적 운동으로 대치되게 된다. 반사의 종류는 크게 적응적 가치가 있는 것과 적응적 가치가 없는 것으로 구분될 수 있다. 예를 들어, 빨기반사나 파악반사 같은 반사들은 아기가 새로운 환경에 적응하는데 도움을 주는 반사로 구분될 수 있다. 또한 눈 깜박이기, 재채기 같은 반사들도 적응적 기제를 가지며 성인이 되어서도 나타나는 반사이다. 그러나 적응적 가치가 없는 반사들도 있는데, 이는 아기의 대뇌피질이 아직 충분하게 성숙하지 못해 반사를 통제하거나 감지하지 못하기 때문에 나타나는 것이다. 대표적인 예로 모로 반사이다. 신생아기 대표적인 반사운동은 〈표 8−1〉과 같다.

〈표 8−1〉 신생아기 반사

반 사	자극과 반응	발달과정
젖찾기반사	신생아의 입 주변을 손가락으로 가볍게 자극하면 자극의 방향으로 고개를 돌리고 빨 수 있는 것을 탐색	생후 3개월 정도면 사라지기 시작한다.
빨기반사	젖꼭지나 손가락과 같은 물체가 신생아 입에 닿으면 빨기 행동을 시작한다.	빨기반사는 의식적인 빨기 행동으로 대치된다.
눈깜박반사	불빛을 비추면 양쪽 눈을 감는다.	영속적으로 남는다.
바빈스키반사	발바닥을 가볍게 어루만지면 발가락을 발등쪽으로 부채처럼 편다.	보통 생후 1년쯤에 사라지고, 이후에는 성인처럼 발가락을 발바닥 쪽으로 굽힌다.
파악반사	손바닥에 외부 자극이 오면 그 대상을 쥔다.	생후 3~4개월에 사라지고, 4~5개월에는 의도적인 잡기로 바뀐다.
모로반사	큰소리나 자세변화가 있을 때 아기가 팔을 폈다가 안으로 껴안듯이 움츠리는 반응과 손을 부채꼴로 펼쳤다가 다시 꼭 쥐는 반응을 한다.	생후 6~7개월에 사라진다.
갈란트반사	신생아를 엎드려 놓은 상태에서 등쪽을 문지르면 자극이 오는 쪽으로 하체를 구부린다.	생후 4~6개월에 사라진다.

3) 사회적 발달

출생 이후 아기는 모체와 다른 환경에 적응하기 위해서는 어머니의 보호가 필요하고 어머니는 아기가 정서적으로 건강상태를 나타낼 때 즉각적으로 반응하고 이를 만족시켜 주어야 한다. 이때 아기는 모성애를 느끼며 기본적 신뢰감을 형성한다. 신생아기에 불신적인 모성보호가 이루어지면 신생아는 기본적으로 타인을 믿지 않게 될 것이고 나중에는 발달이 지연되고 성장하지 못해서 고착상태에 빠지면 성인이 된 이후의 사회화 과정이나 대인관계에서도 부정적 영향을 미치게 된다.

CHAPTER

09 영 · 유아기의 성장과 발달

우리나라 영 · 유아보육법상에서는 출생 후 만 6세 미만을 영 · 유아기로 간주하고 2세 이하의 아동을 영아로, 3~5세까지를 유아로 구분하고 있다. 학자에 따라서는 영 · 유아기를 합쳐서 유아기로 구분하기도 하고 영아기(출생 후~2세까지), 걸음마기(3~4세), 학령전기(5~6세)로 세분하기도 한다.

1. 영아기

영아기는 출생 후로부터 만 2세까지로 여러 영역에서 급속한 성장이 이루어지는 시기이자 모유나 분유를 주식으로 섭취하는 기간으로 성장과 발육이 왕성하고 영양에 의한 장애가 발생하기 쉬운 때이다. 영아기는 태내에서 모체에 의존하던 호흡기, 소화기, 비뇨기, 면역체계, 내분기계 등이 외계의 환경에서 독자적 기능을 발휘할 수 있도록 적응하고 그 적응된 장기들이 독자적으로 생명체로서의 활동을 해나가며 성숙하는 때이다. 영아기의 아동들은 양육자인 어머니와의 관계의 양과 질이 대상관계, 대인관계, 사회관계에 있어서 신뢰감과 불신감을 형성하는 근간이 되기 때문에 신체적인 안정과 정신적, 정서적 안정이 중요하게 된다. 영아기는 인간으로서 생활하기 위한 가장 기본적인 생리적 습관이 이루어지기 시작하며 주요 발달과업으로는 애착 형성과 대상 영속성, 대소변 훈련 등이 있다.

1) 신체발달의 원리

영아기는 신체의 여러 기관이 양적으로 늘어나고 구조가 정교해지며 기능이 능률적으로 되어가는 과정이다. 이 시기에는 일정한 순서와 방향이 있는데, 상부에서 하부로 발달하며 중심에서 말초방향으로 발달한다. 그리고 전체활동에서 특수활동으로 발달하고 연속적이지만 결정적 시기가 있다. 발달속도는 항상 일정하지 않다. 또한 신체발달은 개인차가 있으며 이는 성숙과 학습 간의 상호작용의 결과이다.

2) 신체의 크기와 체중발달

신체의 크기와 체중발달은 급격한 신체적 성장을 하는 영아기를 거친 유아기의 성장속도는 비교적 느리다. 단, 신체 크기의 개인차는 더 커지며 첫 한 해 동안은 매달 2.54cm씩 성장한다. 2세가 되면 키는 성인의 약 1/2만큼 성장하며 키와 다리 비율은 태아 초 1:4, 출생 시 1:3, 성인기 1:2로 발달한다. 그리고 몸무게는 생후 3~4개월이 되면 2배 증가하고 1년이 되면 3배로 증가한다. 또한 2세가 되면 성인이 되었을 때 몸무게의 1/5에 해당하는 성장을 이룬다. 가슴둘레는 출생 시에 남아는 33.1cm, 여아는 32.7cm 그리고 생후 2년에는 출생 시 약 1.5배(6세, 약 1.7배)가 된다. 머리둘레는 생후 2년경이 되면 출생 시 약 1.4배가 된다.

3) 두뇌의 발달

두뇌의 발달은 생후 2년간 가장 급격하게 이루어진다. 두뇌는 출생 시 6개월이 되면 50%가 발달하고 2세가 되면 75%가 되며 두뇌는 두뇌 부위에 따라 발달 속도가 다르다. 출생 시에는 생존에 필수적인 호흡과 소화기관 그리고 반사기능 등 담당 부위가 먼저 발달하고 생후 6개월이 되면 감각과 운동 영역 부위가 발달한다.

4) 운동발달

(1) 대근육 발달

대근육 발달은 신체 성장 정도에 따라 차이가 있으나 연령별 발달과정은 일정하게 머리, 목, 팔, 손에서 허리, 다리, 발 등 위에서 아래로의 운동발달이 진행된다.

(2) 보행 운동능력의 발달

보행 운동능력의 발달은 〈표 9-1〉과 같이 발달한다. ① 태내자세(0개월), ② 고개를 든다(1개월), ③ 가슴을 든다(2개월), ④ 물체에 손을 뻗는다(3개월), ⑤ 등을 받쳐주면 앉는다(4개월), ⑥ 무릎에 앉고 물건을 잡는다(5개월), ⑦ 의자에 앉고 매달려 있는 물건을 잡는다(6개월), ⑧ 혼자 앉는다(7개월), ⑨ 받쳐주면 선다(8개월), ⑩ 가구를 잡고 일어선다(9개월), ⑪ 긴다(10개월), ⑫ 잡아주면 걷는다(11개월), ⑬ 물건을 잡고 일어선다(12개월), ⑭ 계단을 오른다(13개월), ⑮ 혼자 선다(14개월), ⑯ 혼자 걷는다(15개월), ⑰ 혼자 잘 걷는다(18개월), ⑱ 발로 큰 공을 찬다(2년).

〈표 9-1〉 영아기의 발달특성

연령	대근육 운동 발달	소근육 운동 발달	언어발달	사회적 행동
4주 이전	• 엎어 놓으면 머리를 든다.	• 종소리나 움직이는 물체에 순간적으로 반응한다.	• 말이 아닌 짧은 외마디 소리를 낸다.	• 안아주면 조용해진다.
4주	• 목 경직반사가 있다. 손은 주먹을 쥔 상태다.	• 움직이는 물체를 중앙선까지 따라가며 본다.	• 정식으로 발성을 시작한다.	• 얼굴을 빤히 쳐다본다. • 말소리에 반응한다.
3~4개월	• 모든 방향으로 몸을 굴린다. • 머리를 가눈다. 엎어두면 팔을 짚고 가슴을 든다.	• 천천히 움직이는 물체를 따라 주시한다. • 매달려 있는 장난감을 보면 손을 꼼지락거린다.	• 큰 소리로 웃는다.	• 자의에 따라 미소 짓는다. • 낯선 환경을 알아차린다.

5~6개월	• 앞으로 기울이고 앉는다.	• 한 손으로 장난감을 잡는다. • 다른 손으로 장난감을 옮겨 쥔다. • 장난감을 흔든다.	• 울 때 '…마…마…' 소리를 낸다.	• 발을 입에 가져간다. • 장난감을 꼭 잡고 놓지 않는다.
8~9개월	• 혼자 잘 앉는다. • 기어 다닌다. • 붙잡고 일어선다.	• 2개의 장난감을 쥐고 맞부딪쳐 소리를 낸다. • 작은 물체를 엄지와 집게손가락으로 집는다.	• '엄마' 비슷한 소리를 의미 있게 사용한다. • 이름이나 별명을 부르면 반응한다. • 말소리를 흉내 낸다.	• '짝짜꿍', '까꿍'에 반응한다. • 우유병을 쥐고 혼자 먹고 과자도 쥐고 먹는다.
11~12개월	• 잠깐 동안 혼자 선다. • 한 손 잡고 걷는다.	• 엄지와 집게손가락으로 정확히 물체를 집는다.	• '엄마'라는 단어를 확실히 발음한다. • 달라고 하면 장난감을 준다.	• 옷을 입힐 때 협조적인 몸 자세를 취한다.
15개월	• 혼자 걷는다. • 계단을 기어오른다.	• 크레용으로 선을 그리는 시늉을 한다.	• 3~5개의 단어를 적절히 사용한다.	• 원하는 것을 가리키거나 소리를 낸다. 공을 던진다.
18개월	• 혼자 잘 걷는다. • 한 손 잡고 층계를 걸어 올라간다. • 서랍을 연다.	• 2개의 입방체를 쌓는다. • 자의로 종이 위에 마구 그린다.	• 자기 이름과 그 외에 몇 가지 단어를 말한다. • 그림을 보고 이야기하는 흉내를 낸다.	• 흘리면서 혼자 먹는다. • 오줌 싸고 알려준다. • 컵으로 물을 마신다.
2년	• 넘어지지 않고 뛴다. • 발로 큰 공을 찬다. • 계단을 혼자 오르내린다.	• 원을 그리는 흉내를 낸다.	• 3단어로 된 문장을 말한다. • 간단한 심부름을 한다. • 그림을 보고 3~5개의 이름을 댄다.	• 숟가락질을 잘한다. • 옷 벗는 데 협조한다.

출처 : 강봉규(2000).

(3) 소근육 운동 발달

소근육 운동 발달은 출생 시에 거의 통제하지 못하다가 점차 미숙한 어깨 동작과 팔꿈치 동작을 하고 손목을 움직이거나 손을 돌리거나 엄지와 검지를 움직인다. 그리고 12~18개월이 되면 혼자서 양말, 옷, 신발 등을 벗는다. 첫돌 무렵에는 숟가락을 사용하여 음식을 먹는다. 생후 2년쯤에는 눈과 손의 협응력이 증가해 음식을 흘리지 않고 먹을 수 있다. 피아제의 인지발달은 앞장에서 살펴보았다.

5) 언어발달

언어발달에 관한 이론은 복잡하며, 특히 유전생물학적인 요인을 중시하는 연구자들과 학습이론을 강조하는 연구자들의 주장이 양립되고 있다. 생물학적인 관점에서는 언어발달이 뇌조직의 발달을 따르므로 언어능력은 개인의 선천적인 유전정보에 달려있다고 본다. 반면에 인지발달론자들은 언어발달이 학습을 통한 인지발달과정과 연계하여 해석한다(송명자, 1995).

(1) 울음과 소리내기

울음은 최초의 발성과 의사전달 수단이다. 초기 울음은 반사적인 것과 미분화된 울음이다. 생후 6~8주가 되면 소리내기로 바, 가, 마와 같은 음절의 소리를 내기 시작하며 1개월째 울음은 좀 더 정확한 의사전달 수단이 된다. 그리고 영아는 울음의 음조와 강도를 변화시켜 운다.

(2) 옹알이

옹알이는 생후 2~3개월이 되면 소리내기가 옹알이로 변한다. 그리고 6~8개월이 되면 옹알이의 절정이 되며 10개월에 억양을 붙여 강세와 어조의 높낮이로 변하며 자곤[1]한다. 10~12개월째는 언어 이전의 시기에서 사용의 시기로 넘어가는 과도기로 입, 혀, 목청 같은 조절능력을 획득한다. 이러한 옹알이의 영향력은 발성연습의 효과가 있으며 옹알이를 함으로써 다른 사람과의 의사소통 욕구가 자극된다. 그리고 옹알이를 통해 영아는 자신이 사회집단의 일원임을 느낄 수 있다.

(3) 한 단어 표현

10개월에서 18개월에는 '엄마', '아빠' 등 한 단어를 사용하며, '네', '아니요'로 답할 수가 있다. 그리고 한 문장 역할과 모든 의사전달이 이루어지며 과

1) 신조어로 구성되어 전혀 이해할 수 없게 된 구어의 연속을 말한다.

잉축소와 과잉확대현상이 나타난다. 과잉축소는 다양한 의미와 종류를 단어 한 가지에 한정하여 사용하는 것이며 과잉확대현상은 하나의 단어가 여러 의미를 함축하는 것이다.

(4) 이어문과 삼어문 표현

이어문은 생후 18개월에서 20개월째 두세 개의 단어를 조합하여 문장을 만들어 의사표현을 한다. 예를 들면 '엄마 맴매', '아빠 까까' 그리고 이 시기에는 전혀 듣지 못한 새로운 문장을 만들어 내며 삼어문은 생후 2년 정도가 되면 두세 단어 이상의 언어를 사용하고 수식어와 접속어의 사용이 늘게 된다(김경중 외, 1998).

6) 정서와 사회성 발달

(1) 정서발달

인간의 정서는 출생 직후부터 발달하기 시작하여 영・유아기 동안 대부분의 정서가 분화된다. 혐오와 분노 등의 부정적 정서가 애정과 즐거움 등의 긍정적 정서보다 빨리 발달한다. 영아기 초에 젖은 기저귀 등에 대한 반응으로 불쾌감이 분화되기 시작하여 나쁜 냄새나 맛에 대한 혐오감도 나타나고, 이어서 새로운 소리나 촉감에 대한 흥미 등의 감정이 나타난다. 3~4개월경에는 놀람, 분노, 슬픔 등의 감정이 분화되며, 5~6개월이 되면 감정의 표현 강도도 증가하게 된다. 12개월이 되면 부모 등 보호자에 대한 애정이 강해지고 18개월 무렵에는 질투를 할 줄 알게 된다. 19개월경에는 환희의 감정을 나타낼 수 있게 되고 만 2세가 되면 성인에게 나타나는 거의 모든 감정을 보여주게 된다(최옥채 외, 2007). 이 시기에는 일차정서와 이차정서도 나타난다. 일차정서는 얼굴 표정만으로 정서상태를 파악하는 것이고 이차정서는 복합정서라 하며 수치심과 부러움, 죄책감, 자부심 등으로 첫돌이 지나서야 나타난다.

(2) 사회성 발달

영아기 사회성 발달의 중요한 특성은 주 양육자에 대한 애착이 발달하며 애착은 다음 단계로 형성된다. ① 전 애착단계(출생 후), ② 애착형성단계(6주~8개월), ③ 애착단계(8~18개월), ④ 상호관계의 형성단계(18개월~2세). 아동의 생후 첫 1년 동안 주 양육자와의 관계에서 형성되는 애착은 아동의 성격발달에 결정적인 영향을 미친다.

2. 유아기

유아기(early childhood)는 걸음마기를 지나 초등학교에 입학하기 전까지 약 30개월에서 6세까지를 말하는데 영아기와는 달리 신체적, 지적 및 사회적으로 현저하게 적극적인 활동, 탐색 및 발견이 이루어진다. 이 시기는 신체적으로 커지는 것은 물론 여러 운동과 조작능력을 갖추게 되면서 활동량이 증가한다. 이 시기의 아기는 여러 가지 지적인 개념을 다루고 자신의 생각과 느낌을 언어로 표현하는 능력이 발달하여 의사소통이 가능해지고 자아개념이 성장하고 자신이 여성인지 남성인지 알게 되며 동성 부모를 동일시하여 성역할을 습득하게 된다. 유아기는 심리사회적 측면에서 보면, 프로이트의 발달단계에서 남근기에 해당되고 에릭슨의 발달단계에서는 주도성 대 죄책감이 형성되는 시기이며 인지발달 면에서는 피아제의 발달단계로 전조작기에 해당된다.

1) 유아기의 성장

인간의 성장과 발달은 수정되는 순간부터 전 생애에 걸쳐 지속적으로 이루어진다. 출생 후 1년 동안 급격히 성장하던 것이 유아기에 들어서는 어느 정도 성장이 느려지지만 지속적인 성장은 이루어지는 시기이다. 생후 1년부터 생후 2년까지 체중은 3kg, 신장은 10~12cm 정도 자라고, 이후부터 사춘기까지는 매년 2~2.5kg의 체중 증가와 5~7cm 가량의 성장이 이루어진다. 유아기의 발육 속도는 늦지만, 생후 4년 정도이면 출생 때 신장의 약 2배가 되고, 체중은 생후 2년이면 출생 때의 약 4배, 4년이면 5배에 달한다. 유아기는 전체적인 근육의 양이 증가할 뿐 아니라 체중에 대한 근육의 비율도 높아진다. 반면, 지방 조직의 축적이 감소하고 뼈의 길이가 길어지면서 통통하던 모습에서 차츰 마른 모습으로 변한다. 유아의 뼈는 계속 길이가 길어지면서 동시에 화골 현상(뼈가 단단해지는 현상)이 계속 일어나 신체가 충실해지면서 성숙되는데 뼈의 성숙은 영양상태와 호르몬의 작용과 상관관계가 깊다. 치아는 2.5~3년이면 유치 20개가 모두 돋아나지만 개인차가 크다. 장기의 발육으로서 유아기에 특징이 있는 것은 림프계조직과 신경계의 발육을 들 수 있다.

유아기 후반은 림프선 비대와 아데노이드 증식 등이 많이 보인다. 뇌신경의 발육도 현저해지고 4세 전후가 되면 뇌의 중량은 성인의 약 80%에 미친다. 뇌중량의 발육과 정신발달과의 관계가 반드시 비례한다고는 할 수 없지만 뇌신경계의 발육에 따라서 지능이나 운동기능 등이 발달한다. 배뇨의 생리기능도 유아기에 거의 완성되고, 밤의 배뇨도 3~4세가 되면 70~80%는 스스로 일어나서 변기에 보게 된다. 그러나 4~5세가 되어도 수면 중에 배뇨하는 아이도 있고 다음의 아동기에 이르러 비로소 완성하는 아이도 있다. 대뇌는 유아기에 발달한다. 갓 태어난 아기의 대뇌는 450g 정도에 지나지 않아 성인의 3분의 1에도 미치지 못하는 무게지만 하루에 평균 1g씩 월 30g 정도가 증가하여 만 1세가 되면 출생 시의 2배로 성인 뇌의 60% 정도 크기가 된다.

유아기와 성인의 대뇌의 신경세포 수는 놀랍게도 약 1백 40억 개로 동일하다. 유아기의 대뇌가 급작스럽게 발달하여 무거워지는 것은 신경세포의 수가 늘어나서가 아니다. 뇌세포가 서로 연결고리를 만들어 배선이 복잡하게 되었기 때문이다. 살아가면서 대뇌의 세포 수는 사고 등으로 줄어들기는 하지만 늘어나는 일은 없다고 한다. 뇌세포는 하나하나가 독단적으로 활동하는 것이 아니다. 쉽게 말하면 상호 간에 서로 연락이라는 과정을 통하여 합동작전을 펼쳐 지능을 발달시키는 것이다. 대뇌는 인간을 인간답게 만들어 주는 중요한 기능을 담당하고 있으며 우뇌와 좌뇌로 나뉘어져 있다. 좌뇌는 언어적, 분석적, 논리적, 계산적인 사고를 담당하고 있으며 우뇌는 공간적, 회화적, 직감적, 음악적인 사고를 담당하고 있다. 아기가 태어나면 대뇌의 각 부분에 있는 뇌세포가 스스로 알아서 연결되는 것이 아니라 아기의 발달단계에 의해 뇌세포가 서로 상호작용으로 연결고리를 만들어 가게 되는데 인간의 개성이 천차만별인 것처럼 아기의 발달과정에도 다소 차이를 보이기 때문에 발달하는 뇌의 부분이나 정도에 있어서도 차이를 보이게 마련이다. 이렇게 유아기의 성장발달은 범위가 넓고 속도가 빠르게 진행되기 때문에 매우 중요하다. 유아기에 성취한 최적의 발달이 성인이 된 후 건강하고 원숙한 사회구성원으로 기능하는 기초가 된다.

(1) 유아기의 특성

유아기에는 영아기에 비해 속도는 완만하지만 꾸준한 신체적 성장이 이루어진다. 운동능력도 꾸준히 발달하고 인지능력도 발달하며 상상과 환상이 풍부해진다. 이 시기에는 신체발달로 인해 주변 환경에 대한 탐색이 활발해지고 많은 어휘를 습득하면서 다른 사람과의 의사소통도 활발해진다.

(2) 유아기의 발달 특징(만 3세)

① 신체 및 운동발달

유아기에는 능숙하게 자전거나 자동차의 페달 밟기 등을 할 수 있다. 아이들은 대근육 운동을 연습할 수 있는 기회가 많이 필요하다. 이 시기에는 크고 장애물이 없는 공간, 기어오르기용 구조물, 바퀴 달린 놀잇감, 교통표지판, 장애물 코스, 공 등을 제공해 줌으로써 발달을 촉진시킬 수 있다. 또한 가위로 선을 따라 오릴 수 있게 된다. 여러 가지 재료를 사용하여 창의적으로 작품을 만들 수 있으며 조작놀이를 하면서 즐거워한다. 만 3세 아동은 숟가락으로 정확하고 쉽게 음식물을 먹을 수 있으나 젓가락을 서툴게 잡기 시작한다. 또한 스스로 입고 벗을 수 있다는 것을 굉장히 자랑스러워하고 끈이나 기타 조이는 어려운 활동을 제외하고는 사물을 적절하게 다룰 수 있다.

② 사회성 발달

만 3세 아동은 또래집단 놀이를 즐기며 협동놀이가 가능하게 된다. 타인에 대한 권리를 배우고 공유행동이 쉽게 이루어진다. 교사는 소꿉영역, 블록영역 등의 영역에서 집단 활동을 장려하기 위해 충분한 시간을 주도록 하고 나누기 시간은 유아기 아동이 자기가 좋아하는 놀잇감이나 활동에 대해 이야기하도록 도와준다. 성인의 행동을 모방하는 만 3세 아동에게 상징놀이는 중요하다. 이 시기에는 인형 옷, 여러 직업에 따른 특유의 복장, 소꿉영역 등 아이들이 그에 관련된 활동을 직접 해보고, 문제를 해결할 수 있도록 도와주어야 한다.

③ 정서발달

유아기에는 자제력이 발달하고 독립심이 발달하게 된다. 아이들은 간식 나르기, 테이블 닦기, 의자 닦기, 나무 물 주기, 동물 먹이 주기, 놀이영역에서 장난감 골라 집어 들기, 자기 물건 소중히 다루기 등과 같은 간단한 과제를 수행하면서 즐거워한다. 유아기에는 무서운 꿈이나 부모가 떠날 것이라는 두려움, 어둠, 동물, 큰 소리, 도둑은 아이들에게 부정적인 감정을 갖게 할 수 있다. 양육자는 아이들이 자신의 감정에 따라 활동하고 문제를 해결하도록 도와야 한다. 이 시기에는 질투심을 발달시키기도 한다. 자아존중감을 강화시키기 위해서는 아동을 개별적으로 칭찬하고 그 능력을 격려해 주며 그날그날 아이들이 개별적으로 또래들과 상호작용하는 것과 집단에서 또래와 상호작용할 수 있도록 시간을 계획한다.

④ 인지(지적)발달

유아기는 새로운 단어와 한 글자가 어떻게 단어를 형성하여 소리를 내는지에 호기심을 갖는다. 또한 경험을 이야기하고 동화를 되풀이할 때 명사, 동사, 형용사, 부사를 사용한다. 그리고 질문을 많이 하고 이야기 듣는 것을 좋아한다. 숫자카드와 게임 활동을 준비하며 일상생활 속에서 수세기 놀이를 한다. 색깔을 아는 것도 아이들에게 흥미를 주며 같은 색깔끼리 대응시킬 수 있다는 것에 자부심을 갖는다. 이 시기에는 아이들이 입고 있는 옷은 무슨 색이고 벽은 무슨 색으로 칠해져 있는지 묻고 만일 그 색깔을 알 수 있다면 이것은 색깔 개념을 촉진시켜 주는 방법이 될 수 있다.

(3) 유아기의 발달 특징(만 4세)

① 신체 및 운동발달

만 4세가 되면 대근육 운동이 향상되어 손을 어깨 위로 올려 돌릴 수 있고 한 발로 뛸 수 있으며 쉽게 구조물을 오르고 평균대 위를 균형 잡고 걸어갈 수 있는 시기가 된다. 이 시기에는 이러한 기능을 더욱 향상시킬 수 있는 실외활동을 제공해 준다. 낮은 농구대, 뜀틀 등을 준비하고, 창의적 동작 활동과 평균대 운동을 계획한다. 소근육 운동도 향상되는데, 만 4세 아이는 색깔을 알 수 있으며 상상 속의 대상을 그릴 수 있다. 한 손으로 선을 따라 가위로 오릴 수 있고 다른 한 손으로는 책장을 넘길 수도 있다. 아이들은 점토와 밀가루 반죽놀이로 어떤 형상을 표현해 낼 수 있으며 나무와 스티로폼으로 작업을 하며 무언가 만드는 것을 좋아한다.

② 사회성 발달

만 4세 아이는 또래와 함께 놀고 극화놀이에 참여하고 상상력을 발휘하는 것을 좋아한다. 아이들은 많은 시간을 역할활동으로 보낸다. 여러 가지 직업에 관련된 소도구를 사용하여 잘 알려진 이야기를 극화하는 것을 재미있어 한다. 아이들은 유행어나 속어, 부적절한 언어를 사용하여 성인을 놀라게 하면서 즐거워한다. 이때는 바람직하고 적절한 행동과 언어를 모델링하고 어떠한 말이 마음을 아프게 하는지를 설명하고 과장된 이야기는 자신이 상상한 것을 말할 때만 사용하는 것이라 이른다. 동화를 들려주거나 책을 읽어주는 것은 유아기 아동이 사회문제를 해결하는 데 도움을 준다. 만 4세 아이는 사회적인 상호작용을 할 때 안전감을 느끼기 위해 일과와 계획표가 필요하다. 긍정적이고, 확고하고, 일관성 있는 지도는 아이들로 하여금 행동에 대한 제한사항을 이해하도록 해준다.

③ 정서발달

만 4세 아이는 도전적이고 독립적이며 고집이 세다. 그리고 다른 사람의 감정에 민감하다. 정서를 표현하는 적절한 방법을 설명하고 안전한 범위에서 선택을 할 수 있는 많은 기회를 제공하여야 한다. 아이들은 죽음, 노인, 어두움, 부모의 별거, 동물, 상처 등을 무서워한다. 또한 괴물 꿈을 꾸기도 하기 때문에 잠자는 것을 두려워할 수도 있다. 아이들은 죽음에 대해 이해하려는 시도를 한다. 아이들의 감정을 우습게 여기거나 벌 주지 말고 아이들로 하여금 그러한 감정들을 공유할 수 있도록 해준다. 그리고 안전하다는 것과 양육자가 보호해 줄 것이라고 안심을 시킨다.

④ 인지(지적)발달

만 4세 아이는 색깔을 구별하고 물체 대응하기와 분류하기, 크기와 수대로 배열하기, 과거와 미래의 사건 이해하기에 대한 과제를 수행할 수 있고, 날짜 세기, 지난주에 했던 일 회상하기, 생일 계획 세우기 등을 포함한 색깔, 수, 모양에 관한 활동은 아이들이 이 개념에 대해 연습할 수 있게 해준다. 아이들이 입고 있는 옷은 무슨 색이고 벽은 무슨 색으로 칠해져 있는지 묻고 만일 그 색깔을 알 수 있다면 이것은 색깔 개념을 촉진시켜 주는 방법이 될 수 있다. 유아기 아동은 왜, 어떻게에 관련된 질문을 많이 하고 이에 대한 진짜 답을 알고 싶어 한다. 노래 부르기와 이야기와 유머 꾸미기, 책 읽기, 수수께끼와 말 이어가기, 같은 글자로 시작하거나 끝나는 말 찾기 등의 활동을 즐긴다. 더불어 악기, 미술재료, 책 등을 준비하여 아이들이 상상력을 발휘할 수 있는 기회를 제공해 준다.

(4) 유아기의 발달 특징(만 5세)

① 신체 및 운동발달

만 5세가 되면 유아기 아동은 활발히 움직임으로써 대근육과 소근육 기능이 정교화하고 세련되어진다. 아이들은 오른쪽과 왼쪽 개념 구별을 배우며 신발 끈 매기와 같은 자조 기술에서 자아충족감을 찾는다.

② 사회성 발달

만 5세 아이들은 또래들과의 놀이를 즐기고 마음을 쉽게 돌리기도 하며, 구조화된 게임을 하고, 남의 마음에 들고 싶어 하며, 옳고 그름을 이해한다. 또래들과의 바람직한 상호작용과 타인 돕기 행동을 하기 위한 기회와 긍정적인 강화를 많이 제공하고 확고하고 일관성 있는 지도계획을 세워야 한다.

③ 정서발달

유아기 정서발달 시에는 어머니에게 강한 애착을 가지며 자주 인정받는 것이 필요하다. 아이들은 성취에 대해 자부심을 가지는가 하면 꾸짖음이나 비평에 민감하고 감정도 쉽게 상한다. 양육자는 아이의 성격 등 좋은 점에 대해 말해주고 이들이 만든 작품을 전시해 줌으로써 좋은 교육환경을 제공해야 한다.

④ **인지(지적)발달**

만 5세 아이들의 주의집중 시간은 20~25분 정도로 증가한다. 아이들은 시간에 대해 흥미를 나타내며 집 주소와 전화번호를 배우면서 흥미로워하고 단어 수는 2,000~2,500개로 확장된다. 이 연령의 아이들은 사실적인 이야기를 좋아하고 가족 구성원에 대한 이야기를 좋아한다. 사람들이 어떻게 다른 나라와 지방 등의 장소에 살고 있는지에 대한 관심이 증가한다.

CHAPTER

10 아동기의 성장과 발달

1. 아동기의 개념과 특성

1) 아동기의 개념

아동기는 초등학교 재학 중 및 그 전후의 연령에 해당하는 7세에서 8세부터 12세에 이르는 시기이다. 이 시기의 아동들은 부모의 강력한 영향력에서 벗어나 친구와 또래 그리고 선생님과의 관계에 신경을 쓰게 되고 행동환경의 범위가 유아기 때보다 넓어지게 된다. 신체 발달보다는 이미 획득한 지각과 운동기능을 보다 효과적이고 기술적으로 사용하는 능력을 키우게 되며 인지적인 측면에서도 주관적인 지각과 자기중심성에서 벗어나 객관적으로 사물과 대상을 바라보고 판단하게 된다.

2) 아동기의 특성

아동기의 중요한 특성은 다섯 가지로 나타난다(곽금주, 2016).

첫째, 의존의 특성이다. 의존은 아동기의 가장 중요한 특성의 하나이다. 아동의 생존과 신체적, 지적, 사회적 발달은 타인들의 사랑이나 관심 또는 보호에 의존하게 된다. 아동은 안전하고 사랑을 받고 있으며 또는 누군가에게 소속되고 의존하고 있다는 감정을 지니고 싶어 한다.

둘째, 성숙의 특성이다. 성숙은 각 성장단계에 적절하게 자기의 생활상황에 대처하면서 필요한 이해력과 기능 또는 능력 등을 발전시켜 나가게 되는 것이다. 아동은 그의 발달수준과 능력 및 관심 등에 비추어서 이해되어야 하며 아동에 대한 기대는 그 아동의 발달수준이나 능력에 적절한 것이어야 한다.

셋째, 민감성을 들 수 있다. 아동기는 감정이 매우 예민하고 강렬한 시기이다. 아동들의 욕구 충족에 대한 계속적인 실패는 불안과 불신 또는 자신의 세계관을 왜곡시키는 적개심 등을 조성하여 결국은 냉담과 퇴행에까지 이르게 된다.

넷째, 욕구와 관련된다. 생리적 욕구뿐만 아니라 인격적 욕구 충족을 만족시켜주어야 한다. 모든 아동들은 가정에서나 사회 내에서 각기 인간다운 애정을 얻고 싶어 하며 이웃 아동들의 틈에 끼이고 싶어 하고 자립하고 싶어 한다. 또한 아동은 인정받고 싶어 하며 새로운 경험 등을 얻고 싶어 하는 인격적 욕구가 강하게 일어나는 시기에 처해 있다.

다섯째, 적응의 특성이다. 아동들은 출생과 동시에 사회집단 속에 속하게 된다. 그 사회집단의 시초는 가정인 것이며 점차 또래집단과 이웃 그리고 학교 등 사회로 뻗어나가 사회적 인간으로 성장하여 간다. 따라서 아동들은 생존하기 위해서 항상 이러한 여러 집단의 성인들의 단계적인 보호와 양육을 절대적으로 필요로 한다. 아동기는 사회환경에 적응할 수 있는가 하는 능력을 갖추는 학습의 시기라고도 표현할 수 있다. 현대 아동에 대한 과제는 생리적 인간의 성장, 발달과정보다는 오히려 사회적 적응을 잘할 수 있는 인간으로서의 성장과 발달과정에 더욱 중요한 문제가 있음을 직시해야 한다. 아동기에도 아이들은 계속적인 성장을 하고 있으며 아동기 끝쯤에는 성장이 급등하여 체중이 늘어나고 신장이 커지게 된다. 특히, 영·유아 시기와는 달리 머리의 크기가 신체에서 차지하는 비중이 작아지게 되며 점차 자라면서 성인 수준으로 이르게 되며 얼굴의 형태도 동그란 형태에서 위아래로 길게 늘어지는 형태로 갖추게 된다. 또한 유아기에 비해 아동기는 운동능력과 기능이 강화되고 정교화되며 이러한 운동기능이 향상됨에 따라 어떠한 운동으로도 아동들의 만족과 성취를 이루게 한다는 것이다.

앞에서 말한 것들은 아동기의 전반적인 특징이며 이는 먹는 것과도 관련이 있다. 특히 이 시기에는 골고루 영양소를 섭취해야 하는데 이러한 영양소의 불균형이나 결핍이 있다면 영양실조 등에 걸리기 쉬우며 그에 비해 너무 많은 영양소를 섭취하면 칼로리 과잉 섭취로 인해 아동 비만이 생기기도 쉽다. 그렇다면 지금부터 아동기의 성장발달에 대한 개괄적인 이야기보다는 이러한 성장발달의 원리와 관련 이론을 통해 아동기 성장발달 단계별 특징에 대해 논해보도록 하겠다(김춘경 외, 2016).

2. 아동기의 성장과 발달

아동기는 정신적으로나 신체적으로 발달상의 여러 가지 특징을 가진다. 신체적으로는 그 발달속도가 완만하게 이루어지고 정신적으로는 두뇌의 발달에 있어서 거의 성인에 가까워지며 기능도 조직적으로 분화하고 발달한다. 미성숙한 인간으로 태어나 하나의 인간으로서 성숙되기까지에는 많은 시간이 필요하다. 부모와 주변의 어른들로부터 인간의 문화와 생활양식과 언어 등의 기본적인 소양을 발달시킨 유아는 아동기에 들어서면서 정신적으로나 육체적으로 더욱 성숙하게 된다. 아동기는 대체로 7세부터 12세까지, 즉 초등학교 재학 중 및 그 전후의 연령에 해당한다. 이 기간 아동들은 지금까지 많은 시간을 보냈던 가정보다는 학교를 중심으로 학습과 사회기술을 습득하게 된다. 그리고 가족과 그 주변에 한정되었던 인간관계는 또래 친구들과 선생님을 만나고 다양한 놀이와 학습을 경험하면서 보다 넓은 관계를 맺게 된다(곽금주, 2016).

아동기의 중요한 신체적, 심리적, 사회적 발달들을 살펴보면 다음과 같다.

1) 신체적 발달

(1) 신체성장

아동기에는 신장과 체중이 천천히 그리고 지속적으로 증가한다. 우리나라 아동의 신장과 체중은 만 6세 이후 1년에 평균 5.7~6.2cm, 3.7kg씩 증가하고 만 11~12세경에는 평균 146~7cm, 40kg 정도로 자란다(Moon & Lee, etc., 2008). 출생 이후 남아에 비해 여아가 늘 신장과 체중이 적은데 아동기 말인 만 10~12세경에는 여아가 남아보다 신장과 체중이 더 나간다. 급격한 신체 성장이 일어나는 사춘기가 남아보다 여아에게 2년 정도 빨리 시작되기 때문이다. 신체는 하체의 성장이 빨라 유아기에 비해 다리가 길어 보인다. 또한 뼈의 성장과 함께 근육도 함께 자라야 하는데 그 과정에서 밤에 다리가 뻣뻣하게 아픈 성장통을 경험하기도 한다. 만 6~12세 사이에 20개의 젖니가 모두 영구치로 대체되는데 여아에게서 조금 먼저 일어난다.

아동기의 신체적 성장의 경우에는 영·유아기에 비해 괄목할 만한 수준이 아니지만 아동기의 경우에도 지속적인 성장이 이루어진다. 5세의 유아는 출생 시에 비해 체중이 5배가 증가하기도 하며 신장은 2배에 달한다. 평균적인 5~6세 어린이들의 평균적인 신체발달의 경우에는 남자아이가 여자아이들의 체중과 신장을 앞서지만 골격의 차이는 여자아이들이 남자아이들에 비해 1년 정도 더 발달을 앞선다고 한다. 이때에는 두뇌발달도 촉진되는데 5세의 아이들의 체중이 성인에 비해 30%라면 뇌의 무게는 성인의 90%에 다다른다고 알려져 있다. 이러한 두뇌의 발달의 경우에는 4세 이전에 미성숙했던 손과 눈의 협응이 원활하게 이루어지고 주의를 집중하는 시간이 길어지는 것이다.

아동기 후기에 접어들면 신체적인 발달은 지속적이고 점진적으로 나타나며 이전 단계들에 비해서 급격한 성장의 속도는 나타나지 않게 된다. 이때에 주목할 만한 점은 10~12세의 여자 어린이들의 경우에는 신체적인 성숙이 남자 어린이들에 비해서 앞서게 된다는 사실이며 이전에는 남자아이들이 여자

아이들보다 성장이 더 빠르게 일어난다는 점이다. 이와 같은 여자 어린이들의 발육은 청소년기에 접어들면 남자 아이들에게 압도당하게 되며 이후에는 남자 아이들이 여자 아이들에 비해서 신장과 체중에 있어 더욱 발달하게 된다. 또한 아동기에는 치아가 유치에서 영구치로 바뀌게 되며 뇌의 발달도 위에서 언급한 신체적인 발달과 함께 지속적으로 촉진하여 뇌의 영역마다 효율적인 발달이 가능하게 된다. 운동능력에 있어서도 초등학교 어린이들이 활발한 활동과 능력이 향상됨을 보이며 여러 가지 놀이들과 운동을 통해서 기초체력을 기르기도 하며 각 부분들에 있어서 통합을 추구함으로써 몸의 유연성도 증가한다.

(2) 근육발달

아동기는 근육의 발달로 인해 운동기능도 약 5세가 됨에 따라 방향을 바꾸어 가면서 움직이거나 달리면서 멈추는 운동을 하면서 넘어지지 않게 된다. 이에 따라 운동도 다양하게 나타나게 되는데 한 발로 뛰거나 두 발을 번갈아 가면서 계단을 오르고 내리기 그리고 그어진 선을 따라 걷는 등 다양한 운동의 폭이 넓어지게 된다. 영·유아기에 급속한 성장을 지속하던 신체발달은 아동기에 그 성장이 완만해지고 안정되며 사망률이 적어진다. 운동기능의 발달은 뚜렷한 변화를 거친다. 우선 근육의 성숙과 병행하는 힘의 증가로 이동은 점차 빨라지고 강해진다. 아동은 근육발달이 왕성해 지는데 호흡은 느리고 깊어지며 규칙적이다. 호흡기 감염의 정도는 유아기보다 줄어들며 이 시기에 춤, 놀이, 운동, 게임 등의 활동을 하는 데 중요한 역할을 하는 유연성, 균형, 협응 능력이 발달한다. 아동기 건강은 호흡기와 심장은 지구력과 힘을 증진시키고 더 긴 시간 동안 운동량이 높은 활동에 참여한다. 아동기는 힘이 세지고 지구력이 길러지는 때이므로 모험놀이나 많은 에너지를 요구하는 활동을 증가시켜 가면서 자신의 힘이 주변 세계에 영향을 끼치는 경험도 하게 된다. 그리고 소근육 운동기능도 크게 증가하여 종이접기, 모형비행기 조립, 악기 연주, 글씨 및 그림 실력 발전 등 손과 손가락 근육의 정교한 통제가 필요한 활동을 다양하게 할 수 있다. 여아는 쓰기나 수공예와 같이 소근육 사용 활동과 균형성과 민첩성이 중요한 활동에서 우세하고 남아들은 던지기와 차기 등 다른 모든 대근육 운동 활동에서 우세해진다. 운동 발달에서의 성차에는 유전적 요인보다 부모들의 기대나 운동 활동에 참여하는 기회에 있어서의 차이 등 사회적 환경의 영향이 크다.

아동기의 신체적 활동은 신체적 건강뿐만 아니라 아동의 자아개념과 다른 사람들과의 관계 형성에 필수적인 인지능력과 사회적 기술 증진에도 영향을 미치므로 체육활동을 제공하는 것이 필요하다.

2) 지적 · 심리적 · 정서적 발달

아동기 후기에는 아동들이 인지적으로 성장하고 성숙하게 된다. 그러면서 자신의 주변을 생각하고 그 주변에 대한 사고 및 이해관계가 변화하게 되는데 6세에서 7세 정도가 되면 새로운 형식의 사고과정이 등장하게 된다. 다시 말해, 어린이들의 경우에는 실제 행동을 하는 것이 아니라 사고하는 그 과정 안에서 많은 활동을 수행할 뿐만 아니라 사고할 수 있게 된다는 것이다. 이러한 사고의 과정은 흔히 알고 있는 피아제의 구체적 조작사고라고 하였는데 피아제의 의하면 이 단계에서는 아동들은 다양한 개념적인 능력을 얻고 이러한 조작사고가 발달함에 따라 아동들은 인과관계와 분류의 과정들을 추론할 수 있게 되며 물리적인 세계의 규칙과 대상들 간에 지배하려는 원리들을 볼 수 있는 통찰력을 갖게 한다고 하였다. 이로 인해서 역사나 수학, 과학 등과 같은 학문적인 영역에 접근할 수 있게 되며 추론과 사고가 확장됨에 따라 책을 읽고 쓰는 능력들이 이전에 비해서 크게 향상된다. 이러한 사고의 발달로 인해서 위에서 말한 것과 같이 자기를 둘러싼 사회에 대한 인식도 변화하게 되는데 초등학교 이전에 아동들의 경우에는 사회적인 사고라 할 수 있는 것이 자기중심적인 태도와 요소들이 많았다고 한다면 초등학교에 들어가서 부터는 내가 아닌 다른 사람들이 다른 생각과 의견을 가질 수 있다는 것을 깨닫게 되고 이에 대한 나의 행동을 적용하기 시작한다.

아동기는 **지적발달**의 현저한 변화를 보인다. 만 6세경이 되면 뇌의 무게가 성인의 90%, 12세경이면 거의 100%의 수준에 도달하기 때문에 지적 활동을 정상적으로 해나갈 수 있게 된다. 학교에 입학하고 나면 학교생활의 영향과 사회성의 발달에 따라 주관적 사고가 형성되고 지적 호기심이나 흥미 등이 다양해지며 과학적인 지식을 추구하게 된다. 또한 민첩한 행동 특징이 나타나며 자기중심성으로부터 서서히 벗어나기 시작한다. 정서가 비교적 안정되는 시기로 아동기의 아동은 지성의 발달과 사회성의 발달로 인하여 자기 스스로 감정을 통제할 수 있게 되기 때문에 **정서표현**의 틀이 형성된다.

(1) 자의식과 정서

아동기의 정서적 발달로는 자기인식과 인지능력의 발달로 인해 **자부심과 죄책감** 같은 자의식적 정서가 성인의 평가가 없는 상태에서 나타난다. 즉, 어떤 일의 성공을 통해 자신의 목표나 기대 충족 시 주위의 칭찬이 없어도 자부심을 느끼게 된다. 그리고 의도적인 잘못으로 자신의 목표나 기대 충족 실패 시 아무도 야단치는 사람이 없음에도 죄책감을 느낀다. 자부심은 아동에게 더 어려운 일을 시도할 수 있도록 격려하며 죄책감은 아동이 자신의 잘못을 반성하고 다시는 반복하지 않도록 노력하게 만든다. 주의해야 할 점은 성인의 부적절한 비난이 아동에게 수치심을 안기고 이는 성인에게 분노 표출로 이어질 수 있다는 것이다.

(2) 불안과 공포

아동기에는 어둠이나 상상의 존재보다는 대중매체나 경험을 통해서 접하는 폭력이나 전쟁과 재해 같이 안전을 위협하는 요인들에 대해 공포를 느낀다. 이 시기는 대중매체를 통해 공포를 느끼는 경우가 많으므로 아동의 TV시청이나 인터넷 사용 등에 대한 부모의 지도가 필요하다. 아동기의 흔한 걱정거리로는 학업실패와 부모와의 이별, 자신이나 부모의 건강과 죽음의 가능성, 그리고 또래로부터의 거부 등이다. 아동은 그리 심하지 않은 공포는 정서 조절 전략을 사용해 다룰 수 있기 때문에 연령의 증가와 함께 감소한다. 학령기 아동의 5%는 강렬하고 통제할 수 없는 공포를 경험하게 되며 학교생활에 대한 불안이 심각해져 공포증이라는 정서장애로 나타나기도 한다. 학교공포증을 가진 아동의 1/3 정도는 만 5~7세로, 학교보다는 어머니와의 분리가 학교공포증의 주원인으로 가족치료가 도움이 된다. 만 11~13세 아동은 교사를 무서워하거나 따돌림과 학업에 대한 부담 등 특별한 이유로 인해 학교공포증을 보이는 경우가 많다. 학교를 꼭 가야 하는 이유에 대한 설명과 함께 학교 환경이나 부모 양육 방식의 변경과 문제해결 전략의 훈련 등이 필요하다.

(3) 정서이해

아동기에는 동시에 두 가지의 서로 다른 감정을 느낄 수 있다는 사실을 이해함으로써 다른 사람이 표현하는 정서도 실제 그 사람이 느끼는 정서와 다를 수 있다는 사실을 이해시켜야 한다. 얼굴 표정과 상황에서 추론할 수 있는 단서가 일치하지 않는 경우에도 어떤 일이 있을지를 고려해서 다른 사람의 진짜 정서를 유추할 수 있다.

(4) 정서조절

정서조절은 자신의 자아존중감을 위협할 만한 부정적 정서를 스스로 조절하는 것이다. 아동기에는 공포나 분노 같은 감정을 조절하기 위해 부모 등 성인에게 주로 의존하는 것이 아니라 자신의 자아존중감을 위협할 만한 부정적 정서를 스스로 조절한다. 이 시기에는 자신의 분노나 슬픔을 공격성이나 울음으로 표출하기보다는 언어와 같이 사회적으로 받아들여지는 방식으로 표현하는 법을 배우고 적절하게 사용하여야 한다. 결과적으로 모든 아동이 정서 조절에 능숙한 것은 아니다. 정서 조절에 유능한 아동은 정서적 효능감을 가지게 되고 공감적이고 친사회적이지만 그렇지 못한 아동은 또래관계에 어려움을 겪고 학교 적응에도 어려움을 겪게 된다.

(5) 조망수용

아동기에는 다른 사람이 어떻게 생각하고 느낄지를 추론하고 이해하는 능력인 조망수용 능력이 크게 발달 한다. 이는 아동의 자아개념과 자아존중감 그리고 타인에 대한 이해를 포함한 사회적 발달에 영향을 미친다. 정서조절에 미숙한 아동은 조망수용 능력이 떨어지고 그로 인해 죄책감이나 후회 없이 다른 사람을 학대하게 된다. 조망수용 능력의 증가는 반사회적 행동을 낮추고 공감과 친사회적 행동을 높인다.

(6) 도덕성 발달

아동기 초기인 만 7~10세까지는 **타율적 도덕성과 자율적 도덕성**이 함께 나타난다. 10세경에는 올바른 행동에 대한 규칙을 내면화하면서 자율적 도덕성 단계에 도달하게 된다. 이때는 중심성 감소와 조망수용 능력 발달 그리고 도덕적 문제를 바라볼 때 타인의 관점은 물론 다양한 정보를 고려할 수 있게 된다. 그리고 사회적 관계의 확대와 또래와의 상호작용 증가로 도덕적 판단을 하는 데 있어 보다 융통성을 발휘하는 자율적 도덕성이 발달하게 된다. 규칙은 사람 사이의 약속에 의해 만들어진 것으로 변경될 수 있다고 생각하기 때문에 도덕적 판단 시 행위자의 의도나 그 행동이 일어난 상황을 고려해야 한다고 생각한다. 그리고 자신의 경험을 통해 규칙을 어겼을 때 반드시 벌이 뒤따르는 것이 아님을 알기 때문에 내재적 정의를 믿지 않게 된다. 콜버그(Kohlberg)는 이때를 인습적 수준의 도덕성 단계로 다른 사람의 인정을 받거나 사회질서를 유지하기 위해 규칙을 지켜야 한다고 생각하였다.

3) 사회적 발달

5세에서 8세인 아동기 전기에는 자신들의 성 역할에 대한 인식이 생기기 시작한다. 그렇기 때문에 자신들의 자아개념에 있어서 자신들의 성별 여부를 파악하게 되며 이를 연결시키기 시작한다는 것이다. 특히, 이 시기에 있어서 아동들의 경우에는 자신들의 성별에 대한 여부와 함께 그에 맞는 행동들 그리고 **사회적인 관계**에 있어서 관심을 갖기 시작한다. 남자와 여자를 나누고 같은 성의 아이들과 어울리기 시작하며 그에 맞는 놀이와 옷차림 그리고 직업에 대한 사회적인 인식을 의식하고 이를 따르기도 한다. 5세에서 8세의 아동기 전기의 아이들은 어른들에게 기대거나 적용하는 등 성역할에 대해서 이해를 시키고 이를 내면화하는데 이 과정 안에서 친구들이나 부모들의 성역할에 대한 기대와 내면화 그리고 조건적 보상을 하기 위한 벌이나 자극 등이 주어지게 된다. 또한 학교에서는 아이들이 가족 이외에 처음으로 접하는 사회적 기관으로 가족과는 다르게 생각되는 구조적인 특징을 지니게 된다. 이러한 구조적인 특징은 아동발달에 있어 아동들에게 사회화에 기여하게 되며 학교는 아동들에게 인지적인 발달을 촉진시켜 줄 뿐만 아니라 자아개념을 형성하거나 성격 등을 형성하는 데 막대한 영향을 끼치게 된다. 학교에서의 경험은 아이들에게로 하여금 사회적인 규범을 익히게 하고 학교는 직장과 가족 사이에서 전환적 기관의 역할을 함으로써 그 중요성이 부각된다. 즉, 직장과 가족은 서로 다른 규범적인 원리에 의해서 구성되고 운영되며 학교는 아이들에게 자주성이나 획일성 그리고 성취에 대한 규범을 학습하게 함으로써 직장과 가족을 연결하는 역할을 하게 한다.

가족과 다르게 친구들은 친구의 자유의사에 따라 그리고 자신의 선택에 따라 사귈 수 있으며 가족관계에 있어서는 이러한 선택이 아닌 지위의 차이에 관계로서 나타난다. 즉, 아동들은 지금껏 가족 이외의 관계에 대한 중요성이 증대되기 시작하고 자신의 주변에 대한 세계와 그 세계를 바라보는 관점들은 친구들과의 상호작용을 통해 자신의 관점들의 한계를 인식하고 이해하기 시작한다. 더불어 또래집단 내에서 활동이나 놀이는 자기중심이 아닌 어른들의 행동과 사고와 유사한 형태로 변화하게 된다는 점이 있다.

아동기는 사회적 행동의 확충이 이루어지게 되는 시기이다. 취학에 따른 새로운 생활환경이 아동의 사회적 행동발달에 커다란 변화를 초래한다. 교우관계가 생활에서 중요한 자리를 차지하게 되며 집단적 놀이가 왕성해지고 집단성원으로서 소속감과 안정감을 강하게 바라게 되어 이른바 도당시기(gang age)[1]를 이룬다(이 웅, 2009).

아동기는 위에서 언급하였듯이 5세부터 시작하여 12세까지라 할 수 있다. 이 시기에는 신체적인 성장과 함께 정서적인 발달 그리고 사회적인 발달이 급격하게 이루어지는 시기라 할 수 있다. 그렇기 때문에 이 시기에 꼭 성취해야 할 발달과업을 이룰 수 있도록 가족뿐만 아니라 학교와 사회도 노력을 해야 할 것이며 전인적인 성장을 도울 수 있는 역할을 기대하여야 할 것이다.

1) 학령기 아동들이 동성의 친구들과 한 집단을 형성하는 것으로 이 집단은 단순한 친구관계의 집단일 수도 있고, 비밀스러운 모임일 수도 있고, 반사회적 집단일 수도 있다.

CHAPTER

11 청소년기의 성장과 발달

청소년기는 어린이에서 성인으로 성장하는 과도기이다. 우리나라에서는 10세에서 18세[1]를 의미하고 세계보건기구나 외국은 19세, 21세 혹은 그 이상의 나이까지 포함시키기도 한다. 이 시기에 청소년에게 일어나는 가장 큰 변화는 사춘기를 겪는 것이다.

1. 청소년기의 개념

1) 사회적 개념

청소년과 청소년기에 대한 견해는 시대에 따라 그 사회 문화적 특성에 따라 다양하게 나타난다. 왜냐하면 청소년기란 사회의 필요에 의해 인위적으로 만들어진 개념이기 때문이다. 특정 사회는 청소년들에게 어떤 기대를 하고 어떠한 의무와 역할을 부여하느냐에 따라 청소년들의 심리적 특징과 행동과 사고 등은 달라질 수 있다. 청소년의 문제행동 역시 청소년기에 대한 사회적 시각과 마찬가지로 시대와 문화, 사회를 불문하고 항상 고정되어 있는 개념이 아니다. 특정 사회의 구성원이 청소년들에게 어떠한 행동을 기대하고 어떤 역할을 부여하느냐에 따라 문제행동의 개념과 대처 방안은 달

1) 청소년보호법 제2조 제1호에서 "청소년"이란 만 19세 미만인 사람을 말한다. 다만, 만 19세가 되는 해의 1월 1일을 맞이한 사람은 제외한다. 그리고 「아동·청소년의 성보호에 관한 법률」 제2조 제1호에서 "아동·청소년"이란 19세 미만의 자를 말한다. 다만, 19세에 도달하는 연도의 1월 1일을 맞이한 자는 제외한다.

라질 수 있다. 물론 그 시대와 사회의 특성에 따라서만 청소년기와 문제행동의 특성이 결정되는 것은 아니다. 청소년 개인의 생물학적 발달의 정도, 인지적 발달의 수준과 그 개인을 둘러싼 주변의 환경요인 역시 영향을 미친다.

2) 어원적 개념

(1) Adolescent

Adolescent는 라틴어로 '성장하다(grow up)' 혹은 '성숙하다(come to maturity)'의 의미를 지닌 'adolescere'에서 유래되었다(Clark, 1992). Adolescent는 사춘기가 시작되고 육체적 성장이 어느 정도 마무리되는 시기라는 점을 강조하는 생리학적 발달 측면의 성격이 강하다. 즉, adolescent라는 용어는 발달심리학적 관점에서 청소년기를 '**성장**'과 '**성숙**'이 급속히 진행되는 시기로 규정하고 있으며, 또한 이러한 성장과 성숙이 인간발달 단계 중 아동기에서 성인기로 이행하는 과도기적 성격을 부각시킴으로써 청소년기를 현재의 권리를 유보한 채 성인기를 맞이해야 하는 당위성을 강조하고 있다(Fornas & Bolin, 1995). 청소년의 적극적이고 능동적인 역할 수행보다는 기성세대의 가치나 규범을 수용해야 하고 이러한 과정 속에서 청소년의 자율성과 책임성이 배제되는 경향이 있다. 결국, adolescent라는 용어는 인간발달론적 관점과 생리학적 발달 측면을 강조하고 그리고 과도기적 특성 강조와 유보된 시민권 강조라고 할 수 있다.

(2) Youth

청소년은 후기 산업사회의 구성원, 즉 시민들에게 높은 수준의 교육적 성취를 요구함으로써 새로운 인생주기가 창출되었는데 이 시기를 youth라 부른다(Keniston, 1970). Youth란 개념은 청소년들을 아동기와 성인기 사이의 성장과도기로 인정하지 않고 이 시기를 고유한 인생의 발달단계로 인정함으로써 이 시기의 청소년들에게 자율성과 책임성 그리고 그들의 권리와 참여 및 시민성 등을 강조하고 있다. 따라서 이 시기에 놓인 젊은이들만의 독특한 문화적 차원을 강조할 때 youth를 사용한다.

3) 법률적 규정

우리나라의 청소년에 대한 법률적 규정을 구체적으로 살펴보면 다음과 같다.

- 형법 제9조 "형사미성년자" : 14세 되지 아니한 자
- 아동복지법 제3조 제1호 "아동" : 18세 미만인 사람
- 아동·청소년의 성보호에 관한 법률 제2조 제1호 "아동·청소년" : 19세 미만의 자(19세에 도달하는 연도의 1월 1일을 맞이한 자는 제외)
- 민법 제4조 "미성년자" : 사람은 19세로 성년에 이르게 됨(같은 법 제807조 : 만 18세가 된 사람은 혼인 가능)
- 근로기준법 제64조 제1항 "소년" : 15세 미만인 자(중학교에 재학 중인 18세 미만의 자 포함)
- 대중문화예술산업발전법 제2조 제10호 "청소년" : 만 19세 미만의 사람
- 영화 및 비디오물의 진흥에 관한 법률 제2조 제18호 "청소년" : 18세 미만의 자(고등학교에 재학 중인 학생 포함)
- 풍속영업의 규제에 관한 법률 : 풍속영업의 종류에 따라 청소년, 미성년자 등의 용어와 연령이 혼재되어 있음
- 소년법 제2조 "소년" : 19세 미만인 자
- 청소년보호법 제2조 제1호 "청소년" : 19세 미만인 사람
- 청소년기본법 제3조 제1호 "청소년" : 9세 이상 24세 이하인 사람

4) 외국의 청소년 연령 구분

외국의 청소년 연령 구분은 네팔과 아르헨티나는 40세까지, 미국은 16~24세, 벨기에는 26세까지, 중국은 7~30세, 핀란드는 29세까지, 스페인은 30세까지 등과 같이 시대와 국가의 통치이념이나 체계에 따라 규정이 다르다.

5) 학문적 개념

학문적 개념으로서의 청소년은 부모의 보호와 의존을 전적으로 필요로 하는 아동이 독자적이고 자립적인 생활을 할 수 있는 성인으로 성장해 가는 인생의 발달단계에 놓인 사람이다(오해섭 외, 2005). 그리고 청소년은 아동기와 성인기의 중간단계에 있는 자로서 신체적, 인지적, 심리적, 사회적으로 성숙해 가는 과정에 있는 자이다(김미정 · 정규석, 2014). 일반적으로 심리학에서는 청소년기를 14세에서 15세경부터 22세에서 23세까지로 본다.

요약해 보면, 청소년은 국가와 지역사회 및 성인의 보호와 지지를 바탕으로 독자적이고 자립적인 사회 · 경제적 생활이 가능한 성인으로 적응하고 성장해 가는 과정 중에 있는 사람으로 개념 지을 수 있다.

2. 청소년기 성장과 발달의 특징

청소년기에는 사춘기를 통하여 급격한 신체 성장과 발달이 일어날 뿐만 아니라 인지 발달 및 정신적, 정서적, 사회적 발달이 급속하고 폭넓게 같이 이루어진다는 것이 독특한 특징이다. 이로 인해 소아기에 사회로부터 받던 보호 요소들이 없어지고 사회의 구성 요소로서 변화가 많아진다. 현대 사회의 특성상 청소년이 약물, 폭력, 사고, 성, 가정 붕괴, 경제적 불안 같은 사회문제에 노출되는 기회는 증가하고 있으나 청소년은 이에 대처할 능력은 미비한 상태이므로 이와 관련한 문제가 많이 발생할 수 있다. 이러한 변화 때문에 청소년기를 혼돈과 격정의 시기와 스트레스와 폭풍의 시기라는 부정적인 시각으로 볼 수도 있으나 한편으로는 성숙해지는 과정을 지나 조화를 이루고 안정을 가지는 성인으로 나아가는 긍정적인 시기로 볼 수 있다.

청소년기는 신체적으로 성적 성숙이 이루어지는 시기이며 심리적 성숙으로 자아정체감이 형성되는 시기이다. 자아정체감은 나는 누구이며, 앞으로 무엇을 할 것이고, 미래의 나는 어떻게 될 것인가에 대한 확고한 답을 내릴 수 있는 상태 또는 특정 행동을 함에 있어 정당한 동기와 원인이 있고 그 행동에 대한 책임을 질 수 있으며 이를 설명할 수 있는 상태이다.

3. 청소년기의 주요 변화

1) 주요 변화

(1) 생물학적 변화

남자는 남자로서 여자는 여자로서 생물학적 성의 특징이 신체에 나타나면서 성욕이 생기고 생식능력을 갖게 되며 몸의 모양이나 크기와 신체 구성이 극적으로 변한다.

(2) 정신적 변화

사고방식이 발달하여 좀 더 복잡하게 나아간다. 자아에 대한 기존 관념이 변하고 신체와 역할에 대한 통합과 자아에 대한 정의를 다시 하게 된다. 이 시기에는 개인 가치관을 확립하고 자기중심 사고에서 벗어나 다른 사람을 존중할 줄 알게 된다.

(3) 사회적 변화

청소년기에는 가족에게서 멀어지며 친구나 또래와 가까워지고 어울리게 된다. 또한 무리를 지어 몰려다니다가 개인적인 친분을 맺는 방향으로 바뀌어 간다. 단계적으로는 상급 학교에 입학하면서 새 역할을 찾아가게 되고 다른 사람들의 기대치에 따라 변화한다.

(4) 행동 변화

청소년기에는 부모와 갈등이 커지며 이성에 대한 행동 또는 성적 행동을 취하고 성적이 떨어지기도 한다. 사춘기의 관심사는 남자와 여자 그리고 개인에 따라 다르다.

2) 사춘기와 가족

사춘기는 누구나 다 아는 것 같으면서도 제대로 알지 못하고 있는 면이 많다. 사춘기에는 호르몬 분비 변화로 인해 신체적, 생리적으로 성의 2차적 특징이 나타나 소년, 소녀에서 남성, 여성으로 성장하는 과정이 사춘기를 주도하게 되고 필연적으로 이와 함께 정서적, 정신적, 사회적 발달을 동반하게 된다. 사춘기 시작 연령과 진행속도에는 정답이 없으며 가족적 성향, 사회경제 수준, 영양상태, 보건수준에 의해 영향을 받는다. 사회경제적인 면이나 영양상태가 좋아지면서 사춘기도 빨리 시작하는 경향을 보이고 있다.

(1) 사춘기의 특징

사춘기의 진행 과정은 개인에 따라 다르지만 누구나 비슷하게 일정 순서대로 진행되기 때문에 그 과정을 예측할 수 있다. 사춘기의 신체 변화가 시작되고 끝나는 연령, 각 신체부위에 변화가 시작되는 시기, 진행 속도, 변화의 정도는 개인에 따라 차이가 있지만 이는 정상적이다. 각 부위의 변화는 지속적이며 동시에 일어나지만 같은 형태와 같은 단계로 변하지 않는다. 그리고 신체적, 사회적, 감정적, 지적 발달 또한 동시에 성숙해 가는 것은 아니다. 청소년의 발달 특성상 생각과 감정 그리고 행동 등이 병적으로 보일 수 있으나 거의 대부분이 정상적인 과정이다. 사춘기의 변화는 일단 일어나면 대개는 영구적이며 사춘기에 시작되는 신체변화는 신체 내 호르몬 분비 양상의 변화를 의미한다.

(2) 가족적 특징

청소년의 성장과 발달은 가족의 사춘기 발달과 비슷한 경향이 있다. 특히, 어머니와 딸은 밀접한 관계를 가지므로 청소년의 성장과 발달을 평가하는 데 지표가 될 수 있다. 사춘기의 변화가 정상 범위에 있다 하더라도 부모들의 사춘기와 차이가 크다면 이상이 있을 가능성에 대해 고려해 보아야 한다.

여성의 초경(대략 12세에서 15세 사이의 여성이 처음으로 시작하는 월경) 평균 연령이 12.4세이고 정상범위는 10~16세라 할 때, 만일 어머니의 초경시기가 11세인데 이보다 3년 이상 늦은 14세가 되도록 청소년에게 초경이 없다면 무월경(월경이 있어야 할 연령의 여성에게 월경이 없는 상태)에 대한 검사를 고려해야 한다.

(3) 키와 몸무게

청소년기는 소아기에 비해 키가 많이 커지기 시작하는 때이며 여자는 만 9세경부터, 남자는 11세경부터이며 그 기간은 2~3년이다. 사춘기 기간 중에 남자는 25~30cm, 여자는 15~25cm가 자란다. 그 기간 중에도 특히, 키가 많이 자라는 급증 시기가 있는데 여자는 평균 12세(10~14세), 남자는 평균 14세(12~17세)이다. 키의 급증이 빠를수록 성장속도도 빠르지만 급증이 늦게 일어나면 최종 성인키는 더 크게 될 수 있다. 키가 크는 것은 어느 정도 예측이 가능한데 이는 우리 몸에서 제일 먼저 커지는 발의 성장속도를 관찰하면 알 수 있다. 따라서 이 시기에는 신발을 자주 바꿔줘야 한다. 발이 커지고 6개월 정도 지나면 종아리가 커지고 이어서 허벅지가 커진다. 다리가 커지고 4개월 정도 지나면 엉덩이와 가슴이 커지는데 여자보다는 남자가 더 늦게 커진다. 대개 마지막으로 흉곽(등뼈, 갈비뼈, 가슴뼈와 가로막으로 이루어지는 원통 모양의 가슴 부분)이 커진다. 몸무게가 가장 많이 늘어나는 때는 남자는 키가 가장 많이 크는 시기와 같고 여자는 그보다 6~9개월 후가 된다. 소아부터 청소년까지 신장과 체중은 절대 수치도 중요하지만 그 보다는 각각의 성장패턴이 중요하다. 성장평가는 숨겨진 만성 질환의 진단(체중 증가 불량이 선행되는 경우가 많음)이나 〈표 11－1〉과 같은 영양상태(섭식장애, 비만)를 평가하는 데 중요하다.

〈표 11－1〉 청소년기의 섭식장애

섭식장애	
신경성 식욕부진(거식증)	이상식욕항진증(폭식증)
• 연령과 키에 적절한 정상체중의 유지를 거부함(정상체중의 85% 이하 유지) • 저체중임에도 불구하고 체중이 증가하는 것에 대한 강박적인 두려움 • 왜곡된 신체상(몸매나 체중에 대한 자기 평가에 예민하고, 현재의 저체중에 대한 심각성을 부인) • 연속 3회 이상 무월경증 경험	• 반복적인 폭식으로, 2시간 이내에 일반 사람에 비해 유사한 상황에서 많은 음식을 섭취하고 음식 섭취 조절능력 상실 • 체중증가를 예방하기 위해 부적절하고 반복적 보상행동 : 음식물 토하기, 하제나 이뇨제 남용, 관장, 약물 남용, 금식, 과도한 운동 • 폭식과 부적절한 보상행동이 일주일에 2회 이상 3개월 이상 지속 • 체중이나 체형에 대한 자가 평가가 과도하게 영향을 미침

4. 청소년기 시기별 발달 특징

청소년기는 사춘기의 신체 성장 및 성숙과 함께 부모와 가족 그리고 주위 환경에 대한 기존의 생각과 느낌이 바뀌는 정신적, 사회적 발달이 같이 이루어지게 된다. 이 시기에는 주체성을 확립하고 자신의 통제력을 키우며 친교를 통해 사회적 역할을 찾으며 자아정체성과 성정체성을 확립해야 하는 시기이다. 그리고 신체 성장이 끝난 후에도 이러한 발달은 계속 진행된다. 그러나 발달 과정이 일정한 속도로 꾸준하고 일관성 있게 분야별로 동시에 일어나지 않는다. 청소년기에는 신체적, 사회적, 정서적, 지적 성장이 각기 다른 시기에 일어나며 그 과정 중에 퇴보를 보이기도 하지만 이는 청소년기뿐만 아니라 인생의 다른 시기에도 일어나는 일이다. 청소년기를 극히 불안정한 시기라 하지만 대부분 청소년에게는 힘든 기간이 내내 지속되는 것은 아니다. 청소년은 약 80%는 발달과정에 잘 적응한다. 이들 중 30%는 비교적 쉽고 평탄

한 과정을 밟고 40%는 힘든 시기와 평온한 시기가 섞인 시기를 보내며 나머지 30%는 스트레스가 많고 소란스러운 과정을 거치게 된다. 청소년기는 발달 특성상 초기, 중기, 후기로 구분하지만 개인에 따라 차이가 크며 각 시기별 발달 사항의 윤곽을 일정하다고 말할 수 없다.

1) 초기청소년기(10~13세)

초기청소년기는 사춘기 시작과 함께 급격한 신체 성장에 따른 변화가 가장 두드러지는 시기이며 독립 성향을 나타내기 시작한다.

(1) 신체에 대한 관심

초기청소년기는 자기 자신에 대해 집착하며 사춘기가 시작되는 시기로 변화하는 신체의 모습과 그 매력에 대해 자신이 없어진다. 신체 변화의 정상 여부에 대해 관심이 크고 주위 또래와 자꾸 비교하게 되며 신체에 대한 관심이 커지면서 몸에 대한 걱정과 말이 많아진다. 성과 관련하여서는 몸의 구조나 생리현상에 관심이 증가하며 자위를 하는 경우도 있고 성에 대한 환상을 가지나 성과 관련된 활동은 신체보다는 말로 이루어진다.

(2) 독립성 추구

독립성 추구는 가족에게서 점차 멀어지고 부모에 대한 관심이 줄어드는 것이다. 자기에 대한 탐구를 시작하면서 우울, 초조, 외로움, 불안, 분노, 갈등 등, 감정기복이 커서 변덕이 심하고 정서적으로 불안하지만 대외적으로는 부분적으로 책임을 질 줄 알게 된다. 이때는 부모에게서 멀어지지만 부모를 대신하는 보호자나 후원자가 없는 상태에서 생기는 정서상의 공백이 성적 하락과 같은 문제행동을 초래할 수 있다.

(3) 대인관계

대인관계는 주로 동성 친구와 친하게 지내고 유대관계가 강하며 뭉쳐 다니며 또래에 대해, 특히 동성에 대한 관심이 크고 동경하기도 한다.

(4) 정체성 발달

정체성 발달은 눈으로 보아서 확인되거나 직접 경험한 것만 인정하는 직접적이고 구체적인 사고를 가지기 때문에 어른들이 원인과 그로 인해 올 수 있는 가능한 결과에 대해 설명해도 잘 이해하지 못한다. 또한 이로 인해 새로운 일에 대해서 실수를 하더라도 직접 시도해 보는 행동을 반복하며 다음과 같은 발달적 특성이 있다.

첫째, 충족되지 못한 욕망을 충족시키기 위하여 비현실적인 세계를 상상하는 백일몽이나 공상에 빠진다. 그러나 자기 발전에 도움이 되는 요소이다.

둘째, 비현실적이거나 이상적인 직업을 목표로 삼는다.

셋째, 자아도취와 자기애 성향이 강하고 자신에게 사람들의 이목이 쏠려있다는 환상을 가지기도 하여 자기중심적인 인관관계를 맺는다.

넷째, 자신의 상황을 과장하는 경향이 있다.

다섯째, 권위를 시험해 보는 일이 많아지며 가정과 학교에서 갈등을 빚게 된다.

여섯째, 개인 비밀이 많아지고 이를 매우 중요시한다.

일곱째, 충동 조절 능력이 부족하며 즉각적으로 만족을 얻으려고 한다.

(5) 건강문제

건강문제로는 정신과 신체적 증상과 피곤함, 성장통, 성장 및 발달과 관련하여 정상 여부에 대한 불안 등이 있다.

2) 중기청소년기(14~16세)

중기청소년기는 사춘기의 신체 성장이 끝나면서 성적 욕구가 강해지고 또래의 가치관을 최우선하는 시기이다.

(1) 신체에 대한 관심

신체에 대한 관심은 사춘기 변화에 대해 집착하지 않고 신체상을 받아들이게 된다. 더 매력적으로 보이기 위해 치장하는 시간이 늘어나고 옷과 장신구와 꾸미기가 중요해진다. 사회적으로는 두각을 나타내기 위해 거식증과 같은 섭식장애와 관련된 소견이 나타날 수 있다. 성적 욕구는 사춘기가 끝나고 나타나며 성에 대한 호기심과 관심이 왕성해지지만 성과 관련된 행동으로 인해 초래될 수 있거나 초래되는 결과에 대해서는 받아들이지 않는다.

(2) 독립성 추구

청소년기는 점점 더 독립성을 추구하면서 자율성이 커지고 가족과 갈등이 심해진다. 대부분의 시간을 또래와 어울리며 보낸다.

(3) 대인관계

대인관계는 친구나 또래의 문화에 빠져든다. 또래의 가치관, 규범, 옷차림과 같아지려고 노력하며 친구나 또래가 청소년의 행동이나 가치판단 결정에 최우선이 된다.

(4) 정체성 발달

청소년기는 사고 능력이 구체적인 방식에서 추상적인 방식으로 발달하여 보이지 않는 결과나 가능성을 예측하고 고려할 수 있지만 정보 통합 능력은 아직 부족하다. 토론이나 협상에서 불리하거나 스트레스를 받게 되면 어릴 때의 사고방식으로 후퇴하는 양면성을 보이며 다음과 같은 특징이 있다.

첫째, 감정에 대해 좀 더 개방적이 되고 시야가 넓어지면서 다른 사람의 감정을 시험해 보려 한다.

둘째, 감정과 지식이 대폭 증가하게 되면서 무엇이든 해도 되고 할 수 있을 것 같다는 실험적인 성향이 강해진다. 여러 방면에서 새로운 일을 시도하지만 청소년 본인에게는 그로 인한 나쁜 일이 일어나지 않을 거라고 생각한다.

참고 **청소년기의 특징**

- **상상적 관중**: 자신은 무대 위의 주인공으로 만인의 관심과 초점의 대상이라고 인식하고, 다른 사람은 구경꾼으로 생각
- **개인적 우화**: 자신의 감정과 사고는 너무 독특하고 특별한 것이어서 다른 사람들이 이해할 수 없을 것이라고 믿음
- **이상주의, 비판주의**: 성인과 청소년 간 세상을 바라보는 시각의 불일치로 긴장과 스트레스 경험－세대차

청소년기에는 자신에게 중요한 삶의 가치나 목표 선택 시 스스로 판단에 의해 의사결정과 의사결정을 내리지 못한 채 정보를 수집하거나 실험하고 있는 상태이며 부모 혹은 다른 역할모델의 가치와 신념 및 의사결정을 그대로 수용한다. 또한 안정된 자아정체감 확립에 실패하여 분명한 자기 지시나 의사결정을 할 수 없다. 이러한 정체감 수준으로 정체감 성취, 정체감 유예, 정체감 유실, 정체감 혼미의 상태를 겪는다(표 11－2).

〈표 11－2〉 정체감 수준

정체감 수준	상 태
정체감 성취	위기를 성공적으로 극복하여 자신에게 중요한 삶의 가치나 목표 선택 시 스스로 판단에 의해 의사결정 가능
정체감 유예	현재 위기를 경험하고 있으나 의사결정을 내리지 못한 채 정보를 수집하거나 다양한 역할, 신념, 행동 등을 실험하고 있는 상태
정체감 유실	자신에게 중요한 삶의 가치나 목표를 선정하는 데 있어 다양한 대안을 충분히 고려하지 않은 채 부모 혹은 다른 역할모델의 가치와 신념 및 의사결정을 그대로 수용
정체감 혼미	안정된 자아정체감 확립에 실패, 분명한 자기 지시나 의사결정을 할 수 없음

(5) 건강문제

건강문제는 같은 일을 놓고 주위에서 나쁜 결과가 발생하는 것을 보더라도 청소년 자신은 괜찮을 거라는, 거의 전능하다는 생각하에 일단 그 일을 시도하므로 위험한 행동을 할 가능성이 가장 높은 시기이다. 그리고 성적 호기심으로 인한 문제(임신, 성병 등), 건강을 위협하는 행동습관(흡연, 음주, 약물사용, 운전 등), 〈표 11-3〉과 같이 심리적 현상(우울 등), 위험한 행동(가출, 폭력, 자살) 등이 많이 발생할 수 있으므로 이에 대한 세심한 관심과 관리가 필요하다(표 11-3).

〈표 11-3〉 청소년의 건강 위험 요인

우울의심 증상	자살동기 요인
• 자기비하 혹은 무력감 • 체중과 식습관의 변화 • 불면 혹은 과도한 수면 • 피로와 에너지 상실 • 활동 양상 변화 • 자기비난과 죄의식 • 학업 성취도 감소 • 죽음에 대한 관심	• 편부모 혹은 부모 없는 가정 • 가족, 친척 및 친한 친구가 자살을 시도한 경험이 있는 경우 • 가족 내 심각한 불화, 무관심, 방임, 학대가 존재 • 친부모 아닌 사람과 거주 • 부모가 알코올 중독

3) 후기청소년기(17~21세)

후기청소년기는 자기 정체성과 역할을 찾게 되고 가족과 다시 가까워지는 시기이다.

(1) 신체에 대한 관심

후기청소년기는 신체가 완전히 성숙해지고 이상이 없으면 사춘기를 통한 신체변화에 대해 별로 관심이 없다. 이 시기는 성적으로 모험은 덜 하지만 그와 관련한 표현은 더 많이 한다.

(2) 독립성 추구

후기청소년기는 외모와 성에 따른 역할이 확립되며 정체성을 찾고, 사고 능력과 의사표현 능력이 커진다. 또한 관심사에 대해 꾸준하고 안정적인 태도를 가지며 독립적인 결정과 타협을 하게 된다.

(3) 대인관계

대인관계는 안정적인 인간관계를 가지게 된다. 이 시기에는 여럿이 어울리는 것보다 개인적인 친교를 쌓는 데 집중한다.

(4) 정체성 발달

후기청소년기는 인지 능력 발달로 통합 능력이 커지고 미래 결과를 예측할 수 있는 추상적인 사고 능력이 커진다. 이 시기에는 넓은 시각을 가지며 한계를 알게 되고 타협이 가능하다. 자기중심적인 사고에서 벗어나 개방적이 되며 이상을 추구하여 가족이나 사회와 갈등이 있을 수 있으나 사회에서 자신이 할 일을 준비하고 인생의 목표에 관심을 가진다.

(5) 건강문제

건강문제는 건강관리를 위해서 피임을 포함하여 건강한 성인이 되게 하는 행동습관에 대한 교육과 상담이 중요하다. 사춘기의 성장과 발달이 무난하게 완료되지 않으면 독립성과 책임감이 커짐에 따라 우울, 자살 경향, 정서 문제 등의 발생 소지가 높아지는 시기이다.

CHAPTER

12 중 · 장년기의 성장과 발달

중 · 장년기의 연령 구분은 학자에 따라 각기 다르지만, 대체적으로 중 · 장년기의 시작은 30세에서 40세의 기간 동안의 한 지점으로 잡으며 끝나는 시기는 60세에서 70세 기간 중의 한 지점을 잡는다. 본 장에서는 성인기가 끝나는 40세부터 노년기가 시작되기 전인 64세까지로 규정하기로 한다. 청소년기와 마찬가지로 중 · 장년기도 인생의 전환기라고 할 수 있는데 신체적 변화에 대한 적응과 부부간의 애정 재확립과 중년기 위기의 극복 및 직업 활동에의 몰두와 여가선용 등이 중 · 장년기의 주요한 발달과업이라고 할 수 있다(정옥분, 2019).

1. 중 · 장년기의 신체적 발달

이 시기는 대부분 신체적 능력과 건강이 감퇴되어 가기 시작한다. 이 시기는 신체구조상 신진대사활동이 둔화되고 40세 이후부터 허리둘레와 체중이 늘기 시작하며 머리는 은백색으로 변하거나 빠지기 시작한다. 또한 얼굴에도 주름이 늘어가고 피부의 탄력도 줄어들게 된다. 이처럼 신체적 기능의 쇠퇴를 보이고 활기를 잃고 육체적 힘이 약화되기 시작한다. 그리고 질병에 대한 저항력이 약해질 뿐만 아니라 질병에서 회복되는 데 소요되는 시간도 늘어나게 된다. 따라서 이 시기에는 건강유지에 보다 많은 관심과 주의를 기울여야 한다. 구체적으로 외적 및 내적 그리고 감각지능 등의 변화를 살펴보기로 한다.

1) 외적 변화

(1) 피부

피부는 정상적인 노화과정과 자외선의 영향으로 탄력이 저하되며 주름이 생기기 시작하고 피부의 처짐 현상도 동반된다. 주름은 눈가 주름, 입, 이마, 목 부위 주름, 턱 처짐, 눈 아래 거무스름해짐 현상도 나타난다. 피지선과 땀샘의 변화도 일어나며 더불어 비누와 세제가 피부의 자연적 기름을 제거하는 경향도 있다.

피부에서 가장 두드러진 변화는 주름인데 중년기부터 시작된 과정이다. 주름은 미소나 찡그림같이 반복적인 얼굴 표정과 피하지방 조직의 감소 그리고 피부탄력의 감소에 의해 영향을 받는다. 콜라겐의 변화가 노화과정에서 발생하는데 콜라겐 섬유가 더 두꺼운 묶음으로 재배열되고 교차결합 형태로 변화한다(Ivancevich & Matteson, 1988). 피하지방은 신체와 분리되어 감소된 조직이 체열의 손실을 가져온다. 나이가 들면서 피부는 수분을 유지하는 능력이 감소하여 결국 건조하고 탄력 없는 피부가 된다. 신체적 노화과정으로 인해 갈색 반점들이 생겨나고 얇아진 세포와 혈관이 더 느리게 회복되기 때문에 상처는 예전보다 더디게 치유된다(Kermis, 1984).

(2) 모발

모발은 색소 생산의 점진적인 감소, 즉 모근에 있는 멜라닌 색소 감소로 인하여 흰 머리카락이 생긴다. 모발이 가늘어지기 시작하며 모발의 성장도 느려진다. 또한 탈모증이 생긴다. 탈모증은 대부분 유전적인 영향을 많이 받는다. 모발 손실을 늦추기 위한 방법으로는 부드러운 빗질과 지나친 드라이열을 피하고 샴푸 후 컨디셔너로 헹구며 직사광선을 피해야 한다.

2) 내적 변화

(1) 심장혈관계통

심장혈관계통은 심장조직이 딱딱해지면서 탄력성이 감소하고 심박력과 혈액량이 감소한다. 심장혈관 기능 감소는 노화과정보다 공기조절 부족과 더 관련이 있어 규칙적인 운동의 필요성이 강조된다. 또한 혈압증가로 동맥경화가 시작될 수 있다.

(2) 신경계통

신경계통은 신경자극의 전달 속도가 감소되며 전두엽 부분에서 신경 세포 소실이 두드러진다. 신경계 장애는 정신착란과 치매의 주요 원인이 된다.

(3) 호흡기계통

호흡기계통은 폐의 탄력 감소와 흉곽이 작아지기 시작하며 호흡의 효율성 저하가 있어 규칙적인 운동으로 강화될 수 있다.

3) 감각기능의 변화

(1) 시각

시각은 눈 수정체가 탄력성을 잃게 되어 초점이 잘 모이지 않고 동공을 통과하는 빛의 양이 적어져 동공이 점점 작아진다. 또한 어둠과 번쩍이는 빛에 적응하는 시간이 더 길어져 야간운전 시 불편감을 느끼게 된다.

(2) 청각

청각은 청각의 점진적 감퇴와 높은 진동수에 대한 청력감퇴로 노인성 난청이 발생하며 남성이 여성보다 더 심하다.

4) 성적 변화

중・장년기에는 성적 능력의 저하가 이루어지는데 이것을 갱년기 장애라고 한다. 여성의 경우에는 폐경기를 경험하게 되고 여성 호르몬이 1/6 정도로 줄어들고 자궁과 유방의 퇴화가 이루어지기 때문에 신체적 고통을 야기한다. 여성과는 달리 남성들의 갱년기는 정자나 정액 생성의 종결을 의미하지 않으며 여성에 비해 비교적 늦게 찾아오는 것이 일반적이다. 남성의 경우는 음성이 고음이 되고 머리카락이 줄어드는 등의 변화가 있을 뿐 신체적 어려움이 야기되지는 않는다.

(1) 여성의 갱년기

① 번열증

번열증은 에스트로겐 분비의 감소로 인해 여성의 2/3 정도가 경험을 한다. 얼굴이나 상체에 열이 나고 땀이 나는 갑작스러운 열 반응 현상이 나타나 신체 특정 부위 체온이 1~7°까지 상승한다.

② 질건조증

질건조증은 질내벽이 얇아지고 건조되는 것을 말하며 또한 질이 위축되고 분비물이 적어지므로 성관계 시 통증을 느낄 수 있다.

③ 골다공증

골다공증은 폐경 여성의 1/4 정도가 경험을 하며 에스트로겐 감소로 인해 뼈가 약해져서 부서지기 쉬운 상태로 되는 것이다. 이는 노년기가 되면 골절의 주요 원인이 된다. 그 외 두통, 피부건조, 요실금 등의 증상이 있다.

참고

- 폐경에 대한 여성 개인의 태도에 따라 심리적 증상이 달라진다.
  - 폐경을 우울하고 불쾌한 부정적인 경험으로 간주하는 여성
  - 임신에 대한 두려움에서 벗어나 성생활을 즐기는 여성
- 폐경을 경험한 여성 집단에서 번열증, 가벼운 우울증, 일시적 정서불안이 보고되고 있으나 10%만 폐경에 대해 심각한 우울증상을 보였다(Matthews, 1992).
- 폐경기간에 심각한 심리적 문제가 있는 여성은 그 이전에 그러한 다양한 문제가 있었던 여성이었다(King & Greene, 1984).
- 대부분이 폐경으로 인한 생활 변화를 거의 경험하지 않거나 자신의 인생에 별다른 영향을 미치지 않는 것으로 보고되고 있다(Unger & Crawford, 1992).

(2) 남성의 갱년기

남성의 갱년기는 테스토스테론의 분비 감소로 인하여 젊은 남성에 비해 정자 수 감소 및 활동성이 떨어진다. 그리고 근육조직의 감소와 심장질환 위험 증가 및 발기불능 발생빈도도 증가한다. 또한 전립선 비대증과 요도를 압박하여 소변보기가 힘들어지고 전립선암을 유발하기도 한다. 남성의 갱년기는 여성의 갱년기보다 십 년 정도 늦게 시작한다. 약 5%의 남성이 우울증과 피로, 성적 무력감, 발기불능, 정의하기 힘든 신체적 증상들을 호소한다.

2. 중 · 장년기의 심리 · 사회적 발달

1) 심리적 발달

① 인지능력의 변화

중 · 장년기의 인지변화는 일반적으로 인지적 반응속도가 늦어진다는 점이다. 인지적 반응속도의 원인은 정확하지 않지만 빠른 속도를 요구하는 과제나 문제를 능숙하게 해결하지 못하지만 어휘와 기억력 및

문제해결능력을 요구하는 과업은 적절히 수행할 수 있다는 것은 분명하다.

② 심리적 위기

에릭슨은 이 시기를 자신과 타인의 행동방향을 제시하고 미래를 계획하고 타인의 욕구를 예측할 수 있는 시기라고 규정하고 이 시기의 위기를 생산성 대 침체라고 한 점을 이미 살펴보았다. 이는 자녀를 양육하고 능동적으로 직업에 몰두할 수 있으며 사회의 발전에 관심을 갖는 것, 즉 자신보다는 타인을, 현재보다는 미래를 위한 일을 하는 것이라고 하였다. 이에 반해 침체는 직장에서의 승진 탈락, 노부모 부양, 부부갈등과 이혼 등으로 인하여 무능력을 경험할 때 형성되며 새로운 기술의 발달과 생활양식의 변화도 중·장년기의 성인을 침체상태에 이르게 하는 주요 요인이 되고 있다.

2) 사회적 발달

① 안정된 가족생활 환경

중·장년기의 부모는 가족성원의 지위에 따라 책임과 권리를 공평하게 배분하고 가족생활과 관련된 합리적 의사결정을 할 수 있는 능력을 지니고 있어야 한다. 성공적 가족관리를 위해서는 가족을 위한 시간계획과 미래목표를 설정하여야 한다. 가족을 위한 시간계획은 하루에서부터 향후 10년 정도에 이르는 미래에 대한 시간계획까지도 수립되어야 한다. 중·장년기에는 친척, 직업 관련 단체, 종교 단체 등과의 상호작용을 통하여 원만한 외부관계를 유지하고 외적 압력이나 요구로부터 자신의 생활과 가족을 보호할 의무를 지닌다. 따라서 중·장년기의 성인들은 외부의 사회적 관계망과 가족생활 간에 역동적 균형성을 유지하기 위한 노력을 아끼지 말아야 한다.

② 자녀교육 및 훈육

부모는 아동의 변화에 맞는 적절한 자녀교육 및 훈육방식을 선택적으로 활용할 수 있는 능력이 있어야 한다. 중·장년기 부모가 직면하는 가족발달단계는 자녀아동기에서부터 자녀들이 모두 독립하는 자녀독립까지 해당한다. 이에 자녀의 발달단계에서 자녀아동기에는 부모가 규칙을 설정하고, 자녀들이 이에 순응하도록 훈육하고, 자녀들이 해야 할 일을 적절히 수행할 수 있도록 원조하는 교육자 또는 비서로서의 역할을 수행해야 한다. 부부 하위체계 내에는 자녀를 위한 공간을 마련해 주어야 한다. 또한 청소년기에는 독립을 인정하는 방향으로 부모-자녀관계를 재조정해야 하고 그 이후 자녀의 결혼 시기부터는 자녀를 성인으로 인정하고 그의 의사를 존중해 주며 결혼과 결혼 이후에도 지속적인 관심과 지원을 할 수 있어야 한다.

③ 직업적 성취와 직업전환

이 시기의 직업생활은 가족의 생계유지와 사회적 관계의 유지뿐만 아니라 전체 생활에 영향을 미칠 정도로 매우 중요한 요인이다. 중·장년기는 직업적 성취도가 최고조에 이를 가능성과 직업적 전환을 해야 하는 가능성이 공존하는 시기이기 때문에 직업으로 인하여 야기되는 긴장이 많은 편이다. 직업만족도나 직장 동료들과의 대인관계 기술을 습득하는 것이 필요하다. 이 시기는 직업적 성공의 기회이기도 하지만 직업을 바꾸어야 하는 위기상황에 직면하기도 한다. 직업전환은 개인뿐만 아니라 가족생활에도 중대한 위기를 초래할 수 있다.

④ 여가활동

여가시간은 자녀양육기간의 축소와 평균수명 연장 그리고 조기정년제도의 시행 등으로 인하여 큰 폭으로 증가하여 여가활용의 문제가 중요한 과제로 등장하였다. 그러나 이러한 여가선용에 대한 예비사회화가 필요하다.

3. 중 · 장년기의 관심영역

1) 신체적 발달 영역

신체적 발달의 관심영역으로는 신체구조의 변화와 신체기능의 저하로 인하여 성인병에 걸릴 위험성이 증가된다. 따라서 성인병 예방을 위한 건강교육이나 건강상담 프로그램 실시와 건강관리 및 유지를 위한 운동시설을 설치하여 지역주민들에게 개방할 필요가 있다. 또한 만성적인 질병을 앓고 있는 재가 장애인에게는 가정봉사원이나 간병인을 파견하여 서비스를 제공할 수 있다. 갱년기 장애에 수반되는 신체적 변화에 적절히 적응할 수 있도록 돕고, 우울증, 불안 등의 정신장애를 사전에 예방하기 위해서는 중·장년기 성인을 대상으로 하는 개인상담과 집단상담 및 부부상담 등을 강화할 필요가 있다.

2) 심리적 발달 영역

심리적 발달의 관심영역으로 인지기능 유지를 지원하는 프로그램 개발 및 실시가 필요하다. 그리고 생리적 변화, 직업에서의 실패, 부부갈등과 이혼 등이 원인이 되어 나타나는 중년기 위기를 성공적으로 극복할 수 있도록 돕는 프로그램을 개발하고 실시할 필요가 있다.

3) 사회적 발달 영역

사회적 발달의 관심영역으로는 개인상담 및 가족 상담을 통하여 가족 내 갈등이 야기되는 것을 사전에 예방하고, 아동, 청소년, 노인, 장애인의 보호와 재활을 지원하기 위한 각종 서비스를 실시하여 중년기 가족의 미흡한 기능을 보완해 주고, 노숙인 등 복지, 시설 보호사업 등을 실시하여 해체된 가족기능을 대체해 줄 수 있어야 한다. 고용과 관련하여서는 직장인들의 스트레스와 긴장 해소를 위한 다양한 상담 및 여가 프로그램 서비스를 실시하여야 한다.

또한 취업을 원하거나 재취업을 원하는 경우에는 직업훈련과 고용알선사업을 실시할 필요가 있다. 또한 실직자를 위한 쉼터, 고용보험 수혜절차에 대한 상담과 가족에 대한 재정지원서비스도 함께 이루어지는 것이 바람직하다.

4. 중 · 장년기의 위기와 전환

1) 중 · 장년기의 위기

중년기에 위기를 가져오는 것은 죽음에 대한 인식 때문이다(Jacques, 1967). 중년기는 인생의 절정에 있으면서도 그들의 시대가 얼마 남지 않았고 젊은 시절의 모든 꿈을 다 이룰 수 없다는 것을 인식하기 때문이다. 혹은 꿈을 이루었다 해도 기대한 만큼 만족을 얻지 못했다는 것을 깨닫는 시기이다. 중년기가 위기의 시기임을 뒷받침하는 연구로는 결혼만족도 최저점(Pineo, 1961), 정신질환과 신경증 발병률이 최고조(Weintraub & Aronson, 1968)이며 알코올 중독, 위궤양, 고혈압, 심장병 등이 빈번하게 나타나는 시기로 보고되고 있다. 또한 이혼, 별거, 불륜이나 도피 등이 빈번히 나타날 수 있다. 서구는 40대 초반의 시기에 청소년 자녀들과 갈등을 일으키는 빈도가 높으나 우리나라는 자녀들이 부모를 떠나는 50대의 빈 둥지 시기가 중 · 장년기의 심각한 위기이다.

2) 중 · 장년기의 전환

중 · 장년기는 가족생활과 직업수행, 친밀한 관계, 내적 생활에서 새로운 측면이 나타나는 시기이다. 전환기는 자신의 삶과 실패를 되돌아보고 곰곰이 생각하는 탐색과 반성의 시기이다. 이는 고통스러운 것이 될 수도 있고 두려움이 될 수도 있다. 중 · 장년기 발달과업의 성공적인 해결은 재평가와 재적응 능력에 좌우된다. 중 · 장년기에는 꿈이 실현되지 못했거나 기대에 미치지 못했을 수 있으나 이것을 수용하고 여기에 적응할 필요가 있다. 재평가와 재적응은 노년기 접어들어 자아통합감을 가질 수 있게 해준다.

3) 중 · 장년기 성격의 안정성

중·장년기의 성격 특성은 매우 안정적이고 일관성이 있다(Costa & McCrea, 1988). 이 시기의 성격은 안정성과 연속성의 특징이 있다는 사실을 지지하는 것이다. 중·장년기는 자기의 경험과 지식 그리고 기술 등을 통합하여 인생의 목표를 성취해 나가는 인생의 절정기이다. 이 시기는 인생이 보다 완숙해지고 통합적이며 생산적이고 풍요로워지며 자아실현을 위해 노력한다. 또한 자기 자신에 대해 보다 정확하고 객관적으로 알게 되어 자기에 대한 신뢰감을 지니게 된다. 이것은 중년기에 접어들게 되면 그동안 축적된 지식과 경험을 통해서 사물과 사건에 대해 보다 객관적으로 볼 수 있게 되고, 의사결정 과정에서 감정에 의해 좌우되지 않으며 사실과 이성에 의해 판단하기 때문이다.

중·장년기에는 많은 사회적 경험으로 인하여 편견, 선입관, 왜곡 등을 극복할 수 있으며 인간이나 사물과 사건을 이해하는 데 있어서 융통성과 다양성을 지니게 된다. 정서적인 안정을 기초로 자기 자신에 대한 타인의 비판에 귀를 기울이는 개방성을 지니게 되며 사회활동에서 긍정적이고 적극적인 태도를 취하게 된다. 자기의 판단능력에 대한 신뢰감을 가지고 주위 사람들의 의견을 수용하려는 개방성을 지니고 있기 때문에 사고와 행동에서 보다 자유롭게 된다.

참고 **중 · 장년기의 발달과업(Havighurst, 1972)**

- 중년기 생리적 변화를 인정하고 그에 적응한다.
- 시민의 의무와 사회적 책임을 다한다.
- 지녀가 책임감 있고, 행복한 성인이 될 수 있도록 돕는다.
- 여가 활동을 개발한다.
- 배우자와 인간적 유대관계를 형성한다.
- 노년기 부모에게 적응한다.

CHAPTER

13 노년기의 성장과 발달

1. 노년기의 개요

1) 노 화

노화는 시간의 흐름에 따른 변화로 성숙 후에 장기의 구조 및 기능이 진행성 변화를 일으켜서 기능적 예비력이나 항상성을 유지할 수 있는 능력이 저하되어 자극에 대해 병적 과정으로 진행하는 빈도가 증가하는 생물학적 과정이다. 노화의 과정이 언제부터 어떠한 속도로 진행되는지는 개인에 따라 매우 다르게 나타나지만 결국은 누구도 피해갈 수 없고 인체의 모든 장기에 걸쳐서 일어나며 외부환경에 적응해 가는 데 불리한 방향으로 진행된다.

2) 연 령

노년기를 구분하는 연령에 대해서는 이견이 많지만 통상적으로는 65세 이상으로 정의한다. 이러한 정의는 19세기 말 독일의 재상인 비스마르크의 국민노령연금제도에서 기인한다. 사회적으로 불안정했던 당시 독일에서 노동자들의 불만을 잠재우고 공산주의의 확산을 방지하며 사회적 통합을 이루기 위해서 65세가 되면 연금을 받는 사회보장정책을 처음으로 시도하였던 것이 노년을 규정하는 기준을 마련한 계기가 된 것이다. 우리나라 노인복지법에서도 노인을 65세부터라고 규정하고 있다. 그러나 동일한 나이의 노인이라고 해도 개인에 따라 사회적 나이나 신체 나이는 매우 다르다. 또한 19세기 말에는 65세 이상의 인구집단이 4%에 불과했기 때문에 이러한 정의가 사회경제적으로도 합당하였으나 현재는 거의 20%에 달하므로 65세라는 연령기준이 적합한지는 고민할 필요가 있다.

3) 노화의 기전

노화를 설명하기 위한 이론은 수없이 제시되고 있지만 그 기전을 명확히 설명할 수 있는 하나의 이론이 없다는 것은 그만큼 노화과정이 복잡하다는 것에 대한 반증이라고 할 수 있다. 노화의 과정이 철저하게 예정되어 있어서 계획된 프로그램에 의해 기능의 저하가 진행된다는 생체시계 이론과 외부 요인에 의해 손상을 받으면서 점진적으로 기능을 잃어간다는 착오 이론으로 기전을 설명하고 있다(Weinert & Timiras, 2003).

노화가 유전자의 발현에 의해 조절된다는 이론은 노화의 다양성과 예측 불가능성을 설명하기에 충분하지는 않다. 하지만, 지난 세월 인간의 평균수명은 연장되었지만 최장수명은 크게 변하지 않았고 장수를 누리는 가계의 후손의 평균수명이 길며 노인성 질환의 발병률이 낮고, 특정한 유전자 다형성 차이가 보인다는 것은 노화가 유전적 인자에 의해 결정된다는 증거라고 할 수 있겠다. 유전자 및 유전물질에 일차적 분자수준의 손상이 축적되고 이로 인해 유전자 발현 조절에 장애가 생기는 것도 노화를 설명하는 기전 중 하나이다. 끝분절 손실과 세포 스트레스가 노화세포의 발현을 증가시켜서 결국 노화가 발현된다는 이론은 생식세포와 암세포를 제외한 대부분의 체세포가 염색체 말단의 유전정보인 끝분절을 복제하지 못해서 세포분열이 거듭되다 보면 끝분절의 길이가 짧아져서 분열을 멈추거나 세포고사가 일어나는 현상을 기초로 한다. 산화 스트레스에 의한 세포손상은 노화의 중요한 기전 중 하나인데 산화대사에서 자유라디칼이 많이 만들어지거나 효과적으로 제거되지 않아서 세포가 손상되고, 이로 인해 세포 수명이 짧아지는 과정을 말한다(Johnson, Sinclair & Guarente, 1999). 산화 스트레스를 효과적으로 제거하는 데 필요한 항산화 효소들을 항진시킴으로써 수명을 연장시킬 수 있다거나, 산화 스트레스 생성에 관여하는 유전자 발현을 억제한 동물 모델에서 수명이 연장되고 노인성 질환이 줄었다고 보고되면서 산화 스트레스는 노화의 기전으로 꾸준한 관심을 받고 있다.

4) 노화의 생리적 변화

(1) 신경계

포유동물, 특히 인간의 뇌세포 수는 태어날 때 그 수가 정해져 있으며 나이가 들면서 감소한다고 알려져 왔던 것과는 달리 출생 이후에도 새로운 신경세포가 만들어지고 가지돌기 연결이 새롭게 일어난다고 밝혀졌다(Grossman, Babb, Rabin, Mannon & Kolson, 2002). 노화가 진행됨에 따라 뇌의 회색질 및 백색질의 양이 줄어서 뇌 위축이 오는데 이에 비례하여 뇌의 대사요구량도 줄어든다. 그러나 뇌 대사율과 혈류 사이의 연결은 잘 유지되어 대사능력이 줄어드는 것은 아니라고 보여진다. 뇌의 노화가 진행되면 부위에 따라 도파민, 아세틸콜린, 세로토닌 같은 신경전달물질의 수용체가 감소하여 우울증이나 기억력 장애, 운동 장애 같은 것이 생길 수 있다.

일반적으로 자극에 대한 단순한 반응시간은 노화에 큰 영향을 받지 않는 반면 선택이 필요한 반응시간은 연장된다. 시간을 충분히 주면 업무를 충분히 완수하므로 업무를 완수하는 능력이 변한다기보다는 속도가 늦어진다고 볼 수 있다. 적응력과 연관된 유동적 지능은 노화와 함께 퇴보하는 반면, 경험이 많을수록 축적되는 결정형 지능은 유지되거나 강화된다. 기억력 감퇴는 노화와 동반된 대표적인 기능 장애로 60세 이상에서 40%까지 나타나는데, 기억의 종류에 따라 노화가 미치는 영향은 다르다. 정보의 통합과 처리 및 재생과 관련된 단기기억은 노화와 함께 퇴보하지만 장기기억은 비교적 잘 보존되어 치매 환자에서도 보존되는 경향이 있다. 시력과 청력은 나이가 들면서 감소한다. 통각에 대한 반응의 속도는 떨어져도 동통 내성 역치가 감소한다는 뚜렷한 증거는 없다. 경막외 공간이 줄어들고 경막의 투과성이 증가하며 뇌척수액의 양이 줄어드는 등의 변화를 겪게 되는데 이로 인해 척수 및 경막외 마취에 대해 민감해진다. 등쪽 및 배쪽 신경근에 있는 유수신경의 직경 및 수가 감소하고 말초신경에서는 슈반세포 사이 간격이 줄어들고 전도 속도도 감소한다. 이러한 변화들은 노인이 신경 차단에 민감한 이유로 여겨진다.

(2) 심혈관계

나이가 들면 기저질환이 없다고 해도 심혈관계의 기능적 예비량이 감소하고 혈역학적 스트레스에 대한 대처 능력이 떨어진다. 노화의 과정에서 심근세포 수는 줄어들고 이를 보상하기 위해서 심근은 비대해진다. 반면에 섬유아세포는 여전히 콜라겐을 생성해 내므로 심장은 섬유화되고 뻣뻣해진다. 활성산소에 의한 세포손상과 미토콘드리아 기능 저하는 근소포체에서 아미노산 합성을 떨어뜨려서 심근세포의 이완을 연장시킨다(Dai, Chen, Johnson, Szeto & Rabinovitch, 2012). 이완기가 길어지고 심실의 순응도가 떨어지면서 좌심실의 이완기말 압력은 올라간다. 높아진 압력을 이기고 좌심실을 채우기 위해서는 이완기말의 심방 수축이 중요하게 되므로 동성 리듬을 유지하는 것은 혈역학적 안정을 유지하는 데 중요하게 된다. 그러나 방실결절 세포 수의 감소와 섬유화 그리고 심방을 중심으로 한 아밀로이드(amyloid) 축적으로 부정맥 특히, 심방 세동이 쉽게 발생한다. 심장 판막에서는 고리 확장과 석회화가 점진적으로 진행되면서 심장은 비정상적인 적응의 과정을 겪게 된다(Dai, Chen, Johnson, Szeto, & Rabinovitch, 2012).

노년기에는 혈관벽에 지방, 콜라겐, 미네랄이 침착되면서 동맥 이완이 방해받는다. 혈관 중간막의 근육층 비대, 콜라겐 증가, 탄력소 감소, 내피세포의 다양성 증가 등은 혈류에 영향을 미쳐서 소용돌이 흐름이 발생하여 지방이 축적되고 혈관파열이나 박리 등이 생긴다. 내피세포는 기능이 떨어져서 산화질소를 덜 생성하여 혈관 이완 장애에 일조한다. 혈관 내막이 두꺼워지고 굵은 탄력 동맥이 늘어나서, 수축기 고혈압, 맥압 증가 등이 나타난다. 혈관신전성이 떨어지면서 맥박파가 심장쪽으로 반사되는 시점이 수축기로 빨라지면서 관상동맥혈류는 감소하고, 후부하 증가로 좌심실 비대는 악화된다. 여성의 경우에는 폐경기 이후에 혈관 경화가 빠른 속도로 진행된다. 동맥의 경직화는 대동맥활과 목 동맥 팽대에 있는 압력 수용기의 감수성을 감소시켜 혈압 조절 장애를 일으킨다. 거기다 베타 아드레날린성 수용체 반응도가 감소하면서 75세 이상 노인의 30% 정도가 기립성 저혈압을 경험한다.

노화로 교감신경계 활성도는 크게 변하지 않는 반면 부교감신경계 활성도는 감소한다. 노르에피네프린의 생성은 증가하면서 청소율은 떨어져서 혈중 농도는 올라가지만, 베타 수용체의 탈감작 등이 일어나서 심장의 반응도는 오히려 떨어진다. 베타 수용체의 민감도 감소는 운동 및 스트레스 시 최고 심박수를 감소시켜 심부전에 민감하게 만든다.

(3) 호흡계

폐 실질의 탄성 반동이 소실되어 폐 순응도는 증가되는 반면 흉곽은 늑연골 관절의 석회화와 흉부 척추의 후만으로 탄력이 저하된다. 흉곽의 전후방 직경이 늘어나면서 가로막은 평평해져서 가로막운동의 효율이 떨어지고 호흡 일량은 증가한다(Rossi, Ganassini, Tantucci & Grassi, 1996). 호흡근의 소실 및 약화로 환기 부전에 쉽게 빠지게 된다. 인두근의 근력이 떨어지고 치아가 부실해지면서 상기도 폐쇄가 쉽게 일어난다. 인두근 쇠약에 의한 비효율적인 기침, 식도 상부의 기능 부전과 불량한 구강 위생으로 흡인물의 양과 그 속에 있는 박테리아의 양의 증가, 치매나 뇌졸증 같은 신경계 질환 등이 연하 장애나 기도 반사 둔화 등으로 흡인성 폐렴에 취약하게 된다(Teramoto, Yoshida, & Hizawa, 2015). 폐 탄성의 소실로 기도 허탈이 조기에 일어나 폐쇄 폐공기량은 증가한다. 호흡근 소실과 함께 폐쇄 폐공기량 증가는 1초 내 날숨폐활량 감소를 유발한다. 호흡수를 증가시켜 분당 호흡량은 유지되지만 폐활량은 나이가 들면서 감소한다.

가스교환이 일어나는 폐포 면적이 지속적으로 줄어들어 해부학적 사강이 증가하고 가스확산능력은 떨어지는 반면 폐쇄 폐공기량은 증가하여 가스교환의 효율을 감소시키기 때문에 동맥혈 산소화는 악화된다. 동맥혈 이산화탄소 분압이 크게 변하지는 않지만 저산소증이나 과이산화탄소혈증에 의한 환기 반응도 최대 40~50%까지 감소하여 진정제나 아편유사제의 호흡억제 효과는 더 크게 나타난다. 노화로 폐모세혈관 단면적이 감소하여 폐혈관저항이 증가하고 폐동맥압은 증가한다.

5) 대사 및 전해질

(1) 기초대사

기초대사율은 나이가 들면서 감소하는데 20세 이후부터 10년에 1~2% 정도 감소한다. 혈액 내 에피네프린 농도가 올라가고 베타-아드레날린 수용체의 민감도가 떨어지는 것이 기초대사율 감소와 연관이 있다(Schwartz, Jaeger & Veith, 1987). 베타-아드레날린 수용체 민감도가 떨어져서 교감신경계 활성화로 인한 열 발생이 감소되어 비만이나 당뇨병, 심혈관계 질환에 취약하게 된다.

(2) 신체조성

신체조성은 특징적으로 지방이 늘고 단백질은 소실되며 세포 내 탈수가 일어나는데 여성에게는 이러한 변화가 두드러진다(Beaufrere & Morio, 2000). 지방이 축적되면 지용성 약물이 침착되어 재분포와 제거에 시간이 오래 걸린다. 단백질의 감소는 대부분 근육량의 소실에서 오는데, 50대부터 시작되어 60대가 넘어서면 가속화된다. 또한 체내의 수분이 감소하는데, 주로 세포 내 수분량이 감소하지만 총수분량, 혈장량 등도 감소한다.

(3) 신장기능

신장기능은 나이가 들면서 신장의 무게는 줄어들고 신장 경화가 일어난다.

기능을 하는 사구체의 숫자 역시 줄어드는데, 고혈압 환자에서 사구체 수 감소가 가속화된다. 신장혈류 역시 40세 이후에는 10년에 10% 정도씩 감소한다. 크레아티닌 청소율이 지속적으로 감소하는데도 혈장 크레아티닌 농도는 별 변화를 보이지 않는다. 이것은 근육량 역시 노화에 의해 감소하기 때문이다.

나이가 들면 체내 전해질이나 수분의 양을 조절하는 능력이 떨어지는데 나트륨 보존 능력도 감소하여 나트륨 섭취가 부적절할 때에 저나트륨 혈증이 발생하고 이것이 심장 부정맥을 일으키기도 한다. 농축 능력도 떨어져서 수분 섭취가 제한되었을 때 소변농축이 효과적으로 되지 않는다. 갈증에 대한 반응이 둔화되는 것과 더불어 탈수의 위험이 크다.

(4) 간기능

간의 용적 및 혈류는 노화와 함께 감소한다. 담즙 분비는 감소하며 간의 대사 능력은 사람에 따라 다양하게 변화하므로 미세소체 및 비미세소체 간효소 활동은 비교적 잘 보존되며 간기능 검사도 정상으로 유지된다. 다만 단시간에 대사되는 약물은 간혈류 감소로 인한 영향을 크게 받으므로 용량을 조절할 필요가 있다.

6) 체온조절

체온조절의 능력은 노화와 더불어 감소하며 이상체온에 대한 민감도는 떨어진다. 장기의 기능약화, 대사율의 감소, 지방저장의 감소, 선행 질환, 신경전달물질에 대한 변형된 반응, 체온 감지 능력 소실 등의 정상적인 노화의 과정에서 일어나는 변화 외에도 다양한 복용약이나 영양불량 등이 체온 항상성을 유지하는 데 어려움을 증가시킨다. 노인에서는 추위에 노출되었을 때 혈관수축 반응이 떨어져 있으므로 저체온에 빠지기 쉬울 뿐만 아니라 떨림의 정도도 약화되어서 정상 체온으로의 회복이 더디다(Blatteis, 2012).

2. 노년기의 발달과 특성

노년은 보다 완성에 가까운 것을 향유할 수 있는 시기이며 삶 전체에 대한 나름의 조망을 형성해 가는 시기로서 환경과의 상호작용을 통해 끊임없이 변화하고 발전하는 발달과업 단계이다. 노년기는 노화를 통해 양적, 기능적으로 쇠퇴를 경험한다. 그러나 노화는 상실과 획득, 쇠퇴와 성장, 부정과 긍정 두 가지 측면을 갖고 있으므로 이 두 가지 측면을 동시에 고려할 수 있어야 한다.

1) 신체적 발달

(1) 신체구조의 변화

노화는 정상적 성장과 발달의 한 과정으로서 연령증가에 따라 생리 및 신체, 심리, 사회적인 측면의 쇠퇴나 무기력화 현상이다. 신체의 노화가 진행됨에 따라 나타나는 결과는 흰머리, 구부정한 허리, 불안정한 걸음걸이 등으로 요약될 수 있다. 체중이 점차 줄며 키도 줄어들게 된다. 노인의 피부는 창백해지고 얼룩반점이 생기고 건성화되며 피하지방의 감소로 주름살이 생긴다. 또한 피하조직과 피부의 신경세포감소로 인하여 체온유지능력이 감소되어 추위를 많이 느끼게 된다. 신체의 지방분은 증가하고 뼛속에 칼슘이 고갈되어 뼈의 질량이 감소하고 골밀도가 낮아짐으로써 골다공증을 일으키기 쉽다. 수의근의 수축력이 약화되어 운동능력이 감퇴하고 머리는 은색으로 변한다.

(2) 신체내부기능의 변화

장기는 40대부터 중량이 감소하지만 심장은 지방분의 증가 등이 원인이 되어 오히려 중량이 증가한다. 따라서 노년기에는 각종 심장질환에 이환될 가능성이 높아지게 된다. 노년기에는 치아결손, 소화효소 분비량의 감소, 위 근육의 약화 등으로 인해 소화 기능이 감퇴한다. 폐용적의 감소로 폐 속의 잔기량이 증가하여 기관지 질환이나 호흡기 질환에 이환될 가능성이 높아진다.

노인들은 이러한 신체적 노화에 성공적으로 적응하고 이를 극복하게 되면 생활만족도가 높아지지만 신체적 노화에 지나치게 몰두하게 되면 생활만족도가 낮아지고 심리사회적 기능에 손상이 일어난다(Peck, 1968).

- 피부, 모발, 목소리, 체격 등 외모, 움직임의 변화와 시각, 청각 등 감각기관이 변화하는 신체적 노화가 진행
- 노인에게 많이 나타나는 질병은 관절염, 고혈압, 심장질환, 청력장애, 백내장, 다리·둔부 또는 척추의 이상
- 우리나라 노인의 경우 가장 흔한 질병은 두통, 허리통증, 관절염이며, 소화기 계통 질환, 고혈압을 포함한 심장혈관질환인 것으로 나타남

2) 인지 발달

노년기에 가장 두드러진 특성 중 하나는 반응속도의 감소이다. 즉, 운동반응, 반응시간, 문제해결, 기억력, 정보처리과정에서 반응속도가 둔화된다. 이러한 특성을 행동둔화라고 하였다(Bengtson & Birren, 1988). 그러므로 환경변화에 즉각적으로 대처할 수 없게 되어 안전사고 유발의 가능성이 높아진다.

노년기에 주로 일어나는 사고능력과 기억력의 심각한 장애인 노인성 치매의 문제는 중요한 사회문제로 제기되고 있다. 또한 노년기에 이르게 되면 일반적으로 학습능력의 저하가 일어나기 때문에 노인들의 학습능력을 향상시키기 위해서는 충분한 시간을 갖고 구체적으로 수행해야 한다. 노년기에는 새로운 문제를 해결하는 데 필요한 유동성 지능이나 기억력은 쇠퇴하나 삶의 경험에서 비롯된 지혜와 같은 결정성 지능은 노년기에도 유지 및 증가한다. 단기기억과 최근 기억의 능력의 약화와 암기보다 논리적인 기억능력이 더 많이 감퇴하고 보는 것보다 듣는 것의 기억력이 더 뛰어나므로 청각을 활용한 교육방법이 효과적이다. 노년기에 주로 일어나는 사고 능력과 기억력의 심각한 장애인 치매의 문제가 심각한 사회 문제로 제기되고 있다.

3) 성격 발달

노년기에 나타나는 특징적 성격 변화 열 가지를 살펴보면 다음과 같다.

(1) 내향성 및 수동성의 증가

내향성 및 수동성의 증가로 외부 사물이나 행동보다는 내적인 측면에 관심과 주의를 기울이며 자신의 사고나 감정에 따라 사물을 판단하고 능동적 문제 해결보다는 타인에 의한 의존성이 증가한다.

(2) 조심성의 증가

조심성의 증가는 정확성을 중시하며 감각능력이 감퇴하고 결정에 대한 자신감의 결여로 인하여 확실한 것을 추구하는 경향이 강해진다.

(3) 경직성의 증가

경직성의 증가는 자신에게 익숙한 습관적 태도와 방법을 고수하며 이로 인해 학습능력과 문제 해결 능력이 저하된다.

(4) 우울성향의 증가

신체 질병과 배우자 사망, 경제사정 악화, 사회로부터의 고립, 과거에 대한 회상의 증가로 인하여 우울성향이 증가하고 이로 인한 불면, 무감각, 체중 감소현상이 나타난다.

(5) 생에 대한 회상의 경향

생에 대한 회상의 경향은 과거의 인생을 회상하여 남은 시간에 지금까지 해결하지 못한 것을 찾아서 새로운 해결을 시도하고 새로운 인생의 의미를 발견하려 한다.

(6) 친근한 사물에 대한 애착 증가

친근한 사물에 대한 애착 증가는 사용해 온 물건에 대한 애착이 증가하며 이를 통해 과거 인생을 회상하고 마음의 평온을 추구한다.

(7) 성역할 지각의 변화

성역할 지각의 변화는 남성은 친밀성과 의존성이 증가하고 여성은 공격성과 자기주장 그리고 자기중심성 성향이 상대적으로 높아진다.

(8) 의존성의 증가

의존성의 증가는 노화가 진행됨에 따라 경제적 의존과 신체적 의존, 정서적 의존이 증가한다.

(9) 시간 전망의 변화

시간 전망의 변화는 남아있는 시간을 계산하고 시간이 얼마 남지 않았다는 사실을 회피하기 위해 과거회상에 집중하거나 미래지향적이 된다.

(10) 유산을 남기려는 경향

유산을 남기려는 경향은 죽기 전에 자손, 기술, 재산 등 무언가를 남기려고 하는 것이다.

4) 죽음에 대한 적응단계

노년기에는 자신의 죽음에 대비하여 〈표 13-1〉와 같이 다섯 단계의 심리적 단계를 거쳐 다가오는 죽음을 깨닫기 시작한다. 그러나 다섯 단계는 하나의 과정 후에 반드시 다음의 과정이 오는 연쇄적 발생은 아니다.

〈표 13-1〉 죽음에 대한 반응, 수용 단계

단 계	죽음에 대한 반응 양상
부정과 고립	죽음에 자신을 내맡기기를 거부하고 부정하여 스스로 고립상태에 빠지는 단계("내가 그럴 리가 없어")
분노의 단계	죽음의 위협이 닥쳤을 때 더 이상 자신의 죽음을 부정할 수 없게 되어 분노하고 절망하게 되는 단계("왜 하필 내가?", "왜 하필 나에게?")
타 협	"내가 죽어가고 있구나, 그러나…" 하고 말하는 시기, 죽음을 연장시키기 위한 신과 타협을 하는 데 노력하는 단계
우 울	"아아 슬프도다"라는 체념과 절망이 섞인 우울 상태로 빠지는 단계
수 용	행복한 단계는 아니나 감정이 없는 단계이며 환자 자신도 지치고 허약하게 되어 죽음을 수용하는 단계('이제 떠날 시간이다')

3. 노년기의 심리학적 이론[1)]

1) 에릭슨의 심리사회 발달단계이론

에릭슨(Erikson)은 프로이트의 심리・성적인 성격발달이론을 수정・확대하여 심리・사회적 성격발달이론을 발전시켰다(Erikson, 1963). 에릭슨에 의하면 성격의 발달은 개인의 심리내적 요인이 대인관계의 사회적 접촉을 가짐에 따라 단계적으로 발전된다는 것이다. 성격의 발달단계는 영아기에서 노년기까지 8단계로 구분되고 각 단계마다 발전시켜야 되는 긍정적인 성격특성과 긍정적인 특성을 발전시키지 못하게 될 때 형성되는 부정적인 성격특성이 있게 된다. 마지막 단계인 제8단계, 즉 노년기에는 신체적인 노쇠와 직업으로부터 은퇴, 친한 친구나 배우자의 죽음 등으로 인하여 인생에 대한 무력감을 느끼게 되는 일이 많다. 이 시기의 성패는 신체적이고 사회적 퇴보를 어떻게 받아들이는가에 달려있다고 주장하고 있다. 대부분의 경우 노년기에 들어서면 자신이 지금까지 살아온 생애를 돌아보면서 자신의 생애가 가치 있는 삶이었

1) 장인협・최성재(1999). 노인복지학 재구성.

는지를 음미해 보게 된다. 이러한 과정에서 자신의 삶이 무의미한 것이었다고 느끼게 되면 절망에 빠지게 된다. 그러나 이러한 절망 속에서도 자신은 그때 그럴 수밖에 없었다고 생각하면서 자기 나름대로 인생의 의미를 찾고 보람을 느끼게 되면 인생에 대한 참다운 지혜를 획득하게 된다. 이러한 지혜를 통하여 앞의 7단계 동안 이룬 소산을 거두어들일 수 있게 되며 보다 더 차원이 높은 인생철학으로 통합을 이루어 나가게 된다. 자기의 인생을 만족감과 충만감을 가지고 돌아보는 사람은 자아통합을 이룬 사람이며 자신의 위치와 자신의 과거를 받아들인다.

노년기에서 발달시켜야 될 긍정적인 성격특성은 자아통합이다. 긍정적인 자아통합이 발달되지 못하면 절망의 태도가 형성되는 것이다. 여기서의 자아통합은 자기의 과거 및 현재의 인생을 바라던 대로 살았다고 받아들이고 만족스럽게 여기고 의미 있게 생각하며 앞으로 다가올 죽음을 인정하고 기다리는 태도를 갖는 것을 말한다. 절망은 자기의 과거 및 현재의 인생을 후회스럽고 불만스럽게 생각하고 다시 한번 기회가 주어진다면 지금과는 다르게 살겠다는 생각이며 죽음 앞에 남은 시간이 너무 짧아 어떻게 할 수 없기 때문에 불안·초조해 하며 절망적인 태도를 갖게 되는 것을 말한다. 노년기의 발달과업의 해결은 앞의 7단계의 축적적인 발달과업해결의 성패에 크게 달렸으며 특히, 전단계인 중년기의 생산성 대 침체성이라는 과업의 해결에 크게 좌우된다.

2) 펙의 발달과업이론

펙(Peck)은 에릭슨의 자아통합 대 절망을 노년기의 주요 발달과업으로 인정하면서 에릭슨의 7단계와 8단계를 통합하여 7단계 이론을 주장하고 있다. 펙은 제7단계인 중년기 이후의 발달과업을 ① 자아분화 대 직업역할몰두[2], ② 신체초월 대 자아몰두[3], ③ 자아초월 대 자아몰두[4]의 세 가지로 보고 있다.

2) 은퇴의 때를 맞이하여 자신의 직업역할 이상으로 인간으로서 자신의 가치를 재정의하여 내세울 만한 자신의 특성을 발견할 수 있는 사람은 활력과 자신감을 유지하는 데 보다 성공

자아의 정체성은 자기의 직업역할에 크게 의존하고 있다. 자아가 잘 분화되어 있는 경우는 자아의 지지기반을 직업역할 이외에 여러 가지의 역할에 나누어 두고 있는 데 반하여 자아의 분화가 약한 경우는 전적으로 자아의 지지기반을 직업역할에 두고 있다. 따라서 자아분화가 잘되어 있는 경우는 퇴직으로 인하여 직업역할을 상실했다고 해도 직업역할 이외의 다른 역할을 통하여 자아정체감을 유지할 수가 있지만 자아분화가 잘되어 있지 않은 경우는 직업역할의 상실로 자아 지지기반을 상실하여 자아정체감을 유지할 수 없게 된다. 또 하나의 과업은 신체적 기능 쇠퇴의 생물학적 노화현상을 극복하고 잘 적응함으로써 생활의 만족감을 얻게 되는 것이다. 신체적 기능 쇠퇴 현상에만 몰두하여 그것을 극복하지 못하면 생활의 만족감을 얻지 못하고 따라서 심리 및 사회적 기능도 크게 손상당하게 된다. 또 다른 하나의 과업은 현실적인 자아를 초월하는 것이다. 즉, 불안이나 두려움 없이 자신의 죽음을 불가피한 것으로 인정하고 긍정적으로 받아들이며 자신을 현재적인 생명을 넘어 미래에까지 연결시키는 것이다.

3) 해비거스트의 발달과업이론

해비거스트(Havighurst)에 의하면 생의 발달단계는 생의 주기에 따라 6단계로 구분되고 그 각각의 발달단계에 주어진 과업을 그 단계에 완수하면 행복해지고 다음 단계의 발달과업도 잘 수행할 수 있게 된다(Havighurst, 1976). 그러나 발달과업을 잘 수행하지 못하면 자신이 불행해질 뿐만 아니라 사회에서도 용납되지 않고 다음 단계의 발달과업도 잘 수행할 수 없게 된다. 해비거스트가 제시한 마지막 제6단계인 노령기의 발달과업

3) 신체적 상태에 관한 걱정을 극복하고 이를 보상할 다른 만족을 구해야 함
4) 지금의 자신과 자신의 인생에 대한 관심을 초월하여 다가올 죽음의 실체를 받아들이는 것

은 다음과 같다.

첫째, 약화되는 신체적 힘과 건강에 따른 적응
둘째, 퇴직과 경제적 수입 감소에 따른 적응
셋째, 배우자의 죽음에 대한 적응
넷째, 자기 동년배집단과의 유대관계 강화
다섯째, 사회적 역할을 융통성 있게 수행하고 적응하는 일
여섯째, 생활에 적합한 물리적 생활환경의 조성

4) 클라크(Clark)의 적응발달과업이론

클라크(Clark)는 노년기에 오래 살게 되면 누구나 직면하게 되는 다섯 가지의 적응과업을 제시하고 있다(Clark, 1967).

첫째, 노화의 현실과 이로 인한 활동 및 행동에 제약이 오는 것을 자각하는 것
둘째, 신체적 및 사회적 생활반경을 재정의하는 것
셋째, 노화로 인한 제약 때문에 종전처럼 만족시킬 수 없는 욕구를 다른 방법으로 만족시키는 것
넷째, 자아의 평가기준을 새로이 설정하는 것
다섯째, 노년기의 생활에 맞도록 생활의 목표와 가치를 재정립하는 것

5) 기타 노년기와 관련된 이론들

(1) 솔트하우스의 자원감소이론

솔트하우스(Salthose)에 따르면 노년기에는 정보처리를 위한 자원이 축소됨으로써 인지적 수행능력이 감소한다. 따라서 인지적 과업을 수행하는 데 필요한 자원이 많을수록 인지적 수행능력이 증가한다는 이론이다.

(2) 밀러의 정체감 위기이론

밀러(Miller)는 직업적 역할이 개인의 정체감을 지지하고 유지하는 기반이고 부수적 역할을 부여한다고 규정하였다. 노년기에 정체감을 유지하는 방법은 사회적 인정을 받을 수 있는 여가활동을 개발하고 참여하여 만족감을 추구하여야 한다는 이론이다.

(3) 맥클런의 행동유전이론

맥클런(McClearn)의 행동유전이론은 주로 유전요인이 노화에 미치는 영향에 관심을 두고 있으며 유전요인이 환경요인보다 행동에 지속적인 영향을 미치지만 환경요인 역시 행동에 있어서 차이를 유발하는 중요한 요인이라고 강조하는 이론이다.

(4) 톤스탐의 노년초월이론

톤스탐(Tornstam)은 노년기가 되면 시간과 장소 그리고 대상에 대한 관점이 변화하고 과거 및 미래 세대와의 친밀성이 증가한다고 하였다. 노년초월이론은 삶에 대한 지각이 변화하고 죽음에 대한 공포가 사라지며 숨겨져 있던 자아의 특질을 발견하고 자아중심성이 줄어들며 이타성을 회복하고 자아통합 상태에 도달하게 된다고 하였다. 결과적으로 물질적인 것에 대한 관심이 줄어들고 자아와 역할 사이의 차이를 이해하며 자신의 삶을 반추하는 시간이 증가한다.

6) 한국인의 발달과업이론

한국인의 발달과업으로는 전문가들의 평가과정을 통하여 평생교육적 관점에서 한국인의 생의 주기를 7단계로 나누고 각 단계마다 지적·정의적·사회적·신체적 영역에 속하는 과업을 설정하여 제시하고 있다(김종서 외, 1982). 제7단계인 노년기의 각 영역에 있어서의 발달과업은 다음과 같다.

(1) 지적 영역

지적 영역으로는 세대차와 사회변화를 이해하고 은퇴생활에 필요한 지식과 생활을 배우며 정치, 경제, 사회, 문화에 대한 최신 동향과 건강증진을 위한 폭넓은 지식을 찾고 알아야 한다.

(2) 정서적 영역

정서적 영역으로는 적극적으로 일하고 생활하려는 태도를 유지하며 취미를 계속 살리고 여가를 즐겁게 지내야 한다. 그리고 정년 퇴직과 수입 감소에 적응하며 소외감과 허무감을 극복하고 인생의 의미를 찾고 배우자 사망 후의 생활에 적응하며 동료 또는 자신의 죽음에 대하여 심리적으로 준비하여야 한다.

(3) 사회적 영역

사회적 영역으로는 동년배 노인들과 친교를 유지하고 가정과 직장에서 일과 책임을 합당하게 물려주어야 한다. 그리고 가정이나 사회에서 어른 구실을 하고 자녀 또는 손자들과 원만한 관계를 유지하여야 한다.

(4) 신체적 영역

신체적 영역으로는 줄어가는 체력과 건강에 적응하고 노년기에 적합한 간단한 운동을 규칙적으로 하고 건강유지에 필요한 적절한 섭생관리 및 질병이나 쇠약에 대한 바른 처방과 이행을 하여야 한다.

7) 정체감 위기이론

정체감 위기이론은 밀러(Miller, 1965)에 의해서 제창된 이론이다. 직업은 개인의 정체감을 지지하고 유지시키는 기반이 되고 또한 부수적 사회역할과 생계유지자와의 역할 그리고 여가활동의 역할 등을 유지하게 하여 자아정체감을 더욱 확고히 한다. 그러나 퇴직은 직업적 역할과 이에 부수되어 있던 다른 역할의 상실까지 가져오게 된다. 더욱이 역할 수행의 능력에는 이상이 없음에도 불구하고 강제적이고 비자발적으로 퇴직당함으로써 결과적으로는 역할 수행을 할 수 없는 자라는 낙인이 찍히고 이러한 낙인은 남아있는 다른 역할에까지 전가된다. 결과적으로 자아의 기반이 무너지게 되므로 정체성 유지는 위기를 맞게 되고 결국은 와해된다는 것이다. 즉, 직업을 상실하게 될 경우 상기역할이 상실되며 그에 따라 정체감이 변화되고 노화가 촉진되게 되는 것이다. 밀러는 정체감 와해에 대한 해결책에 대해서 다음과 같이 주장하고 있다. 사회체계 속에서 퇴직자가 수행할 수 있는 일이 어떤 것이 있는가를 찾아서 그 일을 통하여 대체적인 만족감을 가질 수 있도록 하든가 아니면 사회적인 윤리나 규범에 의하여 지지받을 수 있는 완전한 여가활동을 개발하여 여기에 참여하도록 하는 것이다.

참고 **노년기의 여가활동**

여가활동은 휴식과 피로회복 그리고 자기개발 및 사회적 성취 등 젊은이들이 생각하는 여가 개념을 노인에게 그대로 적응시킬 수는 없다. 노년기에 있어 시간의 여유는 '**무엇인가 하고 남은 시간**'이 아니라 '**생활의 대부분**'이 되어버렸기 때문이다.

노년기는 조기퇴직이나 강제퇴직제도로 인하여 일하고 싶어도 일할 수 없는 상황에서 노년기의 여유시간은 자발적 선택이라기보다는 어느 정도 강제적으로 부여된 여가시간의 성격이 강하다. 결국 오늘날의 노인들은 늘어난 시간을 즐기기보다는 '**무위고**'로 괴로움을 당하고 시간을 헛되이 흘려보내고, 고독과 소외, 자존감의 하락 등으로 힘든 시간을 보낼 수 있다.

노년기의 적극적 여가활동은 다음과 같이 노후생활의 적응에 많은 긍정적인 효과를 기대할 수 있다.

첫째, 여가활동에 참여함으로써 직장동료관계, 가족관계 등의 위축된 사회적 관계망을 보완·유지 또는 확대할 수 있는 기회를 갖게 되므로 고독과 소외감을 경감할 수 있다.

둘째, 여가활동을 통해 무위 상태를 벗어나 자기유용감과 자아개념에 긍정적인 변화가 온다.

셋째, 직장이나 가정 때문에 발휘하지 못했던 잠재적 재능을 확인하고 이를 표현함으로써 자아실현의 기회를 가질 수 있다.

넷째, 여가활동에의 참여를 통해 신체 및 정신건강을 유지 향상시킬 수 있다.

다섯째, 후세대에 삶의 지혜와 전통문화를 전수하고 더 나아가 사회발전에 기여할 기회를 가질 수 있다.

여섯째, 여가활동을 통해 삶의 활력을 찾고 사기와 삶의 만족도가 높아진다.

일곱째, 여가활동에 참여하는 과정에서 자신의 삶을 자율적으로 결정할 수 있는 기술과 능력이 증진되어 삶에 대한 통제력이 높아진다.

8) 정체감 유지이론

정체감 유지이론은 애칠리(Atchley, 1971)에 의해 제기된 이론으로 위의 정체감 위기이론과 상반되는 입장에 있는 이론이다. 이 이론은 개인은 직업만이 아닌 여러 가지 역할을 통하여 자아 정체감 형성 및 유지를 하고 있다는 것이다. 그러므로 직업상실 후에도 직업으로 인한 정체감만이 아니라 다른 역할을 통하여 형성된 정체감을 지속적으로 유지한다.

9) 사회적 와해이론

사회적 와해이론은 커트퍼스와 뱅슨(Kutpers & Bengtson, 1973)에 의하여 제창된 이론이다. 이 이론은 노인의 취약한 부분이 사회에서 부정적으로 인식되어 노인에게 재반영되는 과정에서 노인의 부정적 인지와 사회관계 약화, 활동곤란 등이 반복된다는 것이다.

4. 성공적인 노화와 과제

노년기에 가장 두드러진 특성 중 하나는 반응속도의 감소이다. 즉, 운동반응, 반응시간, 문제해결, 기억력, 정보처리과정에서 반응속도가 둔화되며 이러한 특성을 행동둔화(behavioral slowing)라 한다. 따라서 환경변화에 즉각적으로 대처할 수 없게 되어 안전사고 유발의 가능성이 높아진다. 노년기에 주로 일어나는 사고능력과 기억력의 심각한 장애인 노인성 치매의 문제는 중요한 사회문제로 제기되고 있다. 또한 노년기에 이르게 되면 일반적으로 학습능력의 저하가 일어나기 때문에 노인들의 학습능력을 향상시키고 성공적인 노화를 위해서는 충분한 시간을 갖고 구체적으로 수행해야 한다(Bengtson & Birren, 1988).

1) 성공적인 노화

(1) 생물학적 영역

생물학적 영역은 질병이나 장애가 없거나 있어도 생활을 최소한도로 방해하고 일상적 활동을 자립적으로 할 수 있는 신체적 기능수준을 유지하고 신체적 활력을 보유하는 건강한 상태로 노화하는 것이다.

(2) 심리적 영역

심리적 영역은 삶의 목표의식이 뚜렷하고 건강한 인지 기능을 유지하며 자신을 수용하고 통제하며 자신의 능력에 대해 신뢰하고 자신의 성장을 도모하면서 환경적 요구에 잘 대처하고 적응하면서 주관적으로 만족스러운 삶을 영위하는 적응적 노화 상태이다.

(3) 사회적 영역

사회적 영역은 가족과 친구 그리고 이웃과 사회적 접촉을 통하여 사회적 관계망을 유지하고 강화하는 것이다. 그리고 경제적으로 안정된 생활을 할 수 있을 정도의 노후 소득준비를 충분히 하는 것이며 은퇴 이후에도 경제활동 또는 사회발전에 기여할 수 있는 생산적 활동에 활발하게 참여하는 활기찬 노화와 생산적 노화이다.

2) 노화의 과제

(1) 상실과 비애

노년기는 긴 생애를 통해 열정과 기쁨에 도달할 수 있는 능력과 성공적인 애도-자유과정, 즉 이상적인 목표로부터 고통스런 내적 이탈로부터, 더 이상 존재하지 않는 사람으로부터 적응수준에 도달할 수 있는 노인의 능력을 특징화했다. 또한 애도는 눈에 띄지는 않지만 전 생애를 통해 진행되는 과정이다. 인생 초기에 잘 적응할 수 있었던 사람은 노화에 따르는 상실과 비애에 더 잘 적응할 수 있다(Pollock, Lizelman, Wisk & Witt, 2013).

비애를 효과적으로 처리할 능력이 없고 우울을 견딜 수 없는 사람은 지탱해 주는 사람과의 이별에 의해 좌절되게 된다. 내적 강함과 인격결합력 그리고 적응능력 등이 인생 후기의 적응을 위한 주요 결정인자이지만 친구관계를 맺고 조언자를 찾는 것과 같은 다양하게 재충전할 수 있는 자원의 사용과 능력에 의해 그 인자가 결정될 수 있다. 회복과 재통합을 할 수 있을 정도로 노화에 따른 상실이 간헐적으로 일어난다면 적응은 더 촉진될 수 있다.

(2) 애착과 은퇴

정상적인 노화과정에서는 어쩔 수 없는 은퇴를 요구하지 않지만 관계(친구, 배우자, 가족을 포함)의 상실과 관계의 변화 및 사회활동에서의 역할 포기는 노인의 중심과제인 애착과 은퇴에 직면하게 한다.

애착에 대한 정신분석 이론은 경험적 연구에 의해 지지되었는데, 핵심 자기(core self)는 중요한 사람에 대한 일련의 애착을 통해 이루어지며 중요한 사람의 자기조절 특징이 내적 구조의 형성을 용이하게 한다. 에릭슨은 사람이 전 생애 동안 강렬한 인정을 요구한다고 했는데 유아의 본능적 미소가 관대한 젖가슴과 부모의 돌봄을 깨어나게 하는 것 같다고 했다. 어떤 나이의 심리 내적 적응은 생활하고 사랑하며 관계를 맺는 데 있어서 그리고 실제 정신표상 세계 또는 과도기적 이행 단계에서도 다른 사람의 동반과 인정을 계속적으로 필요로 한다.

노년기의 중요하고 반복되는 주제로 다른 사람의 수용과 질투의 조절이 있다. 이는 노인에 대한 정상적인 적응과정으로서 과도한 질투심의 감소를 강조했다. 성공적으로 노화과정을 지나가려면 사람은 과거를 받아들여야 하고 질투로 고통받지 않아야 한다(Klein, 1987).

(3) 자기주체성 유지

노인의 자기개념과 자기이미지는 일반적으로 안정되게 유지되고 있고 부정적이지도 않다. 인생 후기에 좋은 심리사회적 적응을 나타내는 요소를 연구한 결과에 따르면(Vaillant & Vaillant, 1990), 그 좋은 적응 요소는 계속적인 가족관계(특히, 형제간의 밀착), 성숙한 방어(승화, 억제, 예견, 이타주의, 유머)의 사용, 알코올중독이 없음, 우울증이 없음이었다.

이와 같이 노화의 정상 과정은 자기개념과 주체성의 유지와 관계가 있다. 회고 과정은 노년기에 인생을 검토하는 중요한 과정이다. 에릭슨도 과거를 다루는 역할을 강조했다. 과거의 조정이 발달의 마지막 단계인 통합의 목표에 도달하게 하는 방법이 된다.

(4) 자존심과 자기애

정상 노화는 리비도를 새로운 대상과 새로운 목적에 적절하게 재배치하는 능력에 따라 좌우된다. 또한 사랑하는 대상 상실이 자존심에 영향을 주는데 의미 있게 오랫동안 일해 온 직업에서의 은퇴가 상실로 작용하여 자존심에 손상을 준다. 노인의 큰 문제 중 하나는 자기애적 상실이다. 정상 노인은 적절한 자존심과 자신감을 갖고 지혜를 가지고 운명을 수용하며 젊은 사람과 함께 나누고 즐길 수 있다.

PART

04

인간행동과 사회환경 속에서의 사회복지실천

CHAPTER 14

사회복지실천의 이론적 틀로서 책임성

인간행동과 사회환경 속에서의 사회복지실천이 전문직으로서의 위치를 확고히 하기 위해서는 경험적으로 검증된 이론과 실천현장에 바탕을 둔 틀 안에서 실천이 이루어져야 한다. 이것은 곧 개인과 사회에 대한 **책임성**을 의미한다.

1. 이론적 틀의 필요성

사회복지실천이 전문직으로서의 확고한 위치에 있기 위해서는 검증된 이론적 틀 내에서 실행을 해야 한다. 이론적 틀은 과학적이고 객관적으로 검증된 틀이 있어야 사정을 할 때 책임성이 높아질 것이다. 이론적 틀에 맞추어 활동하지 않을 경우에는 임의적이고 공허한 활동이 되기 쉽다. 예를 들면, 의사가 진료활동을 하는 데 필요한 의학적 지식이나 이론이 있을 것이다. 그것에 기초하지 않고 그냥 자기 경험에서 진단을 한다면 그 전문성을 인정할 수가 없다. 이는 실천 현장에 바탕을 두지 않은 이론만 있을 경우에는 현실성이 결여되었다는 것이다. 이러한 이유에서 사회복지실천의 현장에는 반드시 이론적 틀이 있어야 한다.

사회복지사의 활동은 〈표 14-1〉과 같이 개인과 사회 환경의 공유 사이에 일어나는 욕구들 사이의 조합이 원만히 이루어질 수 있도록 돕고 개인 변화의 촉매 역할, 공정한 기회 배분, 각종 사회복지 정책 및 행정의 변화 및 개혁을 시도하는 사회변화 촉매인 역할이다.

〈표 14-1〉 개인과 환경 상호작용에 대한 사회복지사의 개입활동

개인(생활의 주제) 성격, 능력, 자질, 야망, 의지, 기대, 가치관, 특수욕구 등	⇔	환경(생활의 객체) 자원, 기회, 제도정책 등 (사회보장, 의료, 교육, 주택, 고용 및 생활 관련)
↱	상호작용의 촉진 개인 잠재력의 극대화	↰
개인의 기능 보완, 개별화된 원조기술, 개별적 특수 욕구에 대응, 보완적 치료가능	↑	사회복지정책, 행정입안 및 개혁, 개인의 기본적 욕구에 대응, 예방적, 전반적 대책
⇖	사회복지사의 활동 (실천의 틀, 실천의 원리, 실천기술, 기법 등)	⇗

2. 사회복지실천의 포괄적 개념 틀

사회복지실천의 포괄적 개념은 실천관점, 실천이론, 실천모델들을 일컬어 포괄적 개념이라 할 수 있다. 즉, 포괄적 개념 틀은 개념, 믿음, 가치, 명제, 가정, 가설 및 원리들로 구성되어 있다. 이는 인간 자체, 인간의 기능과 역기능, 인간의 변화에 대한 이해를 돕는 개괄적 사고체계라 할 수 있다. 즉, 사회복지실천의 개념적 틀이 갖는 유용성은 고도의 감정이 개입되기 쉬운 복잡한 인간의 문제와 그 문제 상황에 대한 분석 틀을 제공한다(Sheafor & Horejsi, 2008). 이러한 분석 틀은 인간행동 및 의사결정의 논리적 근거를 제공하며 인간의 일을 다룸에 있어 체계적이고 질서 정연하고 예견 가능한 접근을 촉진할 **책임성**이 있다. 또한 전문직들 사이의 의사소통을 원활하게 촉진한다.

실천의 포괄적 개념 틀은 인간행동과 사회현상을 설명하는 각종 이론들과 실천의 시각들로 구성되어 있으며 가장 상위 개념에 해당되는 것이 사회복지실천을 위한 이론들이다. 이 이론들은 기본 이론, 관점, 개입이론, 개입모델

을 모두 포함하는 개념이다. 사회복지실천을 위한 이론은 큰 틀에서 기본 이론과 실천 틀로 구별할 수 있다.

1) 인간행동과 사회환경의 기본 이론과 구성

인간행동에 대한 기본 이론은 기술 및 설명과 인간행동 문제의 발생원인 등 사회문제의 발생원인과 과정 등에 대한 설명을 제공한다. 이것은 사회복지실천의 배경 지식이 되며 경제, 교육, 행정, 사회, 심리, 문화인류(학) 등의 분야에서 가져오게 된다. 이러한 배경 지식들을 인간행동과 사회환경에 대한 이론이라고 명명할 수 있다. 이에는 인간발달, 정체감 형성, 가족 기능, 집단의 기능에 관한 이론들 그리고 이론들의 환경적 맥락에 관계된 경제, 정치학, 역사 등의 이론을 포함한다.

사회복지는 욕구충족을 대상으로 한다. 욕구충족에 어려움이 생길 때 성장발달에 어려움이 생긴다. 이로 인하여 사회적 역할 수행에 어려움이 생기면 욕구충족에 어려움이 생긴다. 따라서 아래의 질문에 이미 답을 하려고 노력하였다.

첫째, 특정한 사회적 상황에서 인간이 어떻게 행동하는가?(성격이론).

둘째, 사회적 환경이 클라이언트에게 어떤 영향을 주는가?(사회환경에 대한 이론).

셋째, 인간과 환경 간의 기능적인 상호교환이 있는가?(일반체계이론, 생태학적이론).

인간행동과 사회환경의 구성은 【그림 14-1】과 같이 성격이론인 정신역동이론, 인지이론, 행동주의 이론, 인본주의 이론을 골격으로 하여 사회환경적인 요소로 가족, 집단, 조직, 지역사회, 문화를 배경으로 인간의 발달주기인 태내기, 영·유아기, 아동기, 청소년기, 중·장년기, 노년기별 이해로 이해하였다. 이는 전체적인 일반체계이론과 생태학적 이론의 큰 테두리로 이해되어 구성되어 있다고 볼 수 있다.

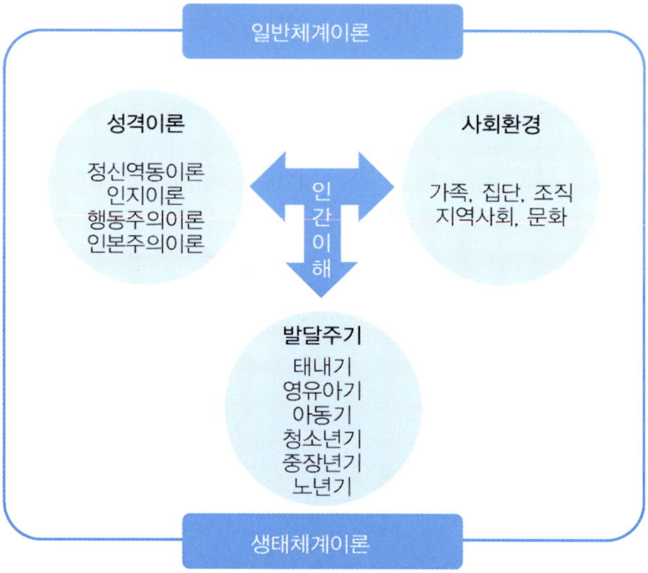

| 그림 14-1 | 인간행동과 사회환경의 구성

2) 인간행동과 사회환경의 실천 틀

인간의 행동 및 심리상의 문제는 인간의 주변에서 인간의 문제에 영향을 미치는 여러 가지 사회환경의 문제들을 어떻게 파악할 것이며 또한 어떻게 변화시킬 수 있을 것인가에 대한 지침을 제공하고 이에 따른 **책임**을 지우며 보다 상위 개념인 기본 이론과 실천의 현장에서 직접 필요로 하는 실천기술 및 기법 사이를 연결해 주는 역할을 한다.

사회복지전문직의 정체성 확립을 위해서는 모든 실천 활동이 실천에 관한 이론, 즉 실천 틀과 연결되어 있어야 한다고 주장해 이론에 대한 **책임성**을 강조하고 있다(Frank, 1985). 실천 틀은 다시 실천관점 → 실천이론 → 실천모델의 순서로 나아가면서 구체성을 많이 내포하고 있다(Sheafor, 1997).

(1) 실천관점

실천관점은 가장 포괄적이고 추상적인 형태의 실천 틀이다. 인간행동과 사회구조를 관찰할 때 사용하는 관념적 안목으로도 불리며 일반체계적 관점과 생태체계적 관점이 있다. 이러한 관점들은 문제를 파악하는 관점과 개입의 방향 및 과정에 대한 개략적인 지침을 제공할 뿐 구체적인 개입방법과 기술을 제공하지는 않는다.

(2) 실천이론

실천이론은 실천관점에 비해서는 보다 구체성을 띠는 것으로 실천과 관련된 개념들을 소개하고 설명하며 그 개념들 사이의 유기적 관계를 설명한다. 실천이론은 인간행동이나 사회현상에 대한 설명을 제시할 뿐 아니라 변화를 위한 개입활동에 대한 개괄적 지침을 제공하며 개입의 노정표(road map)라 불리기도 한다.

- **심리·사회접근법 : 정신역동이론과 자아심리학**
- **행동주의 치료법 : 학습이론**
- **인지행동치료법 : 인지이론, 학습이론, 행동주의 이론 등에 기초한 실천이론**

(3) 실천모델

인간행동과 사회환경의 실천모델의 위치를 이해하기 위해서 먼저 모형과 모델과 도구의 관계를 살펴보기로 한다. 모형과 모델과 도구의 관계는 ❙그림 14-2❙와 같이 도식화될 수 있다. 먼저 모형은 내부를 들여다볼 수는 없지만 모델을 압축하고 있고 더불어 도구도 압축하고 있다고 볼 수 있다. 결국 하나의 모형은 우리가 정확하게는 확인할 수 없지만 실질적으로 활용가능하고 사용할 수 있는 모델과 도구들을 잉태하고 있다고 볼 수 있다. 즉, 추상적인 모형이 실제의 모델을 통해 도구를 확인할 수 있다는 것이다. 따라서 모형과 모델과 도구는 다음과 같이 구분할 수 있다(이원주·이영미, 2019). 즉, 실천모델은 인간행동과 사회환경의 볼 수 있는 실질적인 표상이라 볼 수 있다.

모형은

첫째, 모양이 같은 물건을 만들기 위한 틀로 볼 수 있다.

둘째, 실물을 모방하여 만든 축소해서 만든 물건이다.

셋째, 작품을 만들기 전에 미리 만든 본보기 또는 완성된 작품을 줄여서 만든(miniature) 본보기이다.

모델은

첫째, 작품을 만들기 전에 미리 만든 실제크기(actual size)의 물건이다.

둘째, 완성된 작품의 대표적인 보기이다.

셋째, 본보기가 되는 대상이나 모범이다.

도구는

첫째, 일을 할 때 쓰는 연장(tool)을 통틀어서 이르는 말이다.

둘째, 어떤 목적을 이루기 위한 수단이나 방법이다.

셋째, 정량적인 것과 정성적인 부분을 포함하고 있다.

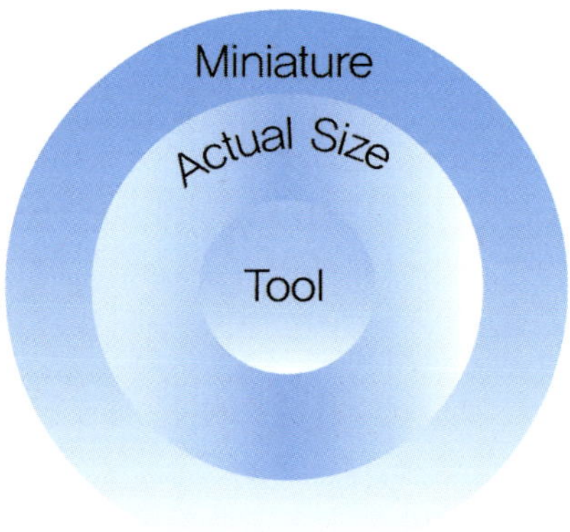

그림 14-2 모형과 모델과 도구

실천모델은 특정 실천이론에 바탕을 두고 조직화되는 것이 일반적인 원칙이지만 현장의 많은 실천모델들은 상황에 따라 다양한 관점들을 포함하고 있는 경우가 많으며 이러한 현상은 두 가지의 절충방식이 있다.

① 실천가의 선호 성향에 따른 방식

실천가의 선호 성향에 따른 방식은 실천가의 이론적 선호, 가치기준, 지식, 실천의 경험, 실천에 대한 인식, 실천현장의 특성에 영향을 받아 이루어지는 방식이다.

② 효과성이 나름대로 인정된 이론적 요소들을 모아서 절충하는 방식

효과성이 나름대로 인정된 이론적 요소들을 모아서 절충하는 방식은 연구결과에 바탕을 둔 절충 방식이다(Fisher, 1978). 실천 모델로 분리되는 것들로는 과업중심 모델, 위기개입 모델, 생활 모델, 문제해결 모델 등이 있다.

사회복지사가 인간행동 및 사회환경의 관계를 적용할 때 어느 한 기본 이론이 실천이론에만 기초해서 활동한다는 것은 드문 일이며 대부분의 사회복지사들은 다양한 기본 이론에 기초해서 활동할 뿐만 아니라 상호 보완적이며 대체 가능한 실천의 관점, 실천이론, 실천모델들을 최대한 활용한다.

(4) 운용지침

운용지침은 사회복지기관 내에서 원만한 과업 수행을 위해 알아야 하는 규칙이나 절차와 양식 그리고 특정 활동 관련 자원의 내역, 자원조달 방법, 서비스 연결망 등에 대한 정보이다. 특정 문제를 갖고 있는 클라이언트에게 서비스를 제공하는 데 필요한 특정 문제 분야에 관한 깊이 있는 지식도 포함된다. 이는 기본 이론과 실천관점, 실천이론, 실천모델을 초월해 존재한다. 실천 현장에 함께 일하는 동료 전문가들을 통해 자연스럽게 이해되고 획득되는 것이다.

(5) 실천 틀이 갖추어야 할 속성

인간행동과 사회환경의 실천 틀이 갖추어야 할 기본적 특성이 있다(Sheafor, 1997).

첫째, 사회복지 전문직의 목적과 가치 및 윤리와 일치해야 한다.

둘째, 실천 틀을 구성하고 있는 개념과 원리 그리고 가설 등이 명백히 기술되고 정의되어 실천의 틀이 나타내는 전반적인 내용들이 타인들에게 쉽게 전달될 수 있어야 한다.

셋째, 인간이 일상적인 생활 속에서 경험하는 것과 관심 있어 하는 것들이 실천 틀 속에서 제시되는 내용과 연결되어 있다고 판단할 정도로 쉽게 설명되어 있어야 한다.

넷째, 사회복지사들이 그들의 실천과정에서 만나는 복잡하고 무질서한 인간행동과 사회환경들을 분석하고 이해하는 데 도움을 줄 수 있어야 한다.

다섯째, 사회복지사가 클라이언트 또는 클라이언트의 상황 변화에 개입하는 과정의 각 단계에서 사회복지사가 활동의 길잡이가 될 수 있어야 한다.

여섯째, 사실과 관찰의 경험에 기초한 것이어야 한다.

그리고 좋은 틀이 갖추어야 할 일반적인 특성이 있다(Sheafor, 1997).

첫째, 클라이언트의 문제 상황에 영향을 미친 개인적 요소와 환경적 요소를 모두 고려하면서 이 두 요소들에 대한 개입을 모두 시도한다.

둘째, 클라이언트를 진정으로 보호하고 아끼는 마음이 내포되어 있어 밖으로 전달된다.

셋째, 클라이언트의 단점, 부족, 병리 현상 등에만 초점을 두는 것이 아니라 클라이언트가 가지고 있는 잠재능력과 장점들을 인정하고 그것들에 기초해서 실천을 전개한다.

넷째, 원조과정에서 어떤 실천방법이 동원될 것인가에 대해 클라이언트가 최종 결정을 하도록 한다.

다섯째, 클라이언트의 관심, 가치, 문화, 종교와 일치하는 서비스를 제공하며 서비스의 제공 방법도 이러한 요소들을 고려하여 결정된다.

여섯째, 개입의 효과가 가급적 즉시 나타날 수 있는 방법을 사용한다.

일곱째, 클라이언트가 의존 상태로부터 벗어나는 데 도움이 되는 지식, 기술, 능력 등을 클라이언트 스스로 습득하도록 도움을 제공하는 데 초점을 둔다.

여덟째, 클라이언트가 살고 있는 지역사회 내에 자조집단 또는 상호지지집단이 형성되도록 촉진한다.

3. 사회복지실천의 틀이 갖는 유용성

사회복지실천의 틀이 갖는 유용성은 복잡한 인간의 문제와 그 문제 상황에 대한 분석 틀을 제공한다는 것이다. 인간의 문제는 고도의 감정이 개입되어 있어서 복잡하다. 즉, 주어진 정보와 믿음(신념), 가정 등을 일관된 하나의 전체적인 의미 체계로 조직화하는 데 실천의 분석틀이 유용하다. 예를 들면, 개인의 자기 결정권을 굉장히 중시하는 것은 사회복지의 기본적 믿음이라고 할 수 있는데 그런 것들이 어떤 틀 안에서 관점이나 모델 안에서 어떤 식으로든 구현이 될 것이다. 그런 것들을 활용할 때는 조직화된 객관적인 것을 준거 틀을 가지고 일을 할 수 있을 것이다. 그리고 사회복지사가 인간행동 및 어떠한 결정을 할 때 논리적 근거로 제공될 수 있다. 인간의 일을 다룸에 있어 체계적이며, 질서 정연하며, 예견 가능한 접근을 촉진시킬 수 있을 것이며 전문직들 사이의 의사소통을 원활하게 할 것이다.

4. 좋은 사회복지실천 틀의 일반적 속성

좋은 사회복지실천 틀의 일반적 속성은 문제 상황에 영향을 미친 개인적·환경적 요소를 모두 고려하고 개입을 시도하는 것이다. 또한 클라이언트를 진정으로 보호하고 아끼는 마음이 내포되고 전달되어야 한다. 더불어 클라이언트의 잠재능력과 장점을 인정하고 이에 기초하여야 하며 클라이언트의 관심과 가치, 문화, 종교와 일치하도록 서비스 및 서비스를 제공하도록 방법을 고려하여야 한다. 또한 클라이언트는 응급한 상황에 있는 사람들이 많기 때문에 개입 효과가 가급적 즉시 나타나는 방법을 사용해야 한다. 따라서 클라이언트의 탈의존에 도움이 되는 지식과 기술 그리고 능력 습득도 도움이 되도록 하며 클라이언트의 지역 사회 내 자조집단과 상호지지집단의 형성도 촉진하도록 하여야 한다.

> 인간-행동과의 실천 관계에서 좋은 틀이란?
>
> 클라이언트의 현재 상황은 **환경과 개인 간의 상호작용의 결과**라는 것을 인정하면서
> 클라이언트의 **복지에 진정한 관심**을 갖고,
> 클라이언트의 **영구 의존성을 극복**해 주며,
> 클라이언트의 **장점과 독특성을 인정**해 주고,
> 클라이언트의 **상황에 맞는 방식으로 서비스가 설계**되며,
>
> 이러한 서비스들이 가급적 경제적으로 제공되도록 설계될 수 있도록 **책임성**을 가지는 것이라 할 수 있다.

CHAPTER

15 인간과 환경의 관계와 사회복지실천

1. 사회복지실천의 개요

1) 사회복지실천의 필요성

인간과 환경과의 관계에서 사회복지실천이 필요한 이유는 사회복지실천이 개인과 가족, 집단, 조직, 지역사회 등과 밀접히 관계하며 이루어지기 때문이다. 사회복지실천은 사회복지가 익혀야 할 중요한 지식이다. 즉, 사회복지실천은 인간의 존엄성과 독특성, 클라이언트의 자기 결정권 등 바람직한 가치에 기반을 두고 전문적인 지식과 기술을 활용하여 '환경 속에 인간'이라는 인간과 환경의 통합적 관점에서 욕구를 충족하고 문제를 극복하여 예방 또는 해결하며 적절한 역할과 기능을 수행하여 삶의 질을 높이는 원조과정이다.

2) 사회복지의 궁극적인 목적

사회복지는 인간으로 하여금 다양한 문제를 해결하여 행복을 추구하도록 도와주는 것이다. 따라서 사회복지학의 역할은 인간에 대한 관심 → 인간행동의 이해 → 클라이언트를 도와주는 식이 성립한다.

3) 사회복지실천이 지니는 의미

사회복지실천의 가치는 인간으로서 클라이언트의 존엄성과 개별성에 관한 것을 이해하고 사회복지실천의 목표가 클라이언트의 변화임을 이해하여야 한다는 의미가 있다. 따라서 사회복지실천의 지식으로 사회학, 법학, 정치학, 경제학 등의 사회과학과 행동과학 등을 함께 이해하여야 한다. 따라서 사회복지실천의 환경으로서 환경 속의 개인, 개인과 환경 간 상호작용에 관심을 두고 있다.

인간과 환경의 관계특성으로 인해 사회복지전문직에서는 인간과 환경을 분리된 실체가 아니라 하나의 통합된 총체로 이해하는 환경 속의 인간의 관점을 유지하고 있다. '**환경 속의 인간**'의 관점은 인간과 환경 사이에 일어나는 상호작용 영역에 초점을 두고 있다. 인간과 환경의 상호작용의 초점은 어떻게 상호교환이 일어나는지에 관심을 두고 있다. 따라서 인간과 환경 간의 상호작용은 사회복지실천의 초점 영역이다.

사회복지의 가치는 모든 인간의 존엄성과 가치를 인정하고 민주적이고 보호적 사회를 지향하는 데 필수적인 구성요소이다. 사회복지실천의 기본 가치로는 인간의 존엄성과 가치를 지향하고 실천원리와 윤리강령을 준수하며 사회로부터의 보호와 정의를 위한 노력을 말한다. 사회복지실천의 목적은 환경 속에 있는 개인, 집단 및 지역사회의 사회적 기능을 향상시키는 것이다.

인간과 환경의 관계에 따른 사회복지실천은 1910년대 이후에는 개인의 변화를 위한 실천적 접근을 위한 실천지침을 마련했다. 제1차 세계대전 발발로 인한 전쟁신경증환자의 문제에 대한 개입의 과학적 근거 마련의 필요성 증대에 따른 정신분석이 개별사회사업(case work)의 주요 지식기반이 되었다. 그리고 1960년대 이후는 통합적 접근으로 시민권 운동과 빈곤과의 전쟁 등 사회적 상황에 급격한 변화가 일어났다. 사회복지전문직 내에 존재하던 다양한 시각이 분출되며 개별사회사업에 대한 비판과 통합적 방법론 혹은 사회복지실천 용어가 등장하였다. 즉, 체계이론과 생태학이론이 사회복지실천의 중요한 패러다임으로 등장하였다.

4) 사회복지실천에서 인간행동과 사회환경 그리고 사회복지사

사회복지실천 현장은 사회복지사의 전체 활동 현장으로 중요한 의미를 가진다. 사회복지실천에서는 인간행동과 사회환경을 한 체계로 간주하고 환경 속의 클라이언트를 포괄적으로 이해한다. 그리고 사회복지실천 지식체계는 중요성을 가지고 있다. 즉, 인간의 신체적, 심리적, 사회적 발달의 특징과 문제점 이해는 기본적인 인간발달에 대한 개념과 정상적인 발달주기와 가족과 지역사회와 환경 내에서 발생하는 문제뿐만 아니라 개인의 발달과 관계된 진단과 조직, 문화, 지역사회가 어떻게 영향을 미치는지에 대한 것과 생애주기에 따른 인간 발달단계 등 전문적인 사회복지실천의 지식체계로 중요한 부분을 이룬다. 인간행동과 사회환경에 관한 적절한 이해가 필요하다. 이는 사회복지실천에 적용시켜 나가는 데 궁극적 목표가 있기 때문에 여러 주요 이론과 개념을 바탕으로 체계적인 학습이 요구된다.

사회복지사는 인간행동에 관한 균형 잡힌 이해를 위해 관련된 다양한 이론을 익힐 수 있도록 노력해야 한다. 또한 주요 개념과 이론을 익히는 과정에서 실제 사례에 적용시킬 수 있도록 노력하여야 하고 인간행동과 사회환경에 관한 지식을 익히고 이를 적용시켜 나가면서 실천하여야 한다.

5) 인간발달과 사회복지실천

인간의 욕구는 연령이나 발달단계에 따라 다르게 나타난다. 인간은 다양한 욕구를 충족하지 못함으로 인해 문제를 경험하게 되므로 사회복지실천에서 각 발달단계의 발달과업 성취를 도와야 한다. 즉, 특정 단계에서 나타나는 다양한 욕구를 충족시킬 수 있도록 지원하고 욕구 미충족이나 발달과업 미성취로 인하여 직면하는 문제를 해결하고 예방하기 위해 인간발달에 대한 지식이 필수적이다. 인간의 신체와 심리 그리고 사회적 발달에 대한 지식은 사회복지사로서 효과적으로 업무를 수행하기 위해서 필수적으로 갖추어야 할 지식이다. 사회복지실천은 개인과 환경에 이중적 초점을 두며 이들이 상호작용하는 과정에서 적응적 균형을 달성하도록 하는 데 목적을 둔다. 여기서 적응은 현실에 효과적으로 대처하고, 환경을 지배할 수 있고, 갈등을 해결하고, 스트레스를 감소시키고, 개인적 만족을 얻는 것이다. 그러므로 사회복지실천에서는 내담자들이 발달적 전이과정에서 경험하는 스트레스와 문제에 적절히 대처할 수 있도록 원조하는 데 초점을 두어야 한다. 스트레스를 해결하고 각 발달단계의 도전에 대한 새로운 해결책을 만들어 내기 위해 적극적인 노력을 기울이는 것이 사회복지실천의 핵심이다. 사회복지실천에서는 신체, 심리, 사회적 발달과 관련된 이론에 근거하여 개인의 적응과 부적응을 판단하기 위한 기준을 설정하는 경우가 많다. 사회복지사는 내담자의 발달과업, 욕구, 문제를 정확히 파악하고 평가하여 적절한 개입 계획을 수립해야 한다. 인간이 전 생애에 걸쳐 직면하게 되는 욕구, 문제, 부적응상태를 해결하고 보다 높은 수준의 삶의 질을 도모하기 위한 실천이 필요하다.

6) 인간성격과 사회복지실천

성격은 개인이 갖고 있는 특성들의 다양한 일면을 포함한다. 개인의 정서적, 심리적, 행동적 특성들의 복합체이며 인간의 행동, 사고, 감정의 독특한 양상을 창조하는 개인 내부의 심리적이고 신체적 체계의 역동적 조직이다.

사회복지전문직이 인간의 성격에 대한 관심을 가진 이유는 다음과 같다.

첫째, 인간행동을 이해하여 개인의 문제를 체계적이고 과학적으로 원조하기 위함이다.

둘째, 인간의 과거행동 패턴을 이해하고 현재와 미래의 행동을 예측하기 위함이다.

2. 인간행동이론과 사회복지실천과의 관계

1) 사회환경 속의 인간행동

인간행동과 사회환경과의 관계를 이해하기 위해 요즘 사회적으로 이슈가 되고 있는 아파트 층간소음 문제 등을 다루면서 우리는 인간이 단순히 물리적 환경에 적응하여 살아가는 것이 아니라 동시에 그 환경을 지각하고 인지하는 또 다른 심리적 과정이 존재한다는 것을 알게 한다.

2) 클라이언트의 행동문제와 원인분석

클라이언트가 현재와 같은 행동을 하는 이유가 무엇인지 환경과 행동 간의 상관관계를 이해하고 클라이언트를 원조하기 위한 개입계획을 세운다. 그리고 개입의 결과를 예측하고 이론이 사회복지실천에서 갖는 가치를 파악한다. 인간행동에 관한 이론은 인간행동의 이해와 실천행동을 위한 지식적 기반을 제공(Bloom, 1984)하고, 사회복지실천의 지식적 기반에는 인간체계의 발달, 변화 및 역기능 그리고 체계 간의 상호관계를 설명해 줄 수 있는 개념이 포함된다(Compton & Galaway, 1984). 이론은 인간행동의 원인에 대한 설명력을 지니고 있기 때문에 사회복지실천가는 더욱 책임지고 효과적인 개입할 수 있으며 인간행동과 사회환경에 대한 이론은 사회복지실천의 사정과 개입에 필요한 기초지식을 제공해 준다.

3) 사회복지실천에서 인간행동이론 활용

사회복지실천에서 인간행동이론은 사회복지사의 개인적 편견과 선경험에 의해 나타날 수 있는 부작용을 제거해 주는 역할을 한다. 따라서 사회복지사는 인간발달, 성격, 사회체계에 대한 이론을 의식적으로 적용하도록 노력해야 한다. 브라이어와 밀러(Briar & Miller, 1971)는 인간행동에 대한 자신의 가정을 명확히 해야 함을 강조하였다.

인간행동이론이 사회복지실천에 기여하는 사항은 다음과 같다.

첫째, 인간을 더욱 정확하게 이해할 수 있는 틀을 제공해 준다.
둘째, 전문적 실천행동의 목표와 방향을 설정해 준다.
셋째, 개입을 위한 준거 틀을 제공해 준다.

4) 인간행동이론 활용 시 주의사항

인간행동과 사회환경에 대해 정확한 설명을 할 수 있는 어떠한 이론도 없다. 또한 하나의 이론으로는 인간행동에 대한 모든 현상을 포괄할 수 없다. 따라서 사회복지사는 클라이언트의 문제해결을 위해서 필요한 이론을 선별하여 제공하더라도 그 이론의 유용성에 대해 비판적으로 평가하고 수용하는 자세가 필요하다. 사회복지사는 자신이 선호하는 특정 이론을 근거로 실천 서비스를 제공하되 그 이론의 한계점을 보완할 수 있는 몇 가지의 이론을 절충 또는 통합적으로 고려하여야 한다.

참고 **인간행동이론과 사회복지실천의 관계**

사회복지는 이론보다는 실천이 중요하나, 이론 없는 실천은 오류의 가능성이 높고, 사회복지실천의 근거는 인간행동이론이 될 수 있다.

3. 인간행동이론의 사회복지실천에 대한 기여

인간행동에 대한 이론은 관찰한 현상을 조작하고 이해할 수 있는 준거 틀을 제시해 주는 논리적 개념체계로서 관찰한 현상의 기술과 설명, 예측, 통제에 필요한 원칙들을 제시해 준다. 즉, 인간행동에 대한 이론은 인간을 보다 정확하게 이해하고 전문적 실천행동의 방향을 설정하며, 특정한 개입을 위한 지침이 되는 개념적 틀을 제공해 준다는 점에서 사회복지실천에 매우 유용하다.

또한 사회복지에서는 인간행동과 관련된 문제를 제기하고 행동문제와 관련된 자료를 선택·조직화하며 보다 큰 준거틀 내에서 인간행동 문제의 원인을 분석하기 위해 인간행동이론을 필요로 한다. 인간행동이론은 인간을 보다 정확히 이해하고, 전문적 실천 행동의 방향을 설정하며, 특정한 개입을 위한 지침이 되는 개념적 틀을 제공해 준다는 점에서 사회복지실천에 매우 유용하다. 사회복지사들은 인간행동에 대한 다양한 이론들이 사회복지사 자신의 실천적 방법과 일치한다면, 특별한 사례에 대한 개입에 어떻게 적용할 것인지 숙고하여 절충·통합적으로 활용해야 할 것이다.

인간행동이론이 사회복지실천의 기여에 관한 문제는 과연 우리나라에서 사회복지실천은 클라이언트의 삶의 질을 개선하는 목적을 달성하고 있느냐의 문제와 연결된다. 또한 사회복지전문직의 존재와 발전을 위해서도 중요한 문제가 된다. 1970년대 들어서면서 막대하게 증가된 사회복지 재정에 대한 의문과 책임성 완수에 대한 요구가 높아지면서 사회복지전문직은 이를 과학적으로 증명해야 할 위치에 서게 된다. 이를 계기로 사회복지의 효과성에 대한 논쟁이 시작되었으며 개별사회사업의 효과성에 관한 연구도 제시되었다. 인간행동이론의 사회복지실천적 기여가 심리치료, 가족치료, 부부치료, 행동치료 영역에서 잘 계획되고 체계화된 사회복지실천은 효과적이라고 결론지었다. 특히 행동치료와 구조화된 개입방법이 효과적이었으며 사회사업가가 클라이언트와의 관계에서 진실성, 온유함, 감정이입의 원칙을 준수하고 클라이언트에 대해서 긍정적인 태도를 보일 때 더욱 효과적이라고 지적하고 있다.

참고 **인간행동이론의 사회복지실천에 대한 기여**

- 생활주기를 순서대로 정리할 수 있는 준거 틀을 제공해 준다.
- 임신에서부터 사망에 이르기까지의 각 단계에서 수행해야 할 발달과업이 무엇인지를 제시해 준다.
- 전 생애에 걸쳐 일어나는 안정성과 변화의 과정을 설명할 수 있다.
- 생활전이(life transition)에 따른 안정성과 변화를 파악할 수 있다.
- 특정 발달단계에서 특징적으로 나타나는 발달적 요인을 설명해 준다.
- 발달을 구성하는 다양한 신체, 심리, 사회적 요인을 파악할 수 있다.
- 이전단계의 결과가 다음 생활단계에 미치는 영향을 파악할 수 있다.
- 이전단계의 결과에 의해서 형성된 각 단계에서의 성공과 실패를 설명할 수 있다.
- 개인적인 발달상의 차이를 파악할 수 있다.
- 클라이언트의 삶의 질 개선을 도모할 수 있다.
- 심리치료, 가족치료, 부부치료, 행동치료 영역에 효과적이다.

참고문헌

강문희 · 김매희 · 유정은(2007). **아동발달론**. 경기 : 공동체.

강봉규(2000). **인간발달**. 서울 : 동문사.

곽금주(2016). **발달심리학**. 서울 : 학지사.

권중돈 · 김동배(2005). **인간행동과 사회행동**. 서울 : 학지사.

____________(2006). **인간행동과 사회행동**. 서울 : 학지사.

____________(2014). **인간행동과 사회행동**. 서울 : 학지사.

김경중 · 류왕효 · 류인숙 · 박은준 · 신화식 · 유규종 · 장갑순 · 조경미 · 조희숙 · 주리분 · 최인숙 · 최재숙(1998). **아동발달심리**(개정판). 서울 : 학지사.

김미정 · 정규석(2014). 사이버 공간의 결속적 사회자본과 사이버 불링이 청소년의 안녕감에 미치는 영향 : 교우관계능력의 매개효과. **청소년복지연구, 16**(4), 347-371.

김종서 · 남정걸 · 정지웅 · 이용환(1982). **평생교육의 체제와 사회교육의 실태**. 서울 : 한국정신문화연구원.

김춘경 · 민하영 · 박경희 · 송규운 · 신인숙 · 유승희 · 이명환 · 이미란 · 이영미 · 임영심 · 조성자(2016). **유아교육개론**. 서울 : 양성원.

박경일 · 김경호 · 서화정 · 이명현(2010). **사회복지학강의**. 서울 : 양서원.

송명자(1995). **발달심리학**. 서울 : 학지사.

양명숙 · 김동일 · 김명권 · 김성희 · 김춘경 · 김형태 · 문일경 · 박경애 · 박성희 · 박재황 · 박종수 · 이영이 · 전지경 · 재석봉 · 천성문 · 한재희 · 홍종관(2019). **상담이론과 실제**. 서울 : 학지사.

오창순 · 신선인 · 장수미 · 김수정(2015). **인간행동과 사회환경**. 서울 : 학지사.

____________________(2020). **인간행동과 사회환경**. 서울 : 학지사.

오해섭 · 김진화 · 우영주(2005). 국제청소년교류활동 평가체계 및 모형개발. 한국청소년정책연구원 연구보고서, 1-172.

이 웅(2009). **학습심리학**. 서울 : 한국교육기획.

이옥형(2002). **아동 · 청년발달**. 서울 : 집문당.

이원주 · 이영미(2019). **논문집필자를 위한 사회복지모형구조연구**. 경기 : 공동체.

장인협 · 최성재(1999). **노인복지론**. 서울 : 서울대학교 출판부.

정옥분(2007). **전생애 인간발달의 이론**. 서울 : 학지사.

_____(2019). **발달심리학**. 서울 : 학지사.

최옥채 · 박미은 · 서미경 · 전석균(2007). **인간행동과 사회환경**(제3판). 경기 : 양서원.

Ainsworth, M. S.(1979). Infant–mother attachment. *American Psychologist, 34*(10), 932.

Allport, G. W.(1937). *Personality : A psychological interpretation.*

Atchley, R. C.(1971). Retirement and leisure participation : Continuity or crisis?. *The Gerontologist, 11*(1_Part_1), 13-17.

Bartlett, C. J. (1972). *The Long Retreat : A Short History of British Defence Policy, 1945–70.* Springer.

Beaufrere, B., & Morio, B.(2000). Fat and protein redistribution with aging : metabolic considerations. *European Journal of Clinical Nutrition, 54*(3), S48-S53.

Bengtson, V. L., & Birren, J. E.(1988). *Emergent Theories of Aging.* Springer Publishing Company.

Blatteis, C. M.(2012). Age-dependent changes in temperature regulation–a mini review. *Gerontology, 58*(4), 289-295.

Bloom, H. S.(1984). Accounting for no-shows in experimental evaluation designs. *Evaluation Review, 8*(2), 225-246.

Bowlby, J.(1969). *Attachment and Loss v. 3*(Vol. 1).

Briar, S., & Miller, H.(1971). *Problems and Issues in Social Casework.* Columbia University Press.

Brill, A. A.(1985). *Basic Principles of Psychoanalysis.* University Press of America.

Bronfenbrenner, U.(1992). *Ecological Systems Theory.* Jessica Kingsley Publishers.

Buckley, W.(1967). *Sociology and Modern Systems Theory.*

Carver, C. S., & Scheier, M. F.(2000). On the structure of behavioral self-regulation. In *Handbook of Self-regulation*(pp. 41-84). Academic Press.

Clark, C. M.(1992). Deviant adolescent subcultures : Assessment strategies and clinical interventions. *Adolescence, 27*(106), 283.

Clark, M.(1967). The anthropology of aging, a new area for studies of culture and personality. *The Gerontologist, 7*(1), 55-64.

Compton, B. R., Galaway, B., & Cournoyer, B.(1984). *Social Work Process.* Homewood, IL : Dorsey.

Costa Jr, P. T., & McCrae, R. R.(1988). From catalog to classification : Murray's needs and the five-factor model. *Journal of Personality and Social Psychology, 55*(2), 258.

Dai, D. F., Chen, T., Johnson, S. C., Szeto, H., & Rabinovitch, P. S.(2012). Cardiac aging : from molecular mechanisms to significance in human health and disease. *Antioxidants & Redox Signaling, 16*(12), 1492-1526.

Dai, D. F., Chen, T., Johnson, S. C., Szeto, H., & Rabinovitch, P. S.(2012). Cardiac aging :

from molecular mechanisms to significance in human health and disease. *Antioxidants & Redox Signaling, 16*(12), 1492-1526.

Engler, B.(2013). *Personality Theories*. Cengage Learning.

Ephross, P. H., & Greene, R. R.(1991). *Human Behavior Theory and Social Work Practice*. Aldine de Gruyter.

Erikson, E. H.(1963). Eight stages of man. *Childhood and Society*, 219-243.

Ewalt, P. L.(1980). From clinician to manager. *New Directions for Mental Health Services, 1980*(8), 1-9.

Fisher, D. B.(1978). An evaluation of the Münch hypothesis for phloem transport in soybean. *Planta, 139*(1), 25-28.

Fornäs, J., & Bolin, G.(1995). *Youth Culture in Late Modernity*. Sage.

Fouquey, C., & Jacques, J.(1967). Determination de la purete optique d'un corps cristallin par une methode calorimetrique. *Tetrahedron, 23*(10), 4009-4019.

Frank, R. H.(1985). *Choosing the Right Pond : Human Behavior and the Quest for Status*. Oxford University Press.

Freud, S.(1953). Three essays on the theory of sexuality (1905). In The standard edition of the complete psychological works of Sigmund Freud, volume VII (1901-1905) : A case of hysteria, three essays on sexuality and other works (pp. 123-246).

Galaway, B.(1999). *Social Work Processes*. Brooks/Cole Publishing.

Ge, Y., Grossman, R. I., Babb, J. S., Rabin, M. L., Mannon, L. J., & Kolson, D. L.(2002). Age-related total gray matter and white matter changes in normal adult brain. Part I : volumetric MR imaging analysis. *American Journal of Neuroradiology, 23*(8), 1327-1333.

Gitterman, A., & Germain, C. B.(2008). *The Life Model of Social Work Practice : Advances in theory and practice*. Columbia University Press.

Greene, R.(2017). *Human Behavior Theory : A diversity framework*. Routledge.

Havighurst, R. J.(1972). *Developmental Tasks and Education*. New York : David McKay Company. Inc. I 1979.

________________(1976). Education through the adult life span. *Educational Gerontology, 1*(1), 41-51.

Huizinga, G. H.(1970). Maslow's need hierarchy in the work situation.

Ivancevich, J. M., & Matteson, M. T.(1988). Type A behaviour and the healthy individual. *British Journal of Medical Psychology, 61*(1), 37-56.

Jacques, D.(1967). *De la Grammatologie*. Paris, Minuit.

Jainchill, A.(2013). 4. 1685 and the French Revolution. *In The French Revolution in Global*

Perspective(pp. 57-70). Cornell University Press.

Johnson, F. B., Sinclair, D. A., & Guarente, L.(1999). Molecular biology of aging. *Cell, 96*(2), 291-302.

Jung, C. G.(1989). *Memories, Dreams, Reflections.* Vintage.

Keniston, K.(1970). Youth : A "new" stage of life. *The American Scholar,* 631-654.

Kermis, M. D.(1986). The epidemiology of mental disorder in the elderly : a response to the Senate/AARP report. *The Gerontologist, 26*(5), 482-487.

King, W. J., & Greene, G. L.(1984). Monoclonal antibodies localize oestrogen receptor in the nuclei of target cells. *Nature, 307*(5953), 745-747.

Klein, M.(1987). *Selected Melanie Klein.* Simon and Schuster.

Kuypers, J. A., & Bengtson, V. L.(1973). Social breakdown and competence. *Human Development, 16*(3), 181-201.

Matthews, J. A.(1992). *The Ecology of Recently-deglaciated Terrain : a geoecological approach to glacier forelands.* Cambridge University Press.

Miller, D. M.(1965). The Kinetics of Selective Biological Transport : II. Equations for Induced Uphill Transport of Sugars in Human Erythrocytes. *Biophysical Journal, 5*(4), 417.

Moon, J. S., Lee, S. Y., Nam, C. M., Choi, J. M., Choe, B. K., Seo, J. W., ... & Lee, C. G.(2008). 2007 Korean National Growth Charts : review of developmental process and an outlook. *Korean Journal of Pediatrics, 51*(1), 1-25.

O'Connor, M.(1989). Codependency and indeterminacy : a critique of the theory of production. *Capitalism Nature Socialism, 1*(3), 33-57.

Peck, D. L., & Minakami, T.(1968). The formation of columnar joints in the upper part of Kilauean lava lakes, Hawaii. *Geological Society of America Bulletin, 79*(9), 1151-1166.

Pervin, L. A., & Oliver, J. P.(1997). *Personality Theory and Research.* USA : John Willey and Sons.

Pineo, P. C.(1961). Disenchantment in the later years of marriage. *Marriage and Family Living, 23*(1), 3-11.

Pollock, E. A., Litzelman, K., Wisk, L. E., & Witt, W. P.(2013). Correlates of physiological and psychological stress among parents of childhood cancer and brain tumor survivors. *Academic Pediatrics, 13*(2), 105-112.

Rogers, C. R.(1959). *A Theory of Therapy, Personality, and Interpersonal Relationships : As Developed in the Client-Centered Framework*(Vol. 3, pp. 184-256). New York : McGraw-Hill.

____________(1961). The process equation of psychotherapy. *American Journal of*

Psychotherapy, 15(1), 27-45.

Rossi, A., Ganassini, A., Tantucci, C., & Grassi, V.(1996). Aging and the respiratory system. *Aging Clinical and Experimental Research, 8*(3), 143-161.

Schultz, D., & Schultz, S. E.(1994). *Theories of Personality*. California : Brooks.

Schultz, T. P.(1990). Testing the neoclassical model of family labor supply and fertility. *Journal of Human Resources*, 599-634.

Schwartz, R. S., Jaeger, L. F., & Veith, R. C.(1987). The importance of body composition to the increase in plasma norepinephrine appearance rate in elderly men. *Journal of Gerontology, 42*(5), 546-551.

Sheafor, B. A.(1997). Respiratory adaptations to high altitude in pikas(genus Ochotona). University of Colorado at Boulder.

Sheafor, B., & Horejsi, C.(2008). *Ideas for Teachning Social Work Practice*.

Strean, H. S.(1971). Social change and the proliferation of regressive therapies. *Psychoanalytic Review, 58*(4), 581-594.

Teramoto, S., Yoshida, K., & Hizawa, N.(2015). Update on the pathogenesis and management of pneumonia in the elderly-roles of aspiration pneumonia. *Respiratory Investigation, 53*(5), 178-184.

Unger, R. K., & Crawford, M. E.(1992). *Women and Gender : A feminist Psychology*. Temple University Press.

Vaillant, G. E., & Vaillant, C. O.(1990). Natural history of male psychological health : XII. A 45-year study of predictors of successful aging at age 65. *The American Journal of Psychiatry*.

Weinert, B. T., & Timiras, P. S.(2003). Invited review : Theories of aging. *Journal of Applied Physiology, 95*(4), 1706-1716.

Weintraub, W., & Aronson, H.(1968). A survey of patients in classical psychoanalysis : Some vital statistics. *Journal of Nervous and Mental Disease*.

Yinon, Y., Bizman, A., & Goldberg, M.(1976). Effect of relative magnitude of reward and type of need on satisfaction. *Journal of Applied Psychology, 61*(3), 325.

Zuckerman, M.(1991). *Psychobiology of Personality*(Vol. 10). Cambridge University Press.

http://www.edupolnews.com

https://jmagazine.joins.com/forbes/view/312151

https://ko.wikipedia.org

찾아보기

인명

내용

저/자/약/력

■ 이영미
대구공업대학교 사회복지경영계열 교수
이영미심리상담센터 대표
티스쿨 학장

■ 이원주
수성대학교 사회복지과 교수
더불어사회복지경영연구소 소장
복지 & 이슈 코리아 대표

【제2판】

인간행동과 사회환경

|공저자| 이영미 · 이원주

|1판 1쇄| 발행 2022년 2월 25일
|2판 1쇄| 발행 2023년 3월 2일
|2판 2쇄| 발행 2024년 2월 26일

|발행인| 김동훈
|발행처| 공동체

|주소| 경기도 고양시 일산동구 호수로 358-39, 동문타워 I 905호(백석동)
|전화| 031) 814-3000(대표)
|팩스| 031) 814-3100
|홈페이지| http://www.compub.co.kr
|전자우편| compub@naver.com
|출판등록| 2005년 10월 6일
|등록번호| 제396-2005-36호

|ISBN| 979-11-6725-208-1
정가 17,000원

Notes

Notes